CHECHENO

VOCABULÁRIO

PALAVRAS MAIS ÚTEIS

PORTUGUÊS CHECHENO

Para alargar o seu léxico e apurar as suas competências linguísticas

9000 palavras

Vocabulário Português-Checheno - 9000 palavras

Por Andrey Taranov

Os vocabulários da T&P Books destinam-se a ajudar a aprender, a memorizar, e a rever palavras estrangeiras. O dicionário é dividido em temas, cobrindo todas as principais esferas de atividades quotidianas, negócios, ciência, cultura, etc.

O processo de aprendizagem, utilizando os dicionários baseados em temáticas da T&P Books dá-lhe as seguintes vantagens:

- Informação de origem corretamente agrupada predetermina o sucesso em fases subsequentes da memorização de palavras
- Disponibilização de palavras derivadas da mesma raiz, o que permite a memorização de unidades de texto (em vez de palavras separadas)
- Pequenas unidades de palavras facilitam o processo de estabelecimento de vínculos associativos necessários para a consolidação do vocabulário
- O nível de conhecimento da língua pode ser estimado pelo número de palavras aprendidas

T&P Books Publishing
www.tpbooks.com

ISBN: 978-1-78400-869-7

Este livro também está disponível em formato E-book.
Por favor visite www.tpbooks.com ou as principais livrarias on-line.

VOCABULÁRIO CHECHENO
palavras mais úteis

Os vocabulários da T&P Books destinam-se a ajudar a aprender, a memorizar, e a rever palavras estrangeiras. O vocabulário contém mais de 9000 palavras de uso comum organizadas tematicamente.

O vocabulário contém as palavras mais comummente usadas
Recomendado como adicional para qualquer curso de línguas
Satisfaz as necessidades dos iniciados e dos alunos avançados de línguas estrangeiras
Conveniente para o uso diário, sessões de revisão e atividades de auto-teste
Permite avaliar o seu vocabulário

Características especias do vocabulário

- As palavras estão organizadas de acordo com o seu significado, e não por ordem alfabética
- As palavras são apresentadas em três colunas para facilitar os processos de revisão e auto-teste
- As palavras compostas são divididas em pequenos blocos para facilitar o processo de aprendizagem
- O vocabulário oferece uma transcrição simples e adequada de cada palavra estrangeira

O vocabulário contém 256 tópicos incluindo:

Conceitos básicos, Números, Cores, Meses, Estações do ano, Unidades de medida, Roupas & Acessórios, Alimentos & Nutrição, Restaurante, Membros da Família, Parentes, Caráter, Sentimentos, Emoções, Doenças, Cidade, Passeios, Compras, Dinheiro, Casa, Lar, Escritório, Trabalho no Escritório, Importação & Exportação, Marketing, Pesquisa de Emprego, Desportos, Educação, Computador, Internet, Ferramentas, Natureza, Países, Nacionalidades e muito mais ...

TABELA DE CONTEÚDOS

GUIA DE PRONUNCIAÇÃO

Letra	Exemplo Checheno	Alfabeto fonético T&P	Exemplo Português
А а	самадала	[ɑ:]	rapaz
Аь аь	аьртадала	[æ:], [æ]	primavera
Б б	биллиард	[b]	barril
В в	ловзо кехат	[v]	fava
Г г	горгал	[g]	gosto
ГӀ гӀ	жиргӀа	[ɣ]	agora
Д д	дӀаала	[d]	dentista
Е е	кевнахо	[e], [ɛ]	mover
Ё ё	боксёр	[jɔ:], [ɜ:]	ioga
Ж ж	мужалтах	[ʒ]	talvez
З з	ловза	[z]	sésamo
И и	сирла	[ı], [i]	sinónimo
Й й	лийча	[j]	géiser
К к	секунд	[k]	kiwi
Кх кх	кхиорхо	[q]	teckel
Къ къ	юккъе	[q]	[q] tensionada
КӀ кӀ	кӀайн	[k]	[k] tensionada
Л л	лаьстиг	[l]	libra
М м	Марша Ӏайла	[m]	magnólia
Н н	Хьанна?	[n]	natureza
О о	модельхо	[o], [ɔ]	noite
Оь оь	пхоьлгӀа	[ø]	orgulhoso
П п	пхийтта	[p]	presente
ПӀ пӀ	пӀераска	[p]	[p] tensionada
Р р	борзанан	[r]	riscar
С с	сандалеш	[s]	sanita
Т т	туьйдарг	[t]	tulipa
ТӀ тӀ	тӀормиг	[t]	[t] tensionada
У у	тукар	[u:]	blusa
Уь уь	уьш	[y]	questionar
Ф ф	футбол	[f]	safári
Х х	хьехархо	[ɦ]	[h] suave
Хь хь	дагахь	[ɦ], [χ]	[h] suave
ХӀ хӀ	хӀордахо	[h]	[h] aspirada
Ц ц	мацахлера	[ʦ]	tsé-tsé
ЦӀ цӀ	цӀубдар	[ʦ]	tsé-tsé
Ч ч	лечкъо	[ʧ]	Tchau!
ЧӀ чӀ	чӀогӀа	[tɕ]	[tch] tensionado
Ш ш	шахматаш	[ʃ]	mês
Щ щ	цергийг щётка	[ɕ]	shiatsu
ъ	къонза	[ʰ]	sinal forte

Letra	Exemplo Checheno	Alfabeto fonético T&P	Exemplo Português
ы	лыжаш хехка	[ɪ]	sinónimo
ь	доьзал	[ʲ]	sinal suave
Э э	эшар	[e]	metal
Ю ю	юхадала	[y]	questionar
Юь юь	юьхьенца	[ju], [ju:]	nacional
Я я	цӏанъян	[jɑ]	Himalaias
Яь яь	яьшка	[jæ]	folheto
Ӏ ӏ	ӏамо	[ɘ]	milagre

ABREVIATURAS
usadas no vocabulário

Abreviaturas do Português

adj - adjetivo
adv - advérbio
anim. - animado
conj. - conjunção
desp. - desporto
etc. - etecetra
ex. - por exemplo
f - nome feminino
f pl - feminino plural
fem. - feminino
inanim. - inanimado
m - nome masculino
m pl - masculino plural
m, f - masculino, feminino
masc. - masculino
mat. - matemática
mil. - militar
pl - plural
prep. - preposição
pron. - pronome
sb. - sobre
sing. - singular
v aux - verbo auxiliar
vi - verbo intransitivo
vi, vt - verbo intransitivo, transitivo
vr - verbo reflexivo
vt - verbo transitivo

CONCEITOS BÁSICOS

Conceitos básicos. Parte 1

1. Pronomes

eu	**со**	[sɔ]
tu	**хьо**	[hɔ]
ele, ela	**иза**	[ɪz]
nós	**вай**	[vaj]
vocês	**шу**	[ʃu]
eles, elas	**уьш**	[ʉʃ]

2. Cumprimentos. Saudações. Despedidas

Olá!	**Маршалла ду хьоьга!**	[marʃall du høg]
Bom dia! (formal)	**Маршалла ду шуьга!**	[marʃall du ʃʉg]
Bom dia! (de manhã)	**Ӏуьйре дика хуьлда!**	['ujre dɪk hʉld]
Boa tarde!	**Де дика хуьлда!**	[de dɪk hʉld]
Boa noite!	**Суьйре дика хуьлда!**	[sʉjre dɪk hʉld]
cumprimentar (vt)	**салам дала**	[salam dal]
Olá!	**Маршалла ду хьоьга!**	[marʃall du høg]
saudação (f)	**маршалла, маршалла хаттар**	[marʃall], [marʃall hattar]
saudar (vt)	**маршалла хатта**	[marʃall hatt]
Como vai?	**Муха ду гӀуллакхш?**	[muha du ɣullaqʃ]
O que há de novo?	**ХӀун ду керла?**	[h'un du kerl]
Até à vista!	**Марша Ӏайла!**	[marʃ 'ajl]
Até breve!	**Ӏодика хуьлда!**	['ɔdɪk hʉljd]
Adeus! (sing.)	**Ӏодика йойла хьа!**	['ɔdɪk jojl ha]
Adeus! (pl)	**Ӏодика йойла шунна!**	['ɔdɪk jojl ʃunn]
despedir-se (vr)	**Ӏодика ян**	['ɔdɪk jan]
Até logo!	**Ӏодика йойла!**	['ɔdɪk jojl]
Obrigado! -a!	**Баркалла!**	[barkall]
Muito obrigado! -a!	**Доаккха баркалла!**	[dɔakq barkall]
De nada	**ХӀума дац!**	[h'um daʦ]
Não tem de quê	**ХӀума дац!**	[h'um daʦ]
De nada	**ХӀума дац!**	[h'um daʦ]
Desculpa!	**Бехк ма билл!**	[behk ma bɪll]
Desculpe!	**Бехк ма биллалаш!**	[behk ma bɪllalaʃ]
desculpar (vt)	**бехк ца билла**	[behk ʦa bɪll]
desculpar-se (vr)	**бехк цабиллар деха**	[behk ʦabɪllar deh]

As minhas desculpas	**Суна бехк ма биллалаш!**	[sun behk m bɪllɑlɑʃ]
Desculpe!	**Бехк ма биллаш!**	[behk mɑ bɪllɑʃ]
perdoar (vt)	**бехк цабиллар**	[behk ʦɑbɪllɑr]
Não se esqueça!	**Диц ма ло!**	[dɪʦ mɑ lɔ]
Certamente! Claro!	**Дера!**	[der]
Claro que não!	**Дера дац!**	[der dɑʦ]
Está bem! De acordo!	**Реза ву!**	[rez vu]
Basta!	**Тоьур ду!**	[tøur du]

3. Como se dirigir a alguém

senhor	**Эла**	[ɛl]
senhora	**Сту**	[stu]
rapariga	**Йоl**	[joʕ]
rapaz	**Жима стаг**	[ʒɪm stɑg]
menino	**Кlант**	[k'ɑnt]
menina	**Жима йоl**	[ʒɪm joʕ]

4. Números cardinais. Parte 1

zero	**ноль**	[nɔlj]
um	**цхьаъ**	[ʦhɑʔ]
dois	**шиъ**	[ʃɪʔ]
três	**кхоъ**	[qɔʔ]
quatro	**диъ**	[dɪʔ]
cinco	**пхиъ**	[phɪʔ]
seis	**ялх**	[jɑlh]
sete	**ворхl**	[vɔrh']
oito	**бархl**	[bɑrh']
nove	**исс**	[ɪss]
dez	**итт**	[ɪtt]
onze	**цхьайтта**	[ʦhɑjtt]
doze	**шийтта**	[ʃɪ:tt]
treze	**кхойтта**	[qɔjtt]
catorze	**дейтта**	[dejtt]
quinze	**пхийтта**	[phɪ:tt]
dezasseis	**ялхитта**	[jɑlhɪtt]
dezassete	**вуьрхlитта**	[vʉrh'ɪtt]
dezoito	**берхlитта**	[berh'ɪtt]
dezanove	**ткъесна**	[tqʔesn]
vinte	**ткъа**	[tqʔɑ]
vinte e um	**ткъе цхьаъ**	[tqʔe ʦhɑʔ]
vinte e dois	**ткъе шиъ**	[tqʔe ʃɪ]
vinte e três	**ткъе кхоъ**	[tqʔe qɔ]
trinta	**ткъе итт**	[tqʔe ɪtt]
trinta e um	**ткхе цхьайтта**	[tqe ʦhɑjtt]

trinta e dois	**ткъе шийтта**	[tqʔe ʃɪ:tt]
trinta e três	**ткъе кхойтта**	[tqʔe qɔjtt]
quarenta	**шовзткъа**	[ʃɔvztqʔ]
quarenta e um	**шовзткъе цхьаъ**	[ʃɔvztqʔe ʦhɑʔ]
quarenta e dois	**шовзткъе шиъ**	[ʃɔvztqʔe ʃɪ]
quarenta e três	**шовзткъе кхоъ**	[ʃɔvztqʔe qɔ]
cinquenta	**шовзткъе итт**	[ʃɔvztqʔe ɪtt]
cinquenta e um	**шовзткъе цхьайтта**	[ʃɔvztqʔe ʦhɑjtt]
cinquenta e dois	**шовзткъе шийтта**	[ʃɔvztqʔe ʃɪ:tt]
cinquenta e três	**шовзткъе кхойтта**	[ʃɔvztqʔe qɔjtt]
sessenta	**кхузткъа**	[quztqʔ]
sessenta e um	**кхузткъе цхьаъ**	[quztqʔe ʦhɑʔ]
sessenta e dois	**кхузткъе шиъ**	[quztqʔe ʃɪʔ]
sessenta e três	**кхузткъе кхоъ**	[quztqʔe qɔʔ]
setenta	**кхузткъа итт**	[quztqʔ ɪtt]
setenta e um	**кхузткъе цхьайтта**	[quztqʔe ʦhɑjtt]
setenta e dois	**кхузткъе шийтта**	[quztqʔe ʃɪ:tt]
setenta e três	**кхузткъе кхойтта**	[quztqʔe qɔjtt]
oitenta	**дезткъа**	[deztqʔ]
oitenta e um	**дезткъе цхьаъ**	[deztqʔe ʦhɑʔ]
oitenta e dois	**дезткъе шиъ**	[deztqʔe ʃɪ]
oitenta e três	**дезткъе кхоъ**	[deztqʔe qɔ]
noventa	**дезткъа итт**	[deztqʔ ɪtt]
noventa e um	**дезткъе цхьайтта**	[deztqʔe ʦhɑjtt]
noventa e dois	**дезткъе шийтта**	[deztqʔe ʃɪ:tt]
noventa e três	**дезткъе кхойтта**	[deztqʔe qɔjtt]

5. Números cardinais. Parte 2

cem	**бІе**	[b'e]
duzentos	**ши бІе**	[ʃɪ b'e]
trezentos	**кхо бІе**	[qɔ b'e]
quatrocentos	**диъ бІе**	[dɪʔ b'e]
quinhentos	**пхи бІе**	[phɪ b'e]
seiscentos	**ялх бІе**	[jɑlh b'e]
setecentos	**ворхІ бІе**	[vɔrh' b'e]
oitocentos	**бархІ бІе**	[bɑrh' b'e]
novecentos	**исс бІе**	[ɪss b'e]
mil	**эзар**	[ɛzɑr]
dois mil	**ши эзар**	[ʃɪ ɛzɑr]
três mil	**кхо эзар**	[qɔ ɛzɑr]
dez mil	**итт эзар**	[ɪtt ɛzɑr]
cem mil	**бІе эзар**	[b'e 'ɛzɑr]
um milhão	**миллион**	[mɪllɪɔn]
mil milhões	**миллиард**	[mɪllɪɑrd]

6. Números ordinais

primeiro	**хьалхара**	[halhar]
segundo	**шолгlа**	[ʃɔlɣ]
terceiro	**кхоалгlа**	[qɔalɣ]
quarto	**доьалгlа**	[dø'alɣ]
quinto	**пхоьлгlа**	[phølɣ]
sexto	**йолхалгlа**	[jolhalɣ]
sétimo	**ворхlалгlа**	[vɔrh'alɣ]
oitavo	**бархlалгlа**	[barh'alɣ]
nono	**уьссалгlа**	[ʉssalɣ]
décimo	**итталгlа**	[ɪttalɣ]

7. Números. Frações

fração (f)	**дакъалла**	[daqʔall]
um meio	**шоалгlачун цхьаъ**	[ʃɔalɣaʧun ʦhaʔ]
um terço	**кхоалгlачун цхьаъ**	[qɔalɣaʧun ʦhaʔ]
um quarto	**доьалгlачун цхьаъ**	[dø'alɣaʧun ʦhaʔ]
um oitavo	**бархlалгlачун цхьаъ**	[barh'alɣʧun ʦhaʔ]
um décimo	**итталгlачун цхьаъ**	[ɪttalɣaʧun ʦhaʔ]
dois terços	**кхоалгlачун шиъ**	[qɔalɣaʧun ʃɪʔ]
três quartos	**доьалгlачун кхоъ**	[dø'alɣaʧun qɔʔ]

8. Números. Operações básicas

subtração (f)	**тlерадаккхар**	[t'eradakqar]
subtrair (vi, vt)	**тlерадаккха**	[t'eradakq]
divisão (f)	**декъар**	[deqʔar]
dividir (vt)	**декъа**	[deqʔ]
adição (f)	**вовшахтохар**	[vɔvʃahtɔhar]
somar (vt)	**вовшахтоха**	[vɔvʃahtɔh]
adicionar (vt)	**тlетоха**	[t'etɔh]
multiplicação (f)	**эцар**	[ɛʦar]
multiplicar (vt)	**эца**	[ɛʦ]

9. Números. Diversos

algarismo, dígito (m)	**цифра**	[ʦɪfr]
número (m)	**терахь**	[terah]
numeral (m)	**терахьдош**	[terahdɔʃ]
menos (m)	**минус**	[mɪnus]
mais (m)	**тlетоха**	[t'etɔh]
fórmula (f)	**формула**	[fɔrmul]
cálculo (m)	**ларар**	[larar]
contar (vt)	**лара**	[lar]

calcular (vt)	**лара**	[lar]
comparar (vt)	**дуста**	[dust]
Quanto?	**Мел?**	[mel]
Quantos? -as?	**Маса?**	[mas]
soma (f)	**жамӀ**	[ʒam']
resultado (m)	**хилам**	[hɪlam]
resto (m)	**бухадиснарг**	[buhadɪsnarg]
alguns, algumas ...	**масех**	[maseh]
um pouco de ...	**кӀезиг**	[k'ezɪg]
resto (m)	**бухадиснарг**	[buhadɪsnarg]
um e meio	**цхьаъ ах**	[ʦhaʔ 'ah]
dúzia (f)	**цӀов**	[ʦ'ɔv]
ao meio	**шин декъе**	[ʃɪn deqʔe]
em partes iguais	**цхьабосса**	[ʦhabɔss]
metade (f)	**ах**	[ah]
vez (f)	**цкъа**	[ʦqʔa]

10. Os verbos mais importantes. Parte 1

abrir (vt)	**схьаделла**	[shadell]
acabar, terminar (vt)	**чекхдаккха**	[ʧeqdakq]
aconselhar (vt)	**хьехам бан**	[heham ban]
adivinhar (vt)	**хаа**	[ha'a]
advertir (vt)	**дӀахьедан**	[d'ahedan]
ajudar (vt)	**гӀо дан**	[ɣɔ dan]
almoçar (vi)	**делкъана хӀума яа**	[delqʔan h'um ja'a]
alugar (~ um apartamento)	**лаца**	[laʦ]
amar (vt)	**деза**	[dez]
ameaçar (vt)	**кхерам тийса**	[qeram tɪ:s]
anotar (escrever)	**дӀаяздан**	[d'ajazdan]
apanhar (vt)	**леца**	[leʦ]
apressar-se (vr)	**сихдала**	[sɪhdal]
arrepender-se (vr)	**дагахьбаллам хила**	[dagahballam hɪl]
assinar (vt)	**куьг таӀо**	[kʉg ta'ɔ]
atirar, disparar (vi)	**кхийса**	[qɪ:s]
brincar (vi)	**забарш ян**	[zabarʃ jan]
brincar, jogar (crianças)	**ловза**	[lɔvz]
buscar (vt)	**леха**	[leh]
caçar (vi)	**талла эха**	[tall ɛh]
cair (vi)	**охьаэга**	[ɔhaəg]
cavar (vt)	**ахка**	[ahk]
cessar (vt)	**дӀасацо**	[d'asaʦɔ]
chamar (~ por socorro)	**кхайкха**	[qajq]
chegar (vi)	**дан**	[dan]
chorar (vi)	**делха**	[delh]
começar (vt)	**доло**	[dɔlɔ]

comparar (vt)	**дуста**	[dust]
compreender (vt)	**кхета**	[qet]
concordar (vi)	**реза хила**	[rez hɪl]
confiar (vt)	**теша**	[teʃ]
confundir (equivocar-se)	**тило**	[tɪlɔ]
conhecer (vt)	**довза**	[dɔvz]
contar (fazer contas)	**лара**	[lɑr]
contar com (esperar)	**дагахь хила**	[dɑgɑh hɪl]
continuar (vt)	**дахдан**	[dɑhdɑn]
controlar (vt)	**тIехьажа**	[t'ehɑʒ]
convidar (vt)	**схьакхайкха**	[shɑqɑjq]
correr (vi)	**дада**	[dɑd]
criar (vt)	**кхолла**	[qɔll]
custar (vt)	**деха**	[deh]

11. Os verbos mais importantes. Parte 2

dar (vt)	**дала**	[dɑl]
dar uma dica	**къедо**	[qʔedɔ]
decorar (enfeitar)	**хаздан**	[hɑzdɑn]
defender (vt)	**лардан**	[lɑrdɑn]
deixar cair (vt)	**охьаэго**	[ɔhɑəgɔ]
descer (para baixo)	**охьадан**	[ɔhɑdɑn]
desculpar-se (vr)	**бехк цабиллар деха**	[behk ʦɑbɪllɑr deh]
dirigir (~ uma empresa)	**куьйгаллз дан**	[kʉjgɑllz dɑn]
discutir (notícias, etc.)	**дийцаре дилла**	[dɪ:ʦɑre dɪll]
dizer (vt)	**ала**	[ɑl]
duvidar (vt)	**шекьхила**	[ʃəkʲhɪl]
encontrar (achar)	**каро**	[kɑrɔ]
enganar (vt)	**Iехо**	['eho]
entrar (na sala, etc.)	**чудахар**	[ʧudɑhɑr]
enviar (uma carta)	**дIадахьийта**	[d'ɑdɑhɪ:t]
errar (equivocar-se)	**гIалатдала**	[ɣɑlɑtdɑl]
escolher (vt)	**харжар**	[hɑrʒɑr]
esconder (vt)	**дIадилла**	[d'ɑdɪll]
escrever (vt)	**яздан**	[jɑzdɑn]
esperar (o autocarro, etc.)	**хьежа**	[heʒ]
esperar (ter esperança)	**догдаха**	[dɔgdɑh]
esquecer (vt)	**дицдала**	[dɪʦdɑl]
estudar (vt)	**Iамо**	['ɑmɔ]
exigir (vt)	**тIедожо**	[t'edɔʒɔ]
existir (vi)	**хила**	[hɪl]
explicar (vt)	**кхето**	[qetɔ]
falar (vi)	**мотт бийца**	[mɔtt bɪ:ʦ]
faltar (clases, etc.)	**юкъахдита**	[juqʔɑhdɪt]
fazer (vt)	**дан**	[dɑn]
ficar em silêncio	**къамел ца дан**	[qʔɑmel ʦ dɑn]

gabar-se, jactar-se (vr)	**куралла ян**	[kurall jan]
gostar (apreciar)	**хазахета**	[hazahet]
gritar (vi)	**мохь бетта**	[mɔh bett]
guardar (cartas, etc.)	**лардан**	[lardan]
informar (vt)	**информаци ян, хаам бан**	[ɪnfɔrmatsɪ jan], [ha'am ban]
insistir (vi)	**тIера ца вала**	[t'er ʦa val]
insultar (vt)	**сий дайа**	[sɪ: daj]
interessar-se (vr)	**довза лаа**	[dɔvz la'a]
ir (a pé)	**даха**	[dah]
ir nadar	**лийча**	[lɪ:ʧ]
jantar (vi)	**пхьор дан**	[phɔr dan]

12. Os verbos mais importantes. Parte 3

ler (vt)	**еша**	[eʃ]
libertar (cidade, etc.)	**мукъадаккха**	[muqʔadakq]
matar (vt)	**ден**	[den]
mencionar (vt)	**хьахо**	[haho]
mostrar (vt)	**гайта**	[gajt]
mudar (modificar)	**хийца**	[hɪ:ʦ]
nadar (vi)	**нека дан**	[nek dan]
negar-se (vt)	**дуьхьал хила**	[dʉhal hɪl]
objetar (vt)	**дуьхьал хила**	[dʉhal hɪl]
observar (vt)	**тергам бан**	[tergam ban]
ordenar (mil.)	**омра дан**	[ɔmr dan]
ouvir (vt)	**хаза**	[haz]
pagar (vt)	**ахча дала**	[ahʧ dal]
parar (vi)	**саца**	[saʦ]
participar (vi)	**дакъа лаца**	[daqʔ laʦ]
pedir (comida)	**заказ ян**	[zakaz jan]
pedir (um favor, etc.)	**деха**	[deh]
pegar (tomar)	**схьаэца**	[shaeʦ]
pensar (vt)	**ойла ян**	[ɔjl jan]
perceber (ver)	**ган**	[gan]
perdoar (vt)	**геч дан**	[geʧ dan]
perguntar (vt)	**хатта**	[hatt]
permitir (vt)	**магийта**	[magɪ:t]
pertencer (vt)	**хила**	[hɪl]
planear (vt)	**план хIотто**	[plan h'ɔttɔ]
poder (vi)	**мага**	[mag]
possuir (vt)	**хила**	[hɪl]
preferir (vt)	**гIоли хета**	[ɣɔlɪ het]
preparar (vt)	**кечдан**	[keʧdan]
prever (vt)	**хиндерг хаа**	[hɪnderg ha'a]
prometer (vt)	**вaIда дан**	[va'd dan]
pronunciar (vt)	**ала**	[al]
propor (vt)	**хьахо**	[haho]
punir (castigar)	**таIзар дан**	[ta'zar dan]

13. Os verbos mais importantes. Parte 4

quebrar (vt)	**кегдан**	[kegdan]
queixar-se (vr)	**латкъа**	[latq?]
querer (desejar)	**лаа**	[la'a]
recomendar (vt)	**мага дан**	[mag dan]
repetir (dizer outra vez)	**юхаала**	[juha'al]
repreender (vt)	**дов дан**	[dɔv dan]
reservar (~ um quarto)	**резервировать ян**	[rezerwɪrɔvatʲ jan]
responder (vt)	**жоп дала**	[ʒɔp dal]
rezar, orar (vi)	**ламаз дан**	[lamaz dan]
rir (vi)	**дела**	[del]
roubar (vt)	**лечкъо**	[letʃq?ɔ]
saber (vt)	**хаа**	[ha'a]
sair (~ de casa)	**арадалар**	[aradalar]
salvar (vt)	**кӏелхьардаккха**	[k'elhardakq]
seguir ...	**тӏаьхьадаха**	[t'æhadah]
sentar-se (vr)	**охьахаа**	[ɔhaha'a]
ser necessário	**оьшуш хила**	[øʃuʃ hɪl]
ser, estar	**хила**	[hɪl]
significar (vt)	**маьӏна хила**	[mæ'n hɪl]
sorrir (vi)	**дела къежа**	[del q?eʒ]
subestimar (vt)	**ма-дарра ца лара**	[ma darr ʦa lar]
surpreender-se (vr)	**цецдала**	[ʦeʦdal]
tentar (vt)	**хьажа**	[haʒ]
ter (vt)	**хила**	[hɪl]
ter fome	**хӏума яаа лаа**	[h'um ja'a la'a]
ter medo	**кхера**	[qer]
ter sede	**мала лаа**	[mal la'a]
tocar (com as mãos)	**куьг тоха**	[kʉg tɔh]
tomar o pequeno-almoço	**марта даа**	[mart da'a]
trabalhar (vi)	**болх бан**	[bɔlh ban]
traduzir (vt)	**талмажалла дан**	[talmaʒall dan]
unir (vt)	**цхьанатоха**	[ʦhænatɔh]
vender (vt)	**дохка**	[dɔhk]
ver (vt)	**ган**	[gan]
virar (ex. ~ à direita)	**дӏадерза**	[d'aderz]
voar (vi)	**лела**	[lel]

14. Cores

cor (f)	**бос**	[bɔs]
matiz (m)	**амат**	[amat]
tom (m)	**бос**	[bɔs]
arco-íris (m)	**стелаӏад**	[stela'ad]
branco	**кӏайн**	[k'ajn]

preto	**Iаьржа**	['ærʒ]
cinzento	**сира**	[sɪr]
verde	**баьццара**	[bætsɑr]
amarelo	**можа**	[mɔʒ]
vermelho	**цIен**	[ts'en]
azul	**сийна**	[sɪ:n]
azul claro	**сийна**	[sɪ:n]
rosa	**сирла-цIен**	[sɪrl ts'en]
laranja	**цIехо-можа**	[ts'eho mɔʒ]
violeta	**цIехо-сийна**	[ts'eho sɪ:n]
castanho	**боьмаша**	[bømɑʃ]
dourado	**дашо**	[dɑʃɔ]
prateado	**детиха**	[detɪh]
bege	**бежеви**	[beʒewɪ]
creme	**беда-можа**	[bed mɔʒ]
turquesa	**бирюзан бос**	[bɪruzɑn bɔs]
vermelho cereja	**баьллийн бос**	[bællɪ:n bɔs]
lilás	**сирла-сийна**	[sɪrl sɪ:n]
carmesim	**камарийн бос**	[kɑmɑrɪ:n bɔs]
claro	**сирла**	[sɪrl]
escuro	**Iаьржа**	['ærʒ]
vivo	**къегина**	[qʔegɪn]
de cor	**бесара**	[besɑr]
a cores	**бос болу**	[bɔs bɔlu]
preto e branco	**кIайн-Iаьржа**	[k'ɑjn 'ærʒ]
unicolor	**цхьана бесара**	[tshɑn besɑr]
multicor	**бес-бесара**	[bes besɑr]

15. Questões

Quem?	**Мила?**	[mɪl]
Que?	**ХIун?**	[h'un]
Onde?	**Мичахь?**	[mɪtʃɑh]
Para onde?	**Мича?**	[mɪtʃ]
De onde?	**Мичара?**	[mɪtʃɑr]
Quando?	**Маца?**	[mɑts]
Para quê?	**Стенна?**	[stenn]
Porquê?	**ХIунда?**	[h'und]
Para quê?	**Стенан?**	[stenɑn]
Como?	**Муха?**	[muhɑ]
Qual?	**Муьлха?**	[mʉlhɑ]
Qual? (entre dois ou mais)	**МасалгIа?**	[mɑsɑlɣ]
A quem?	**Хьанна?**	[hɑnn]
Sobre quem?	**Хьанах лаьцна?**	[hɑnɑh lætsn]
Do quê?	**Стенах лаьцна?**	[stenɑh lætsn]
Com quem?	**Хьаьнца?**	[hænts]

Quantos? -as?	**Маса?**	[mɑs]
Quanto?	**Мел?**	[mel]
De quem? (masc.)	**Хьенан?**	[henɑn]

16. Preposições

com (prep.)	**цхьан**	[ʦhɑn]
sem (prep.)	**доцуш**	[dɔʦuʃ]
a, para (exprime lugar)	**чу**	[ʧu]
antes de …	**хьалха**	[hɑlh]
diante de …	**хьалха**	[hɑlh]
sob (debaixo de)	**кІел**	[k'el]
sobre (em cima de)	**тІехула**	[t'ehul]
sobre (~ a mesa)	**тІехь**	[t'eh]
dentro de (~ dez minutos)	**даьлча**	[dælʧ]
por cima de …	**хула**	[hul]

17. Palavras funcionais. Advérbios. Parte 1

Onde?	**Мичахь?**	[mɪʧɑh]
aqui	**хьоккхузахь**	[hɔkquzɑh]
lá, ali	**цигахь**	[ʦɪgɑh]
em algum lugar	**цхьанхьа-м**	[ʦhɑnhɑ m]
em lugar nenhum	**цхьаннахьа а**	[ʦhɑnnɑh ɑ]
ao pé de …	**уллехь**	[ulleh]
ao pé da janela	**кора уллехь**	[kɔr ulleh]
Para onde?	**Мича?**	[mɪʧ]
para cá	**кхузахь**	[quzɑh]
para lá	**цига**	[ʦɪg]
daqui	**хІоккхузара**	[h'ɔkquzɑr]
de lá, dali	**цигара**	[ʦɪgɑr]
perto	**герга**	[gerg]
longe	**гена**	[gen]
perto de …	**улло**	[ullɔ]
ao lado de	**юххе**	[juhe]
perto, não fica longe	**гена доцу**	[gen dɔʦu]
esquerdo	**аьрру**	[ærru]
à esquerda	**аьрру агІорхьара**	[ærru ɑɣɔrhɑr]
para esquerda	**аьрру агІор**	[ærru ɑɣɔr]
direito	**аьтту**	[ættu]
à direita	**аьтту агІорхьара**	[ættu ɑɣɔrhɑr]
para direita	**аьтту агІор**	[ættu ɑɣɔr]
à frente	**хьалха**	[hɑlh]

da frente	**хьалхара**	[halhar]
em frente (para a frente)	**хьалха**	[halh]
atrás de ...	**тlехьа**	[t'eh]
por detrás (vir ~)	**тlаьхьа**	[t'æh]
para trás	**юхо**	[juho]
meio (m), metade (f)	**юкъ**	[juqʔ]
no meio	**юккъе**	[jukqʔe]
de lado	**агlор**	['aɣɔr]
em todo lugar	**массанхьа**	[massanh]
ao redor (olhar ~)	**гонаха**	[gɔnah]
de dentro	**чухула**	[ʧuhul]
para algum lugar	**цхьанхьа**	[ʦhanh]
diretamente	**нийсса дlа**	[nɪːss d'a]
de volta	**юха**	[juh]
de algum lugar	**миччара а**	[mɪʧar a]
de um lugar	**цхьанхьара**	[ʦhanhar]
em primeiro lugar	**цкъа-делахь**	[ʦqʔa delah]
em segundo lugar	**шолгlа-делахь**	[ʃɔlɣ delah]
em terceiro lugar	**кхоалгlа-делахь**	[qɔalɣ delah]
de repente	**цlеххьана**	[ʦ'ehan]
no início	**юьхьенца**	[juhenʦ]
pela primeira vez	**дуьххьара**	[dʉhar]
muito antes de ...	**хьалххе**	[halhe]
de novo, novamente	**юха**	[juh]
para sempre	**гуттаренна**	[guttarenn]
nunca	**цкъа а**	[ʦqʔa 'a]
de novo	**кхин цкъа а**	[qɪn ʦqʔ]
agora	**хlинца**	[h'ɪnʦ]
frequentemente	**кест-кеста**	[kest kest]
então	**хlетахь**	[h'etah]
urgentemente	**чехка**	[ʧehk]
usualmente	**нехан санна**	[nehan sann]
a propósito, ...	**шен метта**	[ʃən mett]
é possível	**тарлун ду**	[tarlun du]
provavelmente	**хила мегаш хила**	[hɪl megaʃ hɪl]
talvez	**хила мега**	[hɪl meg]
além disso, ...	**цул совнаха, ...**	[ʦul sɔvnaha]
por isso ...	**цундела**	[ʦundel]
apesar de ...	**делахь а ...**	[delah a ...]
graças a ...	**бахьана долуш ...**	[bahan dɔluʃ]
que (pron.)	**хlун**	[h'un]
que (conj.)	**а**	['a]
algo	**цхьаъ-м**	[ʦhaʔ m]
alguma coisa	**цхьа хlума**	[ʦha hum]
nada	**хlумма а дац**	[h'umm a daʦ]
quem	**мила**	[mɪl]

alguém (~ teve uma ideia ...)	**цхьаъ**	[ʦhaʔ]
alguém	**цхьаъ**	[ʦhaʔ]
ninguém	**цхьа а**	[ʦha a]
para lugar nenhum	**цхьанхха а**	[ʦhanh a]
de ninguém	**цхьаьннан а**	[ʦhænnan a]
de alguém	**цхьаьннан**	[ʦhænnan]
tão	**иштта**	[ɪʃtt]
também (gostaria ~ de ...)	**санна**	[sann]
também (~ eu)	**а**	['a]

18. Palavras funcionais. Advérbios. Parte 2

Porquê?	**ХӀунда?**	[h'und]
por alguma razão	**цхьанна-м**	[ʦhanna m]
porque ...	**цундела**	[ʦundel]
por qualquer razão	**цхьана хӀуманна**	[ʦhan humann]
e (tu ~ eu)	**а-а**	[ə- ə]
ou (ser ~ não ser)	**я**	[ja]
mas (porém)	**амма**	[amm]
demasiado, muito	**дукха**	[duq]
só, somente	**бен**	[ben]
exatamente	**нийсса**	[nɪ:ss]
cerca de (~ 10 kg)	**герга**	[gerg]
aproximadamente	**герггарчу хьесапехь**	[gerggarʧu hesapeh]
aproximado	**герггарчу хьесапера**	[gerggarʧu hesaper]
quase	**гергга**	[gergg]
resto (m)	**бухадиснарг**	[buhadɪsnarg]
cada	**хӀор**	[h'ɔr]
qualquer	**муьлхха а**	[mʉlha]
muito	**дукха**	[duq]
muitas pessoas	**дуккха а**	[dukq a]
todos	**дерриг**	[derrɪg]
em troca de ...	**цхьана ... хийцина**	[ʦhan hɪ:ʦɪn]
em troca	**метта**	[mett]
à mão	**куьйга**	[kʉjg]
pouco provável	**те**	[te]
provavelmente	**схьахетарехь**	[shahetareh]
de propósito	**хуъушехь**	[hyʔuʃəh]
por acidente	**ларамаза**	[laramaz]
muito	**чӀоаrӀа**	[ʧ'ɔ'aɣ]
por exemplo	**масала**	[masal]
entre	**юккъехь**	[jukqʔeh]
entre (no meio de)	**юккъехь**	[jukqʔeh]
especialmente	**къасттина**	[qʔasttɪn]

Conceitos básicos. Parte 2

19. Dias da semana

segunda-feira (f)	**оршот**	[ɔrʃɔt]
terça-feira (f)	**шинара**	[ʃɪnɑr]
quarta-feira (f)	**кхаара**	[qɑ'ɑr]
quinta-feira (f)	**еара**	[eɑr]
sexta-feira (f)	**пlераска**	[p'erɑsk]
sábado (m)	**шот**	[ʃɔt]
domingo (m)	**кlиранде**	[k'ɪrɑnde]
hoje	**тахана**	[tɑhɑn]
amanhã	**кхана**	[qɑn]
depois de amanhã	**лама**	[lɑm]
ontem	**селхана**	[selhɑn]
anteontem	**стомара**	[stɔmɑr]
dia (m)	**де**	[de]
dia (m) de trabalho	**белхан де**	[belhɑn de]
feriado (m)	**деза де**	[dez de]
dia (m) de folga	**мукъа де**	[muqʔ de]
fim (m) de semana	**мукъа денош**	[muqʔ denɔʃ]
o dia todo	**деррига де**	[derrɪg de]
no dia seguinte	**шолгlачу дийнахь**	[ʃɔlɣɑʧu dɪ:nɑh]
há dois dias	**ши де хьалха**	[ʃɪ de hɑlh]
na véspera	**де хьалха**	[de hɑlh]
diário	**хlор денна хуьлу**	[h'ɔr denn hʉlu]
todos os dias	**хlор денна хуьлу**	[h'ɔr denn hʉlu]
semana (f)	**кlира**	[k'ɪr]
na semana passada	**дlадаханчу кlирнахь**	[d'ɑdɑhɑnʧu k'ɪrnɑh]
na próxima semana	**тlедогlучу кlирнахь**	[t'edɔɣuʧu k'ɪrnɑh]
semanal	**хlор кlиранан**	[h'ɔr k'ɪrɑnɑn]
cada semana	**хlор кlирна**	[h'ɔr k'ɪrn]
duas vezes por semana	**кlирнахь шозза**	[k'ɪrnɑh ʃɔzz]
cada terça-feira	**хlор шинара**	[h'ɔr ʃɪnɑr]

20. Horas. Dia e noite

manhã (f)	**lуьйре**	['ʉjre]
de manhã	**lуьйранна**	['ʉjrɑnn]
meio-dia (m)	**делкъе**	[delqʔe]
à tarde	**делкъан тlаьхьа**	[delqʔɑn t'æh]
noite (f)	**суьйре**	[sʉjre]
à noite (noitinha)	**сарахь**	[sɑrɑh]

noite (f)	**буьса**	[bʉs]
à noite	**буса**	[bus]
meia-noite (f)	**буьйсанан юкъ**	[bʉjsanan juqʔ]
segundo (m)	**секунд**	[sekund]
minuto (m)	**минот**	[mɪnɔt]
hora (f)	**сахьт**	[saht]
meia hora (f)	**ахсахьт**	[ahsaht]
quarto (m) de hora	**сахьтах пхийтта**	[sahtah phɪ:tt]
quinze minutos	**15 минот**	[phɪ:tt mɪnɔt]
vinte e quatro horas	**де-буьйса**	[de bʉjs]
nascer (m) do sol	**малх схьакхетар**	[malh shaqetar]
amanhecer (m)	**сатасар**	[satasar]
madrugada (f)	**Іуьйранна хьалххехь**	['ʉjrann halheh]
pôr do sol (m)	**чубузар**	[ʧubuzar]
de madrugada	**Іуьйранна хьалхxe**	['ʉjrann halhe]
hoje de manhã	**тахан Іуьйранна**	[tahan 'ʉjrann]
amanhã de manhã	**кхана Іуьйранна**	[qan 'ʉjrann]
hoje à tarde	**тахана дийнахь**	[tahan dɪ:nah]
à tarde	**делкъан тІаьхьа**	[delqʔan t'æh]
amanhã à tarde	**кхана делкъан тІаьхьа**	[qan delqʔan t'æh]
hoje à noite	**тахана суьйранна**	[tahan sʉjrann]
amanhã à noite	**кхана суьйранна**	[qan sʉjrann]
às três horas em ponto	**нийсса кхоъ сахьт даьлча**	[nɪ:ss qøʔ saht dælʧ]
por volta das quatro	**диъ сахьт гергга**	[dɪʔ saht gergg]
às doze	**шийтта сахьт долаж**	[ʃɪ:tt saht dɔlaʒ]
dentro de vinte minutos	**ткъа минот яьлча**	[tqʔ mɪnɔt jælʧ]
dentro duma hora	**цхьа сахьт даьлча**	[ʦha saht dælʧ]
a tempo	**шен хеннахь**	[ʃən hennah]
menos um quarto	**сахьтах пхийтта яьлча**	[sahtah phɪ:tt jælʧ]
durante uma hora	**сахьт даллалц**	[saht dallalʦ]
a cada quinze minutos	**хІор пхийтта минот**	[h'ɔr phɪ:tt mɪnɔt]
as vinte e quatro horas	**дуьззина де-буьйса**	[dʉzzɪn de bʉjs]

21. Meses. Estações

janeiro (m)	**январь**	[janvarʲ]
fevereiro (m)	**февраль**	[fevralj]
março (m)	**март**	[mart]
abril (m)	**апрель**	[aprelj]
maio (m)	**май**	[maj]
junho (m)	**июнь**	[ɪjunj]
julho (m)	**июль**	[ɪʉlj]
agosto (m)	**август**	[avgust]
setembro (m)	**сентябрь**	[sentʲabrʲ]
outubro (m)	**октябрь**	[ɔktʲabrʲ]
novembro (m)	**ноябрь**	[nɔjabrʲ]
dezembro (m)	**декабрь**	[dekabrʲ]

primavera (f) **бIаьсте** [b'æste]
na primavera **бIаьста** [b'æst]
primaveril **бIаьстенан** [b'æstenɑn]

verão (m) **аьхке** [æhke]
no verão **аьхка** [æhk]
de verão **аьхкенан** [æhkenɑn]

outono (m) **гуьйре** [gʉjre]
no outono **гурахь** [gurɑh]
outonal **гуьйренан** [gʉjrenɑn]

inverno (m) **Iа** ['ɑ]
no inverno **Iай** ['ɑj]
de inverno **Iаьнан** ['ænɑn]

mês (m) **бутт** [butt]
este mês **кху баттахь** [qu battɑh]
no próximо mês **тIебогIу баттахь** [t'ebɔɣu battɑh]
no mês passado **байна баттахь** [bɑjn battɑh]

há um mês **цхьа бутт хьалха** [ʦhɑ butt hɑlh]
dentro de um mês **цхьа бутт баьлча** [ʦhɑ butt bæltʃ]
dentro de dois meses **ши бутт баьлча** [ʃɪ butt bæltʃ]
todo o mês **беррига бутт** [berrɪg butt]
um mês inteiro **дийнна бутт** [dɪ:nn butt]

mensal **хIор беттан** [h'ɔr bettɑn]
mensalmente **хIор баттахь** [h'ɔr battɑh]
cada mês **хIор бутт** [h'ɔr butt]
duas vezes por mês **баттахь 2** [battɑh ʃɔzz]

ano (m) **шо** [ʃɔ]
este ano **кхушара** [quʃɑr]
no próximo ano **тIедогIучу шарахь** [t'edɔɣutʃu ʃɑrɑh]
no ano passado **стохка** [stɔhk]

há um ano **шо хьалха** [ʃɔ hɑlh]
dentro dum ano **шо даьлча** [ʃɔ dæltʃ]
dentro de 2 anos **ши шо даьлча** [ʃɪ ʃɔ dæltʃ]
todo o ano **деррига шо** [derrɪg ʃɔ]
um ano inteiro **дийнна шо** [dɪ:nn ʃɔ]

cada ano **хIор шо** [h'ɔr ʃɔ]
anual **хIор шеран** [h'ɔr ʃəran]
anualmente **хIор шарахь** [h'ɔr ʃɑrɑh]
quatro vezes por ano **шарахь 4** [ʃɑrɑh døɑzz]

data (~ de hoje) **де** [de]
data (ex. ~ de nascimento) **терахь** [terɑh]
calendário (m) **календарь** [kɑlendɑrʲ]

meio ano **ахшо** [ɑhʃɔ]
seis meses **ахшо** [ɑhʃɔ]
estação (f) **зам** [zɑm]
século (m) **оьмар** [ømɑr]

22. Tempo. Diversos

tempo (m)	**хан**	[han]
momento (m)	**б1арган нег1ар туху юкъ**	[b'argan neɣar tuhu juq?]
instante (m)	**б1арган нег1ар туху юкъ**	[b'argan neɣar tuhu juq?]
instantâneo	**ц1еххьана**	[ʦ'ehan]
lapso (m) de tempo	**хенан юкъ**	[henan juq?]
vida (f)	**дахар**	[dahar]
eternidade (f)	**абаде**	[abade]
época (f)	**мур**	[mur]
era (f)	**зама**	[zam]
ciclo (m)	**цикл**	[ʦɪkl]
período (m)	**мур**	[mur]
prazo (m)	**хан**	[han]
futuro (m)	**т1едог1у**	[t'edɔɣu]
futuro	**т1едог1у**	[t'edɔɣu]
da próxima vez	**т1аьхьахула**	[t'æhahul]
passado (m)	**д1адахнарг**	[d'adahnarg]
passado	**д1адахнар**	[d'adahnar]
na vez passada	**тохар**	[tɔhar]
mais tarde	**т1аккха**	[t'akq]
depois	**т1аьхьа**	[t'æh]
atualmente	**х1инца**	[h'ɪnʦ]
agora	**х1инцца**	[h'ɪnʦ]
imediatamente	**хьем ца беш**	[hem ʦa beʃ]
em breve, brevemente	**кеста**	[kest]
de antemão	**хьалхxе**	[halhe]
há muito tempo	**тоххара**	[tɔhar]
há pouco tempo	**дукха хан йоццуш**	[duq han joʦuʃ]
destino (m)	**кхел**	[qel]
recordações (f pl)	**диццадалар**	[dɪʦadalar]
arquivo (m)	**архив**	[arhɪv]
durante ...	**хеннахь ...**	[hennah]
durante muito tempo	**дукха**	[duq]
pouco tempo	**дукха дац**	[duq daʦ]
cedo (levantar-se ~)	**хьалха**	[halh]
tarde (deitar-se ~)	**т1аьхьа**	[t'æh]
para sempre	**даиманна**	[daɪmann]
começar (vt)	**доло**	[dɔlɔ]
adiar (vt)	**т1аьхьадаккха**	[t'æhadakq]
simultaneamente	**цхьана хеннахь**	[ʦhan hennah]
permanentemente	**даимлера**	[daɪmler]
constante (ruído, etc.)	**хаддаза**	[haddaz]
temporário	**ханна**	[hann]
às vezes	**наггахь**	[naggah]
raramente	**кеста ца хуьлу**	[kest ʦa hʉlu]
frequentemente	**кест-кеста**	[kest kest]

23. Opostos

rico	**хьал долу**	[hal dɔlu]
pobre	**къен**	[qʔen]
doente	**цомгуш**	[ʦɔmguʃ]
são	**могуш**	[mɔguʃ]
grande	**доккха**	[dɔkq]
pequeno	**жима**	[ʒɪm]
rapidamente	**сиха**	[sɪh]
lentamente	**меллаша**	[mellaʃ]
rápido	**маса**	[mas]
lento	**меллаша**	[mellaʃ]
alegre	**самукъане**	[samuqʔane]
triste	**гӀайгӀане**	[ɣajɣane]
juntos	**цхьана**	[ʦhan]
separadamente	**къастина**	[qʔastɪn]
em voz alta (ler ~)	**хезаш**	[hezaʃ]
para si (em silêncio)	**ша-шена**	[ʃa ʃən]
alto	**лекха**	[leq]
baixo	**лоха**	[lɔh]
profundo	**кӀорга**	[k'ɔarg]
pouco fundo	**гомха**	[gɔmh]
sim	**хьаъ**	[haʔ]
não	**хӀан-хӀа**	[h'an h'a]
distante (no espaço)	**генара**	[genar]
próximo	**герггара**	[gerggar]
longe	**гена**	[gen]
perto	**юххехь**	[juheh]
longo	**деха**	[deh]
curto	**доца**	[dɔʦ]
bom, bondoso	**дика**	[dɪk]
mau	**вон**	[vɔn]
casado	**зуда ялийна**	[zud jalɪ:n]
solteiro	**зуд ялоза**	[zud jalɔz]
proibir (vt)	**дехка**	[dehk]
permitir (vt)	**магийта**	[magɪ:t]
fim (m)	**чаккхе**	[ʧakqe]
começo (m)	**юьхь**	[juh]

esquerdo	**аьрру**	[ærru]
direito	**аьтту**	[ættu]
primeiro	**хьалхара**	[hɑlhɑr]
último	**тIаьххьара**	[t'æhɑr]
crime (m)	**зулам**	[zulɑm]
castigo (m)	**таIзар**	[tɑ'zɑr]
ordenar (vt)	**буьйр дан**	[bʉjr dɑn]
obedecer (vt)	**муьтIахь хила**	[mʉt'ɑh hɪl]
reto	**нийса**	[nɪ:s]
curvo	**гона**	[gɔn]
paraíso (m)	**ялсамани**	[jɑlsɑmɑnɪ]
inferno (m)	**жоьжахати**	[ʒøʒɑhɑtɪ]
nascer (vi)	**хила**	[hɪl]
morrer (vi)	**дала**	[dɑl]
forte	**нуьцкъала**	[nʉʦqʔɑl]
fraco, débil	**гIийла**	[ɣɪ:l]
idoso	**къена**	[qʔen]
jovem	**къона**	[qʔɔn]
velho	**тиша**	[tɪʃ]
novo	**цIина**	[ʦ'ɪn]
duro	**чIоагIа**	[ʧ'ɔ'ɑɣ]
mole	**кIеда**	[k'ed]
tépido	**мела**	[mel]
frio	**шийла**	[ʃɪ:l]
gordo	**стомма**	[stɔmm]
magro	**оза**	[ɔz]
estreito	**готта**	[gɔtt]
largo	**шуьйра**	[ʃʉjr]
bom	**дика**	[dɪk]
mau	**вон**	[vɔn]
valente	**майра**	[mɑjr]
cobarde	**осала**	[ɔsɑl]

24. Linhas e formas

quadrado (m)	**квадрат**	[kvɑdrɑt]
quadrado	**квадратан**	[kvɑdrɑtɑn]
círculo (m)	**го**	[gɔ]
redondo	**горга**	[gɔrg]

triângulo (m)	**кхосаберг**	[qɔsaberg]
triangular	**кхо са болу**	[qɔ sa bɔlu]
oval (f)	**овал**	[ɔval]
oval	**овалан**	[ɔvalan]
retângulo (m)	**нийса саберг**	[nɪ:s saberg]
retangular	**нийса сенаш долу**	[nɪ:s senaʃ dɔlu]
pirâmide (f)	**пирамида**	[pɪramɪd]
rombo, losango (m)	**ромб**	[rɔmb]
trapézio (m)	**трапеци**	[trapetsɪ]
cubo (m)	**куб**	[kub]
prisma (m)	**призма**	[prɪzm]
circunferência (f)	**хIоз**	[h'ɔz]
esfera (f)	**тIехула**	[t'ehul]
globo (m)	**горгал**	[gɔrgal]
diâmetro (m)	**диаметр**	[dɪametr]
raio (m)	**радиус**	[radɪus]
perímetro (m)	**периметр**	[perɪmetr]
centro (m)	**центр**	[tsentr]
horizontal	**ана**	[an]
vertical	**ирх**	[ɪrh]
paralela (f)	**параллель**	[parallelj]
paralelo	**параллельни**	[paralleljnɪ]
linha (f)	**сиз**	[sɪz]
traço (m)	**сиз**	[sɪz]
reta (f)	**нийсаниг**	[nɪ:sanɪg]
curva (f)	**гома сиз**	[gɔm sɪz]
fino (linha ~a)	**дуткъа**	[dutqʔ]
contorno (m)	**гIаларт**	[ɣalart]
interseção (f)	**хадор**	[hadɔr]
ângulo (m) reto	**нийса саберг**	[nɪ:s saberg]
segmento (m)	**сегмент**	[segment]
setor (m)	**сектор**	[sektɔr]
lado (de um triângulo, etc.)	**агIо**	['aɣɔ]
ângulo (m)	**са**	[s]

25. Unidades de medida

peso (m)	**дозалла**	[dɔzall]
comprimento (m)	**йохалла**	[johall]
largura (f)	**шоралла**	[ʃɔrall]
altura (f)	**лакхалла**	[laqall]
profundidade (f)	**кIоргалла**	[k'ɔrgall]
volume (m)	**дукхалла**	[duqall]
área (f)	**майда**	[majd]
grama (m)	**грамм**	[gramm]
miligrama (m)	**миллиграмм**	[mɪllɪgramm]

quilograma (m)	**килограмм**	[kɪlɔgramm]
tonelada (f)	**тонна**	[tɔn]
libra (453,6 gramas)	**герка**	[gerk]
onça (f)	**унци**	[unʦɪ]
metro (m)	**метр**	[metr]
milímetro (m)	**миллиметр**	[mɪllɪmetr]
centímetro (m)	**сантиметр**	[santɪmetr]
quilómetro (m)	**километр**	[kɪlɔmetr]
milha (f)	**миля**	[mɪlj]
polegada (f)	**дюйм**	[dʉjm]
pé (304,74 mm)	**фут**	[fut]
jarda (914,383 mm)	**ярд**	[jard]
metro (m) quadrado	**квадратни метр**	[kvadratnɪ metr]
hectare (m)	**гектар**	[gektar]
litro (m)	**литр**	[lɪtr]
grau (m)	**градус**	[gradus]
volt (m)	**вольт**	[vɔljt]
ampere (m)	**ампер**	[amper]
cavalo-vapor (m)	**говран ницкъ**	[gɔvran nɪʦqʔ]
quantidade (f)	**дукхалла**	[duqall]
um pouco de ...	**кlезиг**	[k'ezɪg]
metade (f)	**ах**	[ah]
dúzia (f)	**цlов**	[ʦ'ɔv]
peça (f)	**цхьаъ**	[ʦhaʔ]
dimensão (f)	**барам**	[baram]
escala (f)	**масштаб**	[masʃtab]
mínimo	**уггар кlезиг**	[uggar k'ezɪg]
menor, mais pequeno	**уггара кlезигаха долу**	[uggar k'ezɪgaha dɔlu]
médio	**юккъера**	[jukqʔer]
máximo	**уггар дукха**	[uggar duq]
maior, mais grande	**уггара дукхаха долу**	[uggar duqaha dɔlu]

26. Recipientes

boião (m) de vidro	**банка**	[bank]
lata (~ de cerveja)	**банка**	[bank]
balde (m)	**ведар**	[wedar]
barril (m)	**боьшка**	[bøʃk]
bacia (~ de plástico)	**тас**	[tas]
tanque (m)	**бак**	[bak]
cantil (m) de bolso	**фляжк**	[fljaʒk]
bidão (m) de gasolina	**канистр**	[kanɪstr]
cisterna (f)	**цистерна**	[ʦɪstern]
caneca (f)	**кружка**	[kruʒk]
chávena (f)	**кад**	[kad]

pires (m)	**бошхап**	[bɔʃhap]
copo (m)	**стака**	[stak]
taça (f) de vinho	**кад**	[kad]
panela, caçarola (f)	**яй**	[jaj]
garrafa (f)	**шиша**	[ʃɪʃ]
gargalo (m)	**бертиг**	[bertɪg]
jarro, garrafa (f)	**сурийла**	[surɪ:l]
jarro (m) de barro	**кӀудал**	[k'udal]
recipiente (m)	**пхьегӀа**	[pheɣ]
pote (m)	**кхаба**	[qab]
vaso (m)	**ваза**	[vaz]
frasco (~ de perfume)	**флакон**	[flakɔn]
frasquinho (ex. ~ de iodo)	**шиша**	[ʃɪʃ]
tubo (~ de pasta dentífrica)	**тюбик**	[tʉbɪk]
saca (ex. ~ de açúcar)	**гали**	[galɪ]
saco (~ de plástico)	**пакет**	[paket]
maço (m)	**ботт**	[bɔtt]
caixa (~ de sapatos, etc.)	**гӀутакх**	[ɣutaq]
caixa (~ de madeira)	**яьшка**	[jæʃk]
cesta (f)	**тускар**	[tuskar]

27. Materiais

material (m)	**коьчал**	[køʧal]
madeira (f)	**дитт**	[dɪtt]
de madeira	**дечиган**	[deʧɪgan]
vidro (m)	**ангали**	[angalɪ]
de vidro	**ангалин**	[angalɪn]
pedra (f)	**тӀулг**	[t'ulg]
de pedra	**тӀулган**	[t'ulgan]
plástico (m)	**пластик**	[plastɪk]
de plástico	**пластмассови**	[plastmassɔwɪ]
borracha (f)	**резина**	[rezɪn]
de borracha	**резинин**	[rezɪnɪn]
tecido, pano (m)	**кӀади**	[k'adɪ]
de tecido	**кӀадах**	[k'adah]
papel (m)	**кехат**	[kehat]
de papel	**кехатан**	[kehatan]
cartão (m)	**мужалт**	[muʒalt]
de cartão	**мужалтан**	[muʒaltan]
polietileno (m)	**полиэтилен**	[pɔlɪɛtɪlen]
celofane (m)	**целлофан**	[ʦellɔfan]

contraplacado (m)	**фанера**	[faner]
porcelana (f)	**кlайн кхийра**	[k'ajn qɪ:r]
de porcelana	**кlайчу кхийран**	[k'ajʧu qɪ:ran]
barro (f)	**поппар**	[pɔppar]
de barro	**кхийра**	[qɪ:r]
cerâmica (f)	**кхийра**	[qɪ:r]
de cerâmica	**кхийран**	[qɪ:ran]

28. Metais

metal (m)	**металл**	[metall]
metálico	**металлан**	[metallan]
liga (f)	**лалам**	[lalam]
ouro (m)	**деши**	[deʃɪ]
de ouro	**дашо**	[daʃɔ]
prata (f)	**дети**	[detɪ]
de prata	**дато**	[datɔ]
ferro (m)	**эчиг**	[ɛʧɪg]
de ferro	**аьчка**	[æʧk]
aço (m)	**болат**	[bɔlat]
de aço	**болатан**	[bɔlatan]
cobre (m)	**цlаста**	[ʦ'ast]
de cobre	**цlастан**	[ʦ'astan]
alumínio (m)	**наштар**	[naʃtar]
de alumínio	**наштаран**	[naʃtaran]
bronze (m)	**борза**	[bɔrz]
de bronze	**борзанан**	[bɔrzanan]
latão (m)	**латунь**	[latunj]
níquel (m)	**никель**	[nɪkelj]
platina (f)	**кlайн деши**	[k'ajn deʃɪ]
mercúrio (m)	**гинсу**	[gɪnsu]
estanho (m)	**гlели**	[ɣelɪ]
chumbo (m)	**даш**	[daʃ]
zinco (m)	**цинк**	[ʦɪnk]

O SER HUMANO

O ser humano. O corpo

29. Humanos. Conceitos básicos

ser (m) humano	**стаг**	[stɑg]
homem (m)	**боьрша стаг**	[børʃ stɑg]
mulher (f)	**зуда**	[zud]
criança (f)	**бер**	[ber]
menina (f)	**жима йоl**	[ʒɪm joʕ]
menino (m)	**кlант**	[k'ɑnt]
adolescente (m)	**кхиазхо**	[qɪɑzho]
velho, ancião (m)	**воккха стаг**	[vɔkq stɑg]
velha, anciã (f)	**йоккха стаг**	[jokq stɑg]

30. Anatomia humana

organismo (m)	**организм**	[ɔrgɑnɪzm]
coração (m)	**дог**	[dɔg]
sangue (m)	**цlий**	[ʦ'ɪː]
artéria (f)	**дегапха**	[degɑph]
veia (f)	**пха**	[ph]
cérebro (m)	**хье**	[he]
nervo (m)	**нерв**	[nerv]
nervos (m pl)	**нерваш**	[nervɑʃ]
vértebra (f)	**букъдаьlахк**	[buqʔdæ'ɑhk]
coluna (f) vertebral	**букъсурт**	[buqʔsurt]
estômago (m)	**хьер**	[her]
intestinos (m pl)	**чуьйраш**	[ʧʉjrɑʃ]
intestino (m)	**йоьхь**	[jøh]
fígado (m)	**доlах**	[dɔ'ɑh]
rim (m)	**чlениг**	[ʧ'enɪg]
osso (m)	**даьlахк**	[dæ'ɑhk]
esqueleto (m)	**скелет**	[skelet]
costela (f)	**пlенда**	[p'end]
crânio (m)	**туьта**	[tʉt]
músculo (m)	**дилха**	[dɪlh]
bíceps (m)	**пхьаьрсан пхьид**	[phærsɑn phɪd]
tríceps (m)	**трицепс**	[trɪʦeps]
tendão (m)	**хьорзам**	[hɔrzɑm]
articulação (f)	**хоттар**	[hottɑr]

pulmões (m pl)	**пехаш**	[pehaʃ]
órgãos (m pl) genitais	**стен-боьршаллин органаш**	[sten børʃallɪn ɔrganaʃ]
pele (f)	**цӏока**	[ʦ'ɔk]

31. Cabeça

cabeça (f)	**корта**	[kɔrt]
cara (f)	**юьхь**	[juh]
nariz (m)	**мара**	[mar]
boca (f)	**бага**	[bag]
olho (m)	**бӏаьрга**	[b'ærg]
olhos (m pl)	**бӏаьрганш**	[b'ærgaʃ]
pupila (f)	**йоӏбӏаьрг**	[jo'b'ærg]
sobrancelha (f)	**цӏоцкъам**	[ʦ'ɔʦqʔam]
pestana (f)	**бӏарган негӏарийн чоьш**	[b'argan neɣarɪ:n ʧøʃ]
pálpebra (f)	**бӏаьрганегӏар**	[b'ærganeɣar]
língua (f)	**мотт**	[mɔtt]
dente (m)	**церг**	[ʦerg]
lábios (m pl)	**балдаш**	[baldaʃ]
maçãs (f pl) do rosto	**бӏаьрадаьӏахкаш**	[b'æradæ'ahkaʃ]
gengiva (f)	**доьлаш**	[dølaʃ]
paladar (m)	**стигал**	[stɪgal]
narinas (f pl)	**меран ӏуьрганш**	[meran 'ʉrgaʃ]
queixo (m)	**чӏениг**	[ʧ'enɪg]
mandíbula (f)	**мочхал**	[mɔʧhal]
bochecha (f)	**бесни**	[besnɪ]
testa (f)	**хьаж**	[haʒ]
têmpora (f)	**лергаюх**	[lergajuh]
orelha (f)	**лерг**	[lerg]
nuca (f)	**кӏесаркӏаг**	[k'esark'ag]
pescoço (m)	**ворта**	[vɔrt]
garganta (f)	**къамкъарг**	[qʔamqʔarg]
cabelos (m pl)	**месаш**	[mesaʃ]
penteado (m)	**тойина месаш**	[tɔjɪn mesaʃ]
corte (m) de cabelo	**месаш дӏахедор**	[mesaʃ d'ahedɔr]
peruca (f)	**парик**	[parɪk]
bigode (m)	**мекхаш**	[meqaʃ]
barba (f)	**маж**	[maʒ]
usar, ter (~ barba, etc.)	**лело**	[lelɔ]
trança (f)	**кӏажар**	[k'aʒar]
suíças (f pl)	**бакенбардаш**	[bakenbardaʃ]
ruivo	**хьаьрса**	[hærs]
grisalho	**къоьжа**	[qʔøʒ]
calvo	**кӏунзал**	[k'unzal]
calva (f)	**кӏунзал**	[k'unzal]
rabo-de-cavalo (m)	**цӏога**	[ʦ'ɔg]
franja (f)	**кӏужал**	[k'uʒal]

32. Corpo humano

mão (f)	**тlapa**	[t'ɑr]
braço (m)	**куьйг**	[kʉjg]
dedo (m)	**пlелг**	[p'elg]
polegar (m)	**нана пlелг**	[nɑn p'elg]
dedo (m) mindinho	**цlаза-пlелг**	[ʦ'ɑz p'elg]
unha (f)	**мlapa**	[m'ɑr]
punho (m)	**буй**	[buj]
palma (f) da mão	**кераюкъ**	[kerɑjuqʔ]
pulso (m)	**куьйган хьакхолг**	[kʉjgɑn hɑqɔlg]
antebraço (m)	**пхьарс**	[phɑrs]
cotovelo (m)	**гола**	[gɔl]
ombro (m)	**белш**	[belʃ]
perna (f)	**ког**	[kɔg]
pé (m)	**коган кlело**	[kɔgɑn k'elɔ]
joelho (m)	**гола**	[gɔl]
barriga (f) da perna	**пхьид**	[phɪd]
anca (f)	**варе**	[vɑre]
calcanhar (m)	**кlажа**	[k'ɑʒ]
corpo (m)	**дегl**	[deɣ]
barriga (f)	**гай**	[gɑj]
peito (m)	**накха**	[nɑq]
seio (m)	**накха**	[nɑq]
lado (m)	**агlо**	['ɑɣɔ]
costas (f pl)	**букъ**	[buqʔ]
região (f) lombar	**хоттарш**	[hottɑrʃ]
cintura (f)	**гlодаюкъ**	[ɣɔdɑjuqʔ]
umbigo (m)	**цlонга**	[ʦ'ɔng]
nádegas (f pl)	**хенан маьlиг**	[henɑn mæ'ɪg]
traseiro (m)	**тlехье**	[t'ehe]
sinal (m)	**кlеда**	[k'ed]
sinal (m) de nascença	**минга**	[mɪng]
tatuagem (f)	**дагар**	[dɑgɑr]
cicatriz (f)	**мо**	[mɔ]

Vestuário & Acessórios

33. Roupa exterior. Casacos

roupa (f)	**бедар**	[bedɑr]
roupa (f) exterior	**тIехула юху бедар**	[t'ehul juhu bedɑr]
roupa (f) de inverno	**Iаьнан барзакъ**	['ænɑn bɑrzɑq?]
sobretudo (m)	**пальто**	[pɑljtɔ]
casaco (m) de peles	**кетар**	[ketɑr]
casaco curto (m) de peles	**йоца кетар**	[joʦ ketɑr]
casaco (m) acolchoado	**месийн гоь**	[mesɪ:n gø]
casaco, blusão (m)	**куртка**	[kurtk]
impermeável (m)	**плащ**	[plɑɕ]
impermeável	**хи чекх ца долу**	[hɪ ʧeq ʦɑ dɔlu]

34. Vestuário de homem & mulher

camisa (f)	**коч**	[kɔʧ]
calças (f pl)	**хеча**	[heʧ]
calças (f pl) de ganga	**джинсаш**	[ʤɪnsɑʃ]
casaco (m) de fato	**пиджак**	[pɪʤɑk]
fato (m)	**костюм**	[kɔstʉm]
vestido (ex. ~ vermelho)	**бедар**	[bedɑr]
saia (f)	**юпка**	[jupk]
blusa (f)	**блузка**	[bluzk]
casaco (m) de malha	**кофта**	[kɔft]
casaco, blazer (m)	**жакет**	[ʒɑket]
T-shirt, camiseta (f)	**футболк**	[futbɔlk]
calções (Bermudas, etc.)	**шорташ**	[ʃɔrtɑʃ]
fato (m) de treino	**спортан костюм**	[spɔrtɑn kɔstʉm]
roupão (m) de banho	**оба**	[ɔb]
pijama (m)	**пижама**	[pɪʒɑm]
suéter (m)	**свитер**	[swɪter]
pulôver (m)	**пуловер**	[pulɔwer]
colete (m)	**жилет**	[ʒɪlet]
fraque (m)	**фрак**	[frɑk]
smoking (m)	**смокинг**	[smɔkɪng]
uniforme (m)	**форма**	[fɔrm]
roupa (f) de trabalho	**белхан бедар**	[belhan bedɑr]
fato-macaco (m)	**комбинезон**	[kɔmbɪnezɔn]
bata (~ branca, etc.)	**оба**	[ɔb]

35. Vestuário. Roupa interior

roupa (f) interior | чухулаюху хIуманаш | [ʧuhulajuhu h'umanaʃ]
camisola (f) interior | майка | [majk]
peúgas (f pl) | пазаташ | [pazataʃ]

camisa (f) de noite | вуьжуш юху коч | [vʉʒuʃ juhu kɔʧ]
sutiã (m) | бюстгалтер | [bʉstgalter]
meias longas (f pl) | пазаташ | [pazataʃ]
meias-calças (f pl) | колготкаш | [kɔlgɔtkaʃ]
meias (f pl) | пазаташ | [pazataʃ]
fato (m) de banho | луьйчушъюхург | [lʉjʧuʃʔʉhurg]

36. Adereços de cabeça

chapéu (m) | куй | [kuj]
chapéu (m) de feltro | шляпа | [ʃljap]
boné (m) de beisebol | бейсболк | [bejsbɔlk]
boné (m) | кепка | [kepk]

boina (f) | берет | [beret]
capuz (m) | бошлакх | [bɔʃlaq]
panamá (m) | панамка | [panamk]
gorro (m) de malha | юьйцина куй | [jujʦɪn kuj]

lenço (m) | йовлакх | [jovlaq]
chapéu (m) de mulher | шляпин цуьрг | [ʃljapɪn ʦʉrg]

capacete (m) de proteção | каска | [kask]
bivaque (m) | пилотка | [pɪlɔtk]
capacete (m) | гIем | [ɣem]

chapéu-coco (m) | яй | [jaj]
chapéu (m) alto | цилиндр | [ʦɪlɪndr]

37. Calçado

calçado (m) | мача | [maʧ]
botinas (f pl) | батенкаш | [batenkaʃ]
sapatos (de salto alto, etc.) | туфлеш | [tufleʃ]
botas (f pl) | эткаш | [ɛtkaʃ]
pantufas (f pl) | кIархаш | [k'arhaʃ]

ténis (m pl) | красовкаш | [krasɔvkaʃ]
sapatilhas (f pl) | кеди | [kedɪ]
sandálias (f pl) | сандалеш | [sandaleʃ]

sapateiro (m) | эткийн пхьар | [ɛtkɪ:n phar]
salto (m) | кIажа | [k'aʒ]
par (m) | шиъ | [ʃɪʔ]
atacador (m) | чимчаргIа | [ʧɪmʧaɣ]

apertar os atacadores	**чимчаргІа дІадехка**	[ʧɪmʧarɣ d'adehk]
calçadeira (f)	**Іайг**	['ajg]
graxa (f) para calçado	**мачийн крем**	[maʧɪ:n krem]

38. Têxtil. Tecidos

algodão (m)	**бамба**	[bamb]
de algodão	**бамбан**	[bamban]
linho (m)	**вета**	[wet]
de linho	**ветан**	[wetan]
seda (f)	**чилла**	[ʧɪll]
de seda	**чилланан**	[ʧɪllanan]
lã (f)	**тІаргІа**	[t'arɣ]
de lã	**тІергІан**	[t'erɣan]
veludo (m)	**бархат**	[barhat]
camurça (f)	**замша**	[zamʃ]
bombazina (f)	**хут**	[hut]
náilon (m)	**нейлон**	[nejlɔn]
de náilon	**нейлонан**	[nejlɔnan]
poliéster (m)	**полиэстер**	[pɔlɪɛster]
de poliéster	**полиэстеран**	[pɔlɪɛsteran]
couro (m)	**тІаьрсиг**	[t'ærsɪg]
de couro	**тІаьрсиган**	[t'ærsɪgan]
pele (f)	**чо**	[ʧɔ]
de peles, de pele	**чо болу**	[ʧɔ bɔlu]

39. Acessórios pessoais

luvas (f pl)	**карнаш**	[karnaʃ]
mitenes (f pl)	**каранаш**	[karanaʃ]
cachecol (m)	**шарф**	[ʃarf]
óculos (m pl)	**куьзганаш**	[kʉzganaʃ]
armação (f) de óculos	**куьзганийн гура**	[kʉzganɪ:n gur]
guarda-chuva (m)	**зонтик**	[zɔntɪk]
bengala (f)	**Іасалг**	['asalg]
escova (f) para o cabelo	**щётка**	[ɕʲotk]
leque (m)	**мохтухург**	[mɔhtuhurg]
gravata (f)	**галстук**	[galstuk]
gravata-borboleta (f)	**галстук-бабочка**	[galstuk babɔʧk]
suspensórios (m pl)	**доьхкарш**	[døhkarʃ]
lenço (m)	**мерах хьокху йовлакх**	[merah hɔqu jovlaq]
pente (m)	**ехк**	[ehk]
travessão (m)	**маха**	[mah]
gancho (m) de cabelo	**мІара**	[m'ar]
fivela (f)	**кІега**	[k'eg]

cinto (m)	**доьхка**	[døhk]
correia (f)	**бухка**	[buhk]
mala (f)	**тIормиг**	[t'ɔrmɪg]
mala (f) de senhora	**тIормиг**	[t'ɔrmɪg]
mochila (f)	**рюкзак**	[rʉkzak]

40. Vestuário. Diversos

moda (f)	**мода**	[mɔd]
na moda	**модехь долу**	[mɔdeh dɔlu]
estilista (m)	**модельхо**	[mɔdeljho]
colarinho (m), gola (f)	**кач**	[kaʧ]
bolso (m)	**киса**	[kɪs]
de bolso	**кисанан**	[kɪsanan]
manga (f)	**пхьош**	[phɔʃ]
presilha (f)	**лалам**	[lalam]
braguilha (f)	**ширинка**	[ʃɪrɪnk]
fecho (m) de correr	**догIа**	[dɔɣ]
fecho (m), colchete (m)	**туьйдарг**	[tʉjdarg]
botão (m)	**нуьйда**	[nʉjd]
casa (f) de botão	**туьйдарг**	[tʉjdarg]
saltar (vi) (botão, etc.)	**дIадала**	[d'adal]
coser, costurar (vi)	**тега**	[teg]
bordar (vt)	**дага**	[dag]
bordado (m)	**дагар**	[dagar]
agulha (f)	**маха**	[mah]
fio (m)	**тай**	[taj]
costura (f)	**эвна**	[ɛvn]
sujar-se (vr)	**бехдала**	[behdal]
mancha (f)	**таммагIа**	[tammaɣ]
engelhar-se (vr)	**хьерча**	[herʧ]
rasgar (vt)	**датIо**	[dat'ɔ]
traça (f)	**неца**	[nets]

41. Cuidados pessoais. Cosméticos

pasta (f) de dentes	**цергийн паста**	[tsergɪ:n past]
escova (f) de dentes	**цергийг щётка**	[tsergɪ:g ɕ'otk]
escovar os dentes	**цергаш цIанъян**	[tsergaʃ ts'anʔjan]
máquina (f) de barbear	**урс**	[urs]
creme (m) de barbear	**маж йошуш хьокху крем**	[maʒ joʃuʃ hɔqu krem]
barbear-se (vr)	**даша**	[daʃ]
sabonete (m)	**саба**	[sab]
champô (m)	**шампунь**	[ʃampunj]
tesoura (f)	**тукар**	[tukar]

lima (f) de unhas **ков** [kɔv]
corta-unhas (m) **маlраш йоху морзах** [maˈraʃ johu mɔrzah]
pinça (f) **пинцет** [pɪnʦet]

cosméticos (m pl) **косметика** [kɔsmetɪk]
máscara (f) facial **маска** [mask]
manicura (f) **маникюр** [manɪkʉr]
fazer a manicura **маникюр ян** [manɪkʉr jan]
pedicure (f) **педикюр** [pedɪkʉr]

mala (f) de maquilhagem **косметичка** [kɔsmetɪʧk]
pó (m) **пудра** [pudr]
caixa (f) de pó **пудрадухкург** [pudraduhkurg]
blush (m) **цlен басарш** [ʦˈen basarʃ]

perfume (m) **духlи** [duhˈɪ]
água (f) de toilette **туалетан хи** [tualetan hɪ]
loção (f) **лосьон** [lɔsʲɔn]
água-de-colónia (f) **lатlар** [ˈatˈar]

sombra (f) de olhos **тенеш** [teneʃ]
lápis (m) delineador **бlаргах хьокху къолам** [bˈargah hɔqu qʔɔlam]
máscara (f), rímel (m) **тушь** [tuʃ]

batom (m) **балдех хьокху хьакхар** [baldeh hɔqu haqar]
verniz (m) de unhas **маlрат хьокху лак** [maˈrat hɔqu lak]
laca (f) para cabelos **месашт хьокху лак** [mesaʃt hɔqu lak]
desodorizante (m) **дезодарант** [dezɔdarant]

creme (m) **крем** [krem]
creme (m) de rosto **юьхьах хьокху крем** [juhah hɔqu krem]
creme (m) de mãos **куьйгах хьокху крем** [kʉjgah hɔqu krem]
creme (m) antirrugas **хершнаш дуьхьал крем** [herʃnaʃ dʉhal krem]
de dia **дийнан** [dɪːnan]
da noite **буьйсанан** [bʉjsanan]

tampão (m) **тампон** [tampɔn]
papel (m) higiénico **хьаштаглан кехат** [haʃtaɣan kehat]
secador (m) elétrico **месашъякъорг** [mesaʃʰjaqʔɔrg]

42. Joalheria

joias (f pl) **мехела хlума** [mehel hˈum]
precioso **мехала** [mehal]
marca (f) de contraste **цlеналла** [ʦˈenall]

anel (m) **чlуг** [ʧˈug]
aliança (f) **тlорд** [tˈɔrd]
pulseira (f) **хlоз** [hˈɔz]

brincos (m pl) **чlагарш** [ʧˈagarʃ]
colar (m) **туьтеш** [tʉteʃ]
coroa (f) **таж** [taʒ]
colar (m) de contas **туьтеш** [tʉteʃ]

diamante (m)	**бриллиант**	[brɪllɪant]
esmeralda (f)	**изумруд**	[ɪzumrud]
rubi (m)	**цlен алмаз**	[ʦ'en almaz]
safira (f)	**сапфир**	[sapfɪr]
pérola (f)	**жовхlар**	[ʒɔvh'ar]
âmbar (m)	**янтар**	[jantar]

43. Relógios de pulso. Relógios

relógio (m) de pulso	**пхьаьрсах доьхку сахьт**	[phærsah døhku saht]
mostrador (m)	**циферблат**	[ʦɪferblat]
ponteiro (m)	**сахьтан цамза**	[sahtan ʦamz]
bracelete (f) em aço	**сахьтан хlоз**	[sahtan h'ɔz]
bracelete (f) em pele	**ремешок**	[remeʃɔk]
pilha (f)	**батарейка**	[batarejk]
descarregar-se	**охьахаа**	[ɔhaha'a]
trocar a pilha	**хийца**	[hɪ:ʦ]
estar adiantado	**сихадала**	[sɪhadal]
estar atrasado	**тlехь лела**	[t'eh lel]
relógio (m) de parede	**пенах уллу сахьт**	[penah ullu saht]
ampulheta (f)	**гlамаран сахьт**	[ɣamaran saht]
relógio (m) de sol	**маьлхан сахьт**	[mælhan saht]
despertador (m)	**сомавоккху сахьт**	[sɔmavɔkqu saht]
relojoeiro (m)	**сахьтийн пхьар**	[sahtɪ:n phar]
reparar (vt)	**тадан**	[tadan]

Alimantação. Nutrição

44. Comida

carne (f)	**жижиг**	[ʒɪʒɪg]
galinha (f)	**котам**	[kɔtɑm]
frango (m)	**кlорни**	[k'ɔrnɪ]
pato (m)	**бад**	[bɑd]
ganso (m)	**гlаз**	[ɣɑz]
caça (f)	**экха**	[ɛq]
peru (m)	**москал-котам**	[mɔskɑl kɔtɑm]
carne (f) de porco	**хьакхин жижиг**	[hɑqɪn ʒɪʒɪg]
carne (f) de vitela	**эсан жижиг**	[ɛsɑn ʒɪʒɪg]
carne (f) de carneiro	**уьстагlан жижиг**	[ʉstɑɣɑn ʒɪʒɪg]
carne (f) de vaca	**бежанан жижиг**	[beʒɑnɑn ʒɪʒɪg]
carne (f) de coelho	**пхьагал**	[phɑgɑl]
chouriço, salsichão (m)	**марш**	[mɑrʃ]
salsicha (f)	**йоьхь**	[jøh]
bacon (m)	**бекон**	[bekɔn]
fiambre (f)	**дакъийна хьакхин жижиг**	[dɑqʔɪ:n hɑqɪn ʒɪʒɪg]
presunto (m)	**хьакхин гlогl**	[hɑqɪn ɣɔɣ]
patê (m)	**паштет**	[pɑʃtet]
fígado (m)	**доlах**	[dɔ'ɑh]
carne (f) moída	**аьхьана жижиг**	[æhɑn ʒɪʒɪg]
língua (f)	**мотт**	[mɔtt]
ovo (m)	**хlоа**	[h'ɔ'ɑ]
ovos (m pl)	**хlоаш**	[h'ɔ'ɑʃ]
clara (f) do ovo	**кlайн хlоа**	[k'ɑjn h'ɔ'ɑ]
gema (f) do ovo	**буьйра**	[bʉjr]
peixe (m)	**чlара**	[ʧ'ɑr]
marisco (m)	**хlордан сурсаташ**	[h'ɔrdɑn sursɑtɑʃ]
caviar (m)	**зирх**	[zɪrh]
caranguejo (m)	**краб**	[krɑb]
camarão (m)	**креветка**	[krewetk]
ostra (f)	**устрица**	[ustrɪʦ]
lagosta (f)	**лангуст**	[lɑngust]
polvo (m)	**бархlкогберг**	[bɑrh'kɔgberg]
lula (f)	**кальмар**	[kɑljmɑr]
esturjão (m)	**иргlу**	[ɪrɣu]
salmão (m)	**лосось**	[lɔsɔsʲ]
halibute (m)	**палтус**	[pɑltus]
bacalhau (m)	**треска**	[tresk]
cavala, sarda (f)	**скумбри**	[skumbrɪ]

atum (m)	**тунец**	[tunets]
enguia (f)	**жlаьлин чlара**	[ʒ'ælɪn ʧ'ɑr]
truta (f)	**бакъ чlара**	[bɑqʔ ʧ'ɑr]
sardinha (f)	**сардина**	[sɑrdɪn]
lúcio (m)	**гlазкхийн чlара**	[ɣɑzqɪ:n ʧ'ɑr]
arenque (m)	**сельдь**	[seljdʲ]
pão (m)	**бепиг**	[bepɪg]
queijo (m)	**нехча**	[nehʧ]
açúcar (m)	**шекар**	[ʃəkɑr]
sal (m)	**туьха**	[tʉh]
arroz (m)	**дуга**	[dug]
massas (f pl)	**макаронаш**	[mɑkɑrɔnɑʃ]
talharim (m)	**гарзанаш**	[gɑrzɑnɑʃ]
manteiga (f)	**налха**	[nɑlh]
óleo (m) vegetal	**ораматийн даьтта**	[ɔrɑmɑtɪ:n dætt]
óleo (m) de girassol	**хlун даьтта**	[h'un dætt]
margarina (f)	**маргарин**	[mɑrgɑrɪn]
azeitonas (f pl)	**оливкаш**	[ɔlɪvkɑʃ]
azeite (m)	**оливкан даьтта**	[ɔlɪvkɑn dætt]
leite (m)	**шура**	[ʃur]
leite (m) condensado	**юкъйина шура**	[juqʔjɪn ʃur]
iogurte (m)	**йогурт**	[jogurt]
nata (f)	**тlо**	[t'ɔ]
nata (f) do leite	**гlаймакх**	[ɣɑjmɑq]
maionese (f)	**майнез**	[mɑjnez]
creme (m)	**крем**	[krem]
grãos (m pl) de cereais	**lов**	['ɔv]
farinha (f)	**дама**	[dɑm]
enlatados (m pl)	**консерваш**	[kɔnservɑʃ]
flocos (m pl) de milho	**хьаьжкlийн чуьппалгаш**	[hæʒk'ɪ:n ʧʉppɑlgɑʃ]
mel (m)	**моз**	[mɔz]
doce (m)	**джем**	[ʤem]
pastilha (f) elástica	**сеlаз**	[seɣɑz]

45. Bebidas

água (f)	**хи**	[hɪ]
água (f) potável	**молу хи**	[mɔlu hɪ]
água (f) mineral	**дарбане хи**	[dɑrbɑne hɪ]
sem gás	**газ йоцуш**	[gɑz jotsuʃ]
gaseificada	**газ тоьхна**	[gɑz tøhn]
com gás	**газ йолуш**	[gɑz joluʃ]
gelo (m)	**ша**	[ʃ]
com gelo	**ша болуш**	[ʃɑ bɔluʃ]

sem álcool	**алкоголь йоцу**	[alkɔgɔlj jotsu]
bebida (f) sem álcool	**алкоголь йоцу маларш**	[alkɔgɔlj jotsu malarʃ]
refresco (m)	**хьогаллин малар**	[hɔgallɪn malar]
limonada (f)	**лимонад**	[lɪmɔnad]
bebidas (f pl) alcoólicas	**алкоголь йолу маларш**	[alkɔgɔlj jolu malarʃ]
vinho (m)	**чагlар**	[ʧaɣar]
vinho (m) branco	**кlай чагlар**	[k'aj ʧaɣar]
vinho (m) tinto	**цlен чагlар**	[ʦ'en ʧaɣar]
licor (m)	**ликёр**	[lɪkʲor]
champanhe (m)	**шампански**	[ʃampanskɪ]
vermute (m)	**вермут**	[wermut]
uísque (m)	**виски**	[wɪskɪ]
vodka (f)	**къаьракъа**	[qʔæraqʔ]
gim (m)	**джин**	[ʤɪn]
conhaque (m)	**коньяк**	[kɔnjak]
rum (m)	**ром**	[rɔm]
café (m)	**къахьо**	[qʔahɔ]
café (m) puro	**lаьржа къахьо**	['ærʒ qʔahɔ]
café (m) com leite	**шура тоьхна къахьо**	[ʃur tøhn qʔahɔ]
cappuccino (m)	**гlаймакх тоьхна къахьо**	[ɣajmaq tøhn qʔahɔ]
café (m) solúvel	**дешаш долу къахьо**	[deʃaʃ dɔlu qʔahɔ]
leite (m)	**шура**	[ʃur]
coquetel (m)	**коктейль**	[kɔktejlj]
batido (m) de leite	**шурин коктейль**	[ʃurɪn kɔktejlj]
sumo (m)	**мутта**	[mutt]
sumo (m) de tomate	**помидорийн мутта**	[pɔmɪdɔrɪ:n mutt]
sumo (m) de laranja	**апельсинан мутта**	[apeljsɪnan mutt]
sumo (m) fresco	**керла йаккха мутта**	[kerl jakq mutt]
cerveja (f)	**йий**	[jɪ:]
cerveja (f) clara	**сирла йий**	[sɪrl jɪ:]
cerveja (f) preta	**lаьржа йий**	['ærʒ jɪ:]
chá (m)	**чай**	[ʧaj]
chá (m) preto	**lаьржа чай**	['ærʒ ʧaj]
chá (m) verde	**баьццара чай**	[bæʦar ʧaj]

46. Vegetais

legumes (m pl)	**хасстоьмаш**	[hasstømaʃ]
verduras (f pl)	**гlабуц**	[ɣabuʦ]
tomate (m)	**помидор**	[pɔmɪdɔr]
pepino (m)	**наьрс**	[nærs]
cenoura (f)	**жlонка**	[ʒ'ɔnk]
batata (f)	**картол**	[kartɔl]
cebola (f)	**хох**	[hoh]
alho (m)	**саьрмасекх**	[særmaseq]

couve (f)	**копаста**	[kɔpast]
couve-flor (f)	**къорза копаста**	[qʔɔrz kɔpast]
couve-de-bruxelas (f)	**брюссельски копаста**	[brʉsseljskɪ kɔpast]
brócolos (m pl)	**брокколи копаст**	[brɔkkɔlɪ kɔpast]
beterraba (f)	**бурак**	[burak]
beringela (f)	**баклажан**	[baklaʒan]
curgete (f)	**кабачок**	[kabatʃɔk]
abóbora (f)	**гӀабакх**	[ɣabaq]
nabo (m)	**хорсам**	[horsam]
salsa (f)	**чам-буц**	[tʃam buʦ]
funcho, endro (m)	**оччам**	[ɔtʃam]
alface (f)	**салат**	[salat]
aipo (m)	**сельдерей**	[seljderej]
espargo (m)	**спаржа**	[sparʒ]
espinafre (m)	**шпинат**	[ʃpɪnat]
ervilha (f)	**кхоьш**	[qøʃ]
fava (f)	**кхоьш**	[qøʃ]
milho (m)	**хьаьжкӀа**	[hæʒk']
feijão (m)	**кхоь**	[qø]
pimentão (m)	**бурч**	[burtʃ]
rabanete (m)	**цӀен хорсам**	[ʦ'en horsam]
alcachofra (f)	**артишок**	[artɪʃɔk]

47. Frutos. Nozes

fruta (f)	**стом**	[stɔm]
maçã (f)	**Ӏаж**	['aʒ]
pera (f)	**кхор**	[qɔr]
limão (m)	**лимон**	[lɪmɔn]
laranja (f)	**апельсин**	[apeljsɪn]
morango (m)	**цӀазам**	[ʦ'azam]
tangerina (f)	**мандарин**	[mandarɪn]
ameixa (f)	**хьач**	[hatʃ]
pêssego (m)	**гӀаммагӀа**	[ɣammaɣ]
damasco (m)	**туьрк**	[tʉrk]
framboesa (f)	**комар**	[kɔmar]
ananás (m)	**ананас**	[ananas]
banana (f)	**банан**	[banan]
melancia (f)	**хорбаз**	[horbaz]
uva (f)	**кемсаш**	[kemsaʃ]
ginja, cereja (f)	**балл**	[ball]
meloa (f)	**гӀабакх**	[ɣabaq]
toranja (f)	**грейпфрут**	[grejpfrut]
abacate (m)	**авокадо**	[avɔkadɔ]
papaia (f)	**папайя**	[papaj]
manga (f)	**манго**	[mangɔ]
romã (f)	**гранат**	[granat]

groselha (f) vermelha	**цlен кхезарш**	[ʦ'en qezarʃ]
groselha (f) preta	**lаьржа кхезарш**	['ærʒ qezarʃ]
groselha (f) espinhosa	**кlудалгаш**	[k'udalgaʃ]
mirtilo (m)	**lаьржа балл**	['ærʒ ball]
amora silvestre (f)	**мангалкомар**	[mangalkɔmar]
uvas (f pl) passas	**кишмаш**	[kɪʃmaʃ]
figo (m)	**инжир**	[ɪnʒɪr]
tâmara (f)	**хурма**	[hurm]
amendoim (m)	**орахис**	[ɔrahɪs]
amêndoa (f)	**миндаль**	[mɪndalj]
noz (f)	**бочаблар**	[bɔʧab'ar]
avelã (f)	**хlунан блар**	[h'unan bar]
coco (m)	**кокосови блар**	[kɔkɔsɔwɪ b'ar]
pistáchios (m pl)	**фисташкаш**	[fɪstaʃkaʃ]

48. Pão. Bolaria

pastelaria (f)	**кхачанан хlуманаш**	[qaʧanan h'umanaʃ]
pão (m)	**бепиг**	[bepɪg]
bolacha (f)	**пичени**	[pɪʧenɪ]
chocolate (m)	**шоколад**	[ʃɔkɔlad]
de chocolate	**шоколадан**	[ʃɔkɔladan]
rebuçado (m)	**кемпет**	[kempet]
bolo (cupcake, etc.)	**пирожни**	[pɪrɔʒnɪ]
bolo (m) de aniversário	**торт**	[tɔrt]
tarte (~ de maçã)	**чуда**	[ʧud]
recheio (m)	**чуйоьллинарг**	[ʧujøllɪnarg]
doce (m)	**варени**	[varenɪ]
geleia (f) de frutas	**мармелад**	[marmelad]
waffle (m)	**вафлеш**	[vafleʃ]
gelado (m)	**морожени**	[mɔrɔʒenɪ]

49. Pratos cozinhados

prato (m)	**даар**	[da'ar]
cozinha (~ portuguesa)	**даарш**	[da'arʃ]
receita (f)	**рецепт**	[retsept]
porção (f)	**порци**	[pɔrʦɪ]
salada (f)	**салат**	[salat]
sopa (f)	**чорпа**	[ʧɔrp]
caldo (m)	**чорпа**	[ʧɔrp]
sandes (f)	**бутерброд**	[buterbrɔd]
ovos (m pl) estrelados	**хlоаш**	[h'ɔ'aʃ]
hambúrguer (m)	**гамбургер**	[gamburger]
bife (m)	**бифштекс**	[bɪfʃteks]

conduto (m)	**гарнир**	[garnɪr]
espaguete (m)	**спагетти**	[spagettɪ]
puré (m) de batata	**картолийн худар**	[kartɔlɪ:n hudar]
pizza (f)	**пицца**	[pɪʦ]
papa (f)	**худар**	[hudar]
omelete (f)	**омлет**	[ɔmlet]
cozido em água	**кхехкийна**	[qehkɪ:n]
fumado	**кхаьгна**	[qægn]
frito	**кхерзина**	[qerzɪn]
seco	**дакъийна**	[daqʔɪ:n]
congelado	**гlорийна**	[ɣɔrɪ:n]
em conserva	**берамала доьллина**	[beramal døllɪn]
doce (açucarado)	**мерза**	[merz]
salgado	**дуьра**	[dʉr]
frio	**шийла**	[ʃɪ:l]
quente	**довха**	[dɔvh]
amargo	**къаьхьа**	[qʔæh]
gostoso	**чоме**	[ʧɔme]
cozinhar (em água a ferver)	**кхехко**	[qehkɔ]
fazer, preparar (vt)	**кечдан**	[keʧdan]
fritar (vt)	**кхарза**	[qarz]
aquecer (vt)	**дохдан**	[dɔhdan]
salgar (vt)	**туьха таса**	[tʉha tas]
apimentar (vt)	**бурч таса**	[burʧ tas]
ralar (vt)	**сатоха**	[satɔh]
casca (f)	**чкъуьйриг**	[ʧqʔʉjrɪg]
descascar (vt)	**цlанъян**	[ʦ'anʔjan]

50. Especiarias

sal (m)	**туьха**	[tʉh]
salgado	**дуьра**	[dʉr]
salgar (vt)	**туьха таса**	[tʉha tas]
pimenta (f) preta	**lаьржа бурч**	['ærʒ burʧ]
pimenta (f) vermelha	**цlен бурч**	[ʦ'en burʧ]
mostarda (f)	**кlолла**	[k'ɔll]
raiz-forte (f)	**кlон орам**	[k'ɔn ɔram]
condimento (m)	**чамбийриг**	[ʧambɪ:rɪg]
especiaria (f)	**мерза юург**	[merz ju'urg]
molho (m)	**берам**	[beram]
vinagre (m)	**къонза**	[qʔɔnz]
anis (m)	**анис**	[anɪs]
manjericão (m)	**базилик**	[bazɪlɪk]
cravo (m)	**гвоздика**	[gvɔzdɪk]
gengibre (m)	**lамбар**	['ambar]
coentro (m)	**кориандр**	[kɔrɪandr]
canela (f)	**корица**	[kɔrɪʦ]

sésamo (m)	**кунжут**	[kunʒut]
folhas (f pl) de louro	**лавран гӀа**	[lavran ɣa]
páprica (f)	**паприка**	[paprɪk]
cominho (m)	**циц**	[ʦɪʦ]
açafrão (m)	**шафран**	[ʃafran]

51. Refeições

comida (f)	**даар**	[da'ar]
comer (vt)	**яаа**	[ja'a]
pequeno-almoço (m)	**марта**	[mart]
tomar o pequeno-almoço	**марта даа**	[mart da'a]
almoço (m)	**делкъан кхача**	[delqʔan qaʧ]
almoçar (vi)	**делкъана хӀума яа**	[delqʔan h'um ja'a]
jantar (m)	**пхьор**	[phɔr]
jantar (vi)	**пхьор дан**	[phɔr dan]
apetite (m)	**аппетит**	[appetɪt]
Bom apetite!	**ГӀоза доийла!**	[ɣɔz dɔɪ:l]
abrir (~ uma lata, etc.)	**схьаела**	[shajel]
derramar (vt)	**Ӏано**	['anɔ]
derramar-se (vr)	**Ӏана**	['an]
ferver (vi)	**кхехка**	[qehk]
ferver (vt)	**кхехко**	[qehkɔ]
fervido	**кхехкийна**	[qehkɪ:n]
arrefecer (vt)	**шелдан**	[ʃəldan]
arrefecer-se (vr)	**шелдала**	[ʃəldal]
sabor, gosto (m)	**чам**	[ʧam]
gostinho (m)	**кхин чам**	[qɪn ʧam]
fazer dieta	**аздала**	[azdal]
dieta (f)	**диета**	[dɪet]
vitamina (f)	**втамин**	[vtamɪn]
caloria (f)	**калорий**	[kalɔrɪ:]
vegetariano (m)	**дилхазахо**	[dɪlhazaho]
vegetariano	**дилхаза**	[dɪlhaz]
gorduras (f pl)	**дилхдаьтта**	[dɪlhdætt]
proteínas (f pl)	**кӀайн хӀоа**	[k'ajn h'ɔ'a]
carboidratos (m pl)	**углеводаш**	[uglevɔdaʃ]
fatia (~ de limão, etc.)	**цастар**	[ʦastar]
pedaço (~ de bolo)	**юьхк**	[juhk]
migalha (f)	**цуьрг**	[ʦʉrg]

52. Por a mesa

colher (f)	**Ӏайг**	['ajg]
faca (f)	**урс**	[urs]

garfo (m)	**мlара**	[m'ɑr]
chávena (f)	**кад**	[kɑd]
prato (m)	**бошхап**	[bɔʃhap]
pires (m)	**бошхап**	[bɔʃhap]
guardanapo (m)	**салфетка**	[salfetk]
palito (m)	**цергахъlуттург**	[ʦergahʔəutturg]

53. Restaurante

restaurante (m)	**ресторан**	[restɔran]
café (m)	**кофейни**	[kɔfejnɪ]
bar (m), cervejaria (f)	**бар**	[bɑr]
salão (m) de chá	**чайнан салон**	[ʧajnan salɔn]
empregado (m) de mesa	**официант**	[ɔfɪʦɪant]
empregada (f) de mesa	**официантка**	[ɔfɪʦɪantk]
barman (m)	**бармен**	[barmen]
ementa (f)	**меню**	[menʉ]
lista (f) de vinhos	**чагlаран карта**	[ʧaɣaran kart]
reservar uma mesa	**стол цхьанна тlехь чlагlдан**	[stɔl ʦhann t'eh ʧ'aɣdan]
prato (m)	**даар**	[da'ar]
pedir (vt)	**заказ ян**	[zakaz jan]
fazer o pedido	**заказ ян**	[zakaz jan]
aperitivo (m)	**аперетив**	[aperetɪv]
entrada (f)	**тlекхоллург**	[t'eqɔllurg]
sobremesa (f)	**десерт**	[desert]
conta (f)	**счёт**	[sʧʲot]
pagar a conta	**счётан мах бала**	[sʧʲotan mah bal]
dar o troco	**юхадогlург дала**	[juhadɔɣurg dal]
gorjeta (f)	**чайнна хlума**	[ʧajnn h'um]

Família, parentes e amigos

54. Informação pessoal. Formulários

nome (m)	**цle**	[ʦ'e]
apelido (m)	**фамили**	[famɪlɪ]
data (f) de nascimento	**вина терахь**	[wɪn terah]
local (m) de nascimento	**вина меттиг**	[wɪn mettɪg]
nacionalidade (f)	**къам**	[qʔam]
lugar (m) de residência	**веха меттиг**	[weha mettɪg]
país (m)	**мохк**	[mɔhk]
profissão (f)	**говзалла**	[gɔvzall]
sexo (m)	**стен-боьршалла**	[sten børʃall]
estatura (f)	**локхалла**	[lɔqall]
peso (m)	**дозалла**	[dɔzall]

55. Membros da família. Parentes

mãe (f)	**нана**	[nan]
pai (m)	**да**	[d]
filho (m)	**воl**	[vɔʕ]
filha (f)	**йоl**	[joʕ]
filha (f) mais nova	**жимаха йоl**	[ʒɪmaha joʕ]
filho (m) mais novo	**жимаха воl**	[ʒɪmaha vɔʕ]
filha (f) mais velha	**йоккхаха йоl**	[jokqaha joʕ]
filho (m) mais velho	**воккхаха воl**	[vɔkqaha vɔʕ]
irmão (m)	**ваша**	[vaʃ]
irmã (f)	**йиша**	[jɪʃ]
primo (m)	**шича**	[ʃɪʧ]
prima (f)	**шича**	[ʃɪʧ]
mamã (f)	**нана**	[nan]
papá (m)	**дада**	[dad]
pais (pl)	**да-нана**	[də nan]
criança (f)	**бер**	[ber]
crianças (f pl)	**бераш**	[beraʃ]
avó (f)	**баба**	[bab]
avô (m)	**дада**	[dad]
neto (m)	**кlентан, йоlан кlант**	[k'entan], [jo'an k'ant]
neta (f)	**кlентан, йоlан йоl**	[k'entan], [jo'an joʕ]
netos (pl)	**кlентан, йоlан бераш**	[k'entan], [jo'an beraʃ]
tio (m)	**ден ваша, ненан ваша**	[den vaʃ], [nenan vaʃ]
tia (f)	**деца, неца**	[deʦ], [neʦ]

sobrinho (m)	**вешин кlант, йишин кlант**	[weʃɪn k'ant], [jɪʃɪn k'ant]
sobrinha (f)	**вешин йоl, йишин йоl**	[weʃɪn joʕ], [jɪʃɪn joʕ]
sogra (f)	**стуннана**	[stunnan]
sogro (m)	**марда**	[mard]
genro (m)	**нуц**	[nuʦ]
madrasta (f)	**десте**	[deste]
padrasto (m)	**ненан майра**	[nenan majr]
criança (f) de colo	**декхаш долу бер**	[deqaʃ dɔlu ber]
bebé (m)	**бер**	[ber]
menino (m)	**жиманиг**	[ʒɪmanɪg]
mulher (f)	**зуда**	[zud]
marido (m)	**майра**	[majr]
esposo (m)	**майра**	[majr]
esposa (f)	**сесаг**	[sesag]
casado	**зуда ялийна**	[zud jalɪ:n]
casada	**марехь**	[mareh]
solteiro	**зуда ялоза**	[zud jalɔz]
solteirão (m)	**зуда йоцург**	[zud joʦurg]
divorciado	**йитина**	[jɪtɪn]
viúva (f)	**жеро**	[ʒerɔ]
viúvo (m)	**жера-стаг**	[ʒer stag]
parente (m)	**гергара стаг**	[gergar stag]
parente (m) próximo	**юххера гергара стаг**	[juher gergar stag]
parente (m) distante	**генара гергара стаг**	[genar gergar stag]
parentes (m pl)	**гергара нах**	[gergar nah]
órfão (m), órfã (f)	**бо**	[bɔ]
tutor (m)	**верас**	[weras]
adotar (um filho)	**кlантан хlотта**	[k'antan h'ɔtt]
adotar (uma filha)	**йоьlан да хlотта**	[jø'an da h'ɔtt]

56. Amigos. Colegas de trabalho

amigo (m)	**доттагl**	[dɔttaɣ]
amiga (f)	**доттагl**	[dɔttaɣ]
amizade (f)	**доттагlалла**	[dɔttaɣall]
ser amigos	**доттагlалла лело**	[dɔttaɣall lelɔ]
amigo (m)	**доттагl**	[dɔttaɣ]
amiga (f)	**доттагl**	[dɔttaɣ]
parceiro (m)	**декъашхо**	[deqʔaʃho]
chefe (m)	**куьйгалхо**	[kʉjgalho]
superior (m)	**хьаькам**	[hækam]
subordinado (m)	**муьтlахь верг**	[mʉt'ah werg]
colega (m)	**коллега**	[kɔlleg]
conhecido (m)	**вевза стаг**	[wevz stag]
companheiro (m) de viagem	**некъаннакъост**	[neqʔannaqʔɔst]

colega (m) de classe	**классхо**	[klassho]
vizinho (m)	**лулахо**	[lulaho]
vizinha (f)	**лулахо**	[lulaho]
vizinhos (pl)	**лулахой**	[lulahoj]

57. Homem. Mulher

mulher (f)	**зуда**	[zud]
rapariga (f)	**йоI**	[joʕ]
noiva (f)	**нускал**	[nuskal]
bonita	**хаза**	[haz]
alta	**лекха зуда**	[leq zud]
esbelta	**куц долу зуда**	[kuʦ dɔlu zud]
de estatura média	**лохачу дегIахь стаг**	[lɔhaʧu deɣah stag]
loura (f)	**блондинка**	[blɔndɪnk]
morena (f)	**брюнетка**	[brʉnetk]
de senhora	**зударийн**	[zudarɪ:n]
virgem (f)	**йоIстаг**	[jo'stag]
grávida	**берахниг**	[berahnɪg]
homem (m)	**боьрша стаг**	[børʃ stag]
louro (m)	**блондин**	[blɔndɪn]
moreno (m)	**брюнет**	[brʉnet]
alto	**лекха**	[leq]
de estatura média	**лохачу дегIахь стаг**	[lɔhaʧu deɣah stag]
rude	**кIоршаме**	[k'ɔrʃame]
atarracado	**воьртала**	[vørtal]
robusto	**чIогIа**	[ʧ'ɔɣ]
forte	**нуьцкъала**	[nʉʦqʔal]
força (f)	**ницкъ**	[nɪʦqʔ]
gordo	**дерстина**	[derstɪn]
moreno	**Iаьржачу аматехь**	['ærʒaʧu amateh]
esbelto	**куц долу стаг**	[kuʦ dɔlu stag]
elegante	**оьзда**	[øzd]

58. Idade

idade (f)	**хан**	[han]
juventude (f)	**къоналла**	[qʔɔnall]
jovem	**къона**	[qʔɔn]
mais novo	**жимаха**	[ʒɪmah]
mais velho	**воккхаха**	[vɔkqah]
jovem (m)	**къонаниг**	[qʔɔnanɪg]
adolescente (m)	**кхиазхо**	[qɪazho]
rapaz (m)	**жима стаг**	[ʒɪm stag]

velhote (m)	**воккха стаг**	[vɔkq stag]
velhota (f)	**йоккха стаг**	[jokq stag]
adulto	**кхиъна**	[qɪ?n]
de meia-idade	**юккъерчу шеран**	[jukk?ertʃu ʃeran]
de certa idade	**хан тӏехтилла**	[han t'ehtɪll]
idoso	**къена**	[q?en]
reforma (f)	**пенси**	[pensɪ]
reformar-se (vr)	**пенси ваха**	[pensɪ vah]
reformado (m)	**пенсионер**	[pensɪɔner]

59. Crianças

criança (f)	**бер**	[ber]
crianças (f pl)	**бераш**	[beraʃ]
gémeos (m pl)	**шала дина бераш**	[ʃal dɪn beraʃ]
berço (m)	**ага**	[ag]
guizo (m)	**экарг**	[ɛkarg]
fralda (f)	**подгузник**	[pɔdguznɪk]
chupeta (f)	**тӏармаӏа**	[t'armae]
carrinho (m) de bebé	**гӏудалкх**	[ɣudalq]
jardim (m) de infância	**берийн беш**	[berɪ:n beʃ]
babysitter (f)	**баба**	[bab]
infância (f)	**бералла**	[berall]
boneca (f)	**тайниг**	[tajnɪg]
brinquedo (m)	**ловзо хӏума**	[lɔvzɔ h'um]
jogo (m) de armar	**конструктор**	[kɔnstruktɔr]
bem-educado	**бакъхьара**	[baq?ar]
mal-educado	**оьздангалла йоцу**	[øzdangall jotsu]
mimado	**боча ӏамийна**	[bɔtʃ 'amɪ:n]
ser travesso	**харцхьара лела**	[hartshar lel]
travesso, traquinas	**вон лела**	[vɔn lel]
travessura (f)	**харцхьаралла**	[hartsharall]
criança (f) travessa	**харцхьарниг**	[hartsharnɪg]
obediente	**ладугӏу**	[laduɣu]
desobediente	**ладугӏуш доцу**	[laduɣuʃ dɔtsu]
dócil	**кхетаме**	[qetame]
inteligente	**хьекъале**	[heq?ale]
menino (m) prodígio	**вундеркинд**	[vunderkɪnd]

60. Casais. Vida de família

beijar (vt)	**барташ даха**	[bartaʃ dah]
beijar-se (vr)	**обанаш баха**	[ɔbanaʃ bah]

família (f)	**доьзал**	[døzal]
familiar	**доьзалан**	[døzalan]
casal (m)	**шиъ**	[ʃɪ?]
matrimónio (m)	**брак**	[brak]
lar (m)	**цlийнан кхерч**	[ʦ'ɪ:nan qerʧ]
dinastia (f)	**династи**	[dɪnastɪ]
encontro (m)	**вовшехкхетар**	[vɔvʃəhqetar]
beijo (m)	**уба**	[ub]
amor (m)	**безам**	[bezam]
amar (vt)	**деза**	[dez]
amado, querido	**везарг**	[wezarg]
ternura (f)	**кlеда-мерзалла**	[k'ed merzall]
terno, afetuoso	**кlеда-мерза**	[k'ed merz]
fidelidade (f)	**тешаме хилар**	[teʃame hɪlar]
fiel	**тешаме**	[teʃame]
cuidado (m)	**гlайгlа**	[ɣajɣ]
carinhoso	**гlайгlа йолу**	[ɣajɣ jolu]
recém-casados (m pl)	**къона мар-нускал**	[q?ɔn mar nuskal]
lua de mel (f)	**нускалан хан**	[nuskalan han]
casar-se (com um homem)	**маре яха**	[mare jah]
casar-se (com uma mulher)	**зуда яло**	[zud jalɔ]
boda (f)	**ловзар**	[lɔvzar]
bodas (f pl) de ouro	**дашо ловзар**	[daʃɔ lɔvzar]
aniversário (m)	**шо кхачар**	[ʃɔ qaʧar]
amante (m)	**везарг**	[wezarg]
amante (f)	**езарг**	[ezarg]
adultério (m)	**ямартло**	[jamartlɔ]
cometer adultério	**ямартло яр**	[jamartlɔ jar]
ciumento	**эмгаралле**	[ɛmgaralle]
ser ciumento	**эмгаралла дан**	[ɛmgarall dan]
divórcio (m)	**дlасакъастар**	[d'asaq?astar]
divorciar-se (vr)	**дlасакъаста**	[d'asaq?ast]
brigar (discutir)	**эгlар**	[ɛɣar]
fazer as pazes	**тан**	[tan]
juntos	**цхьана**	[ʦhan]
sexo (m)	**секс**	[seks]
felicidade (f)	**ирс**	[ɪrs]
feliz	**ирсе**	[ɪrse]
infelicidade (f)	**ирс цахилар**	[ɪrs ʦahɪlar]
infeliz	**ирс доцу**	[ɪrs dɔʦu]

Caráter. Sentimentos. Emoções

61. Sentimentos. Emoções

sentimento (m) **синхаам** [sɪnha'am]
sentimentos (m pl) **синхаамаш** [sɪnha'amaʃ]
sentir (vt) **хаадала** [ha'adal]

fome (f) **мацалла** [matsall]
ter fome **хlума яаа лаа** [h'um ja'a la'a]
sede (f) **хьогалла** [hɔgall]
ter sede **мала лаа** [mal la'a]
sonolência (f) **наб яр** [nab jar]
estar sonolento **наб ян лаа** [nab jan la'a]

cansaço (m) **гlелдалар** [ɣeldalar]
cansado **гlелделла** [ɣeldell]
ficar cansado **гlелдала** [ɣeldal]

humor (m) **дог-ойла** [dɔg ɔjl]
tédio (m) **сахьийзар** [sahɪ:zar]
aborrecer-se (vr) **сагатдала** [sagatdal]
isolamento (m) **ша къастар** [ʃ q?astar]
isolar-se **ша къаста** [ʃ q?ast]

preocupar (vt) **сагатдан** [sagatdan]
preocupar-se (vr) **сагатдан** [sagatdan]
preocupação (f) **сагатдар** [sagatdar]
ansiedade (f) **сагатдар** [sagatdar]
preocupado **гlайгlане** [ɣajɣane]
estar nervoso **дог этlа** [dɔg ɛt']
entrar em pânico **доха** [dɔh]

esperança (f) **сатуьйсийла** [satʉjsɪ:l]
esperar (vt) **догдаха** [dɔgdah]

certeza (f) **тешна хилар** [teʃn hɪlar]
certo **тешна** [teʃn]
indecisão (f) **тешна цахилар** [teʃn tsahɪlar]
indeciso **тешна доцу** [teʃn dɔtsu]

ébrio, bêbado **вехна** [wehn]
sóbrio **дахазниг** [dahaznɪg]
fraco **гlийла** [ɣɪ:l]
feliz **ирсе** [ɪrse]
assustar (vt) **кхеро** [qerɔ]
fúria (f) **хьерадалар** [heradalar]
ira, raiva (f) **луьралла** [lʉrall]
depressão (f) **депресси** [depressɪ]
desconforto (m) **дискомфорт** [dɪskɔmfɔrt]

conforto (m)	**комфорт**	[kɔmfɔrt]
arrepender-se (vr)	**дагахьбаллам хила**	[dagahballam hɪl]
arrependimento (m)	**дагахьбаллам**	[dagahballam]
azar (m), má sorte (f)	**аьтто боцуш хилар**	[ættɔ bɔʦuʃ hɪlar]
tristeza (f)	**халахетар**	[halahetar]
vergonha (f)	**эхь**	[ɛh]
alegria (f)	**синкъерам**	[sɪnqʔeram]
entusiasmo (m)	**энтузиазм**	[ɛntuzɪazm]
entusiasta (m)	**энтузиаст**	[ɛntuzɪast]
mostrar entusiasmo	**энтузиазм гучаяккха**	[ɛntuzɪazm guʧajakq]

62. Caráter. Personalidade

caráter (m)	**амал**	[amal]
falha (f) de caráter	**эшар**	[ɛʃar]
mente (f), razão (f)	**хьекъал**	[heqʔal]
consciência (f)	**эхь-бехк**	[ɛh behk]
hábito (m)	**марзделларг**	[marzdellarg]
habilidade (f)	**хьунар хилар**	[hunar hɪlar]
saber (~ nadar, etc.)	**хаа**	[ha'a]
paciente	**собаре**	[sɔbare]
impaciente	**собар доцу**	[sɔbar dɔʦu]
curioso	**хаа гӀерта**	[ha'a ɣert]
curiosidade (f)	**хаа гӀертар**	[ha'a ɣertar]
modéstia (f)	**эсалалла**	[ɛsalall]
modesto	**эсала**	[ɛsal]
imodesto	**оьзда доцу**	[øzd dɔʦu]
preguiça (f)	**мало**	[malɔ]
preguiçoso	**мела**	[mel]
preguiçoso (m)	**малонча**	[malɔnʧ]
astúcia (f)	**хӀилла**	[h'ɪll]
astuto	**хӀиллане**	[h'ɪllane]
desconfiança (f)	**цатешам**	[ʦateʃam]
desconfiado	**тешамза**	[teʃamz]
generosidade (f)	**комаьршалла**	[kɔmærʃall]
generoso	**комаьрша**	[kɔmærʃ]
talentoso	**похӀме**	[pɔh'me]
talento (m)	**похӀма**	[pɔh'm]
corajoso	**майра**	[majr]
coragem (f)	**майралла**	[majrall]
honesto	**дог цӀена**	[dɔg ʦ'en]
honestidade (f)	**дог цӀеналла**	[dɔg ʦ'enall]
prudente	**ларлуш долу**	[larluʃ dɔlu]
valente	**майра**	[majr]
sério	**ладаме**	[ladame]

severo	**къовламе**	[q?ɔvlame]
decidido	**хадам боллуш**	[hadam bɔlluʃ]
indeciso	**ирке**	[ɪrke]
tímido	**стешха**	[steʃh]
timidez (f)	**стешхалла**	[steʃhall]
confiança (f)	**тешам**	[teʃam]
confiar (vt)	**теша**	[teʃ]
crédulo	**тешаш долу**	[teʃaʃ dɔlu]
sinceramente	**даггара**	[daggar]
sincero	**даггара**	[daggar]
sinceridade (f)	**догцlеналла**	[dɔgts'enall]
aberto	**дуьххьал дlа**	[dʉhal d'a]
calmo	**тийна**	[tɪ:n]
franco	**дог цlена**	[dɔg ts'en]
ingénuo	**дог диллина стаг**	[dɔg dɪllɪn stag]
distraído	**тидаме доцу**	[tɪdame dɔtsu]
engraçado	**беламе**	[belame]
ganância (f)	**сутаралла**	[sutarall]
ganancioso	**сутара**	[sutar]
avarento	**бlаьрмециган**	[b'ærmetsɪgan]
mau	**вон**	[vɔn]
teimoso	**духахьара**	[duhahar]
desagradável	**там боцу**	[tam bɔtsu]
egoísta (m)	**эгоист**	[ɛgɔɪst]
egoísta	**эгоизме**	[ɛgɔɪzme]
cobarde (m)	**стешха стаг**	[steʃha stag]
cobarde	**осала**	[ɔsal]

63. O sono. Sonhos

dormir (vi)	**наб ян**	[nab jan]
sono (m)	**наб**	[nab]
sonho (m)	**гlан**	[ɣan]
sonhar (vi)	**гlенаш ган**	[ɣenaʃ gan]
sonolento	**набаран**	[nabaran]
cama (f)	**маьнга**	[mæng]
colchão (m)	**гоь**	[gø]
cobertor (m)	**юргlа**	[jurɣ]
almofada (f)	**гlайба**	[ɣajb]
lençol (m)	**шаршу**	[ʃarʃu]
insónia (f)	**наб цакхетар**	[nab tsaqetar]
insone	**наб йоцу**	[nab jotsu]
sonífero (m)	**наб йойту молханаш**	[nab jojtu mɔlhanaʃ]
tomar um sonífero	**наб йойту молханаш мала**	[nab jojtu mɔlhanaʃ mal]
estar sonolento	**наб ян лаа**	[nab jan la'a]
bocejar (vi)	**бага гlетто**	[bag ɣettɔ]

ir para a cama	**наб я ваха**	[nab ja vah]
fazer a cama	**мотт билла**	[mɔtt bɪll]
adormecer (vi)	**наб кхета**	[nab qet]
pesadelo (m)	**Iаламат**	['alamat]
ronco (m)	**хар**	[har]
roncar (vi)	**хур-тIур дан**	[hur t'ur dan]
despertador (m)	**сомавоккху сахьт**	[sɔmavɔkqu saht]
acordar, despertar (vt)	**самадаккха**	[samadakq]
acordar (vi)	**самадала**	[samadal]
levantar-se (vr)	**хьалагIатта**	[halaɣatt]
lavar-se (vr)	**дIадиладала**	[d'adɪladal]

64. Humor. Riso. Alegria

humor (m)	**белам**	[belam]
sentido (m) de humor	**синхаам**	[sɪnha'am]
divertir-se (vr)	**сакъера**	[saqʔer]
alegre	**самукъане**	[samuqʔane]
alegria (f)	**сакъерар**	[saqʔerar]
sorriso (m)	**делакъажар**	[delaqʔaʒar]
sorrir (vi)	**дела къежа**	[del qʔeʒ]
começar a rir	**деладала**	[deladal]
rir (vi)	**дела**	[del]
riso (m)	**белам**	[belam]
anedota (f)	**анекдот**	[anekdɔt]
engraçado	**беламе**	[belame]
ridículo	**беламе**	[belame]
brincar, fazer piadas	**забарш ян**	[zabarʃ jan]
piada (f)	**забар**	[zabar]
alegria (f)	**хазахетар**	[hazahetar]
regozijar-se (vr)	**хазахета**	[hazahet]
alegre	**хазахоьтуьйту**	[hazahøtʉjtu]

65. Discussão, conversação. Parte 1

comunicação (f)	**тIекере**	[t'ekere]
comunicar-se (vr)	**тIекере хила**	[t'ekere hɪl]
conversa (f)	**къамел**	[qʔamel]
diálogo (m)	**диалог**	[dɪalɔg]
discussão (f)	**дискусси**	[dɪskussɪ]
debate (m)	**къовсам**	[qʔɔvsam]
debater (vt)	**къийса**	[qʔɪ:s]
interlocutor (m)	**къамелхо**	[qʔamelho]
tema (m)	**тема**	[tem]
ponto (m) de vista	**хетарг**	[hetarg]

opinião (f)	**хетарг**	[hetarg]
discurso (m)	**мотт**	[mɔtt]
discussão (f)	**дийцаре диллар**	[dɪ:ʦare dɪllar]
discutir (vt)	**дийцаре дилла**	[dɪ:ʦare dɪll]
conversa (f)	**къамел**	[qʔamel]
conversar (vi)	**къамел дан**	[qʔamel dan]
encontro (m)	**дуьхьалдахар**	[dʉhaldahar]
encontrar-se (vr)	**вовшахкхета**	[vɔvʃahqet]
provérbio (m)	**кица**	[kɪʦ]
ditado (m)	**кица**	[kɪʦ]
adivinha (f)	**хlетал-метал**	[h'etal metal]
dizer uma adivinha	**хlетал-метал ала**	[h'etal metal al]
senha (f)	**пароль**	[parɔlj]
segredo (m)	**хьулам**	[hulam]
juramento (m)	**дуй**	[duj]
jurar (vi)	**дуй баа**	[duj ba'a]
promessa (f)	**вaIда**	[va'd]
prometer (vt)	**вaIда дан**	[va'd dan]
conselho (m)	**хьехам**	[heham]
aconselhar (vt)	**хьехам бан**	[heham ban]
escutar (~ os conselhos)	**ладогIа**	[ladɔɣ]
novidade, notícia (f)	**керланиг**	[kerlanɪg]
sensação (f)	**сенсаци**	[sensaʦɪ]
informação (f)	**хабар**	[habar]
conclusão (f)	**жамI**	[ʒam']
voz (f)	**аз**	[az]
elogio (m)	**тамехь дош**	[tameh dɔʃ]
amável	**безаме**	[bezame]
palavra (f)	**дош**	[dɔʃ]
frase (f)	**фраза**	[fraz]
resposta (f)	**жоп**	[ʒɔp]
verdade (f)	**бакъдерг**	[baqʔderg]
mentira (f)	**аьшпаш**	[æʃpaʃ]
pensamento (m)	**ойла**	[ɔjl]
ideia (f)	**ойла**	[ɔjl]
fantasia (f)	**дагадар**	[dagadar]

66. Discussão, conversação. Parte 2

estimado	**лоруш долу**	[lɔruʃ dɔlu]
respeitar (vt)	**лара**	[lar]
respeito (m)	**ларам**	[laram]
Estimado ..., Caro ...	**хьомсара**	[hɔmsar]
apresentar (vt)	**довзо**	[dɔvzɔ]
intenção (f)	**дагахь хилар**	[dagah hɪlar]

tencionar (vt)	**ойла хилар**	[ɔjl hɪlɑr]
desejo (m)	**алар**	[ɑlɑr]
desejar (ex. ~ boa sorte)	**ала**	[ɑl]
surpresa (f)	**цецдалар**	[ʦeʦdɑlɑr]
surpreender (vt)	**цецдаккха**	[ʦeʦdɑkq]
surpreender-se (vr)	**цецдала**	[ʦeʦdɑl]
dar (vt)	**дала**	[dɑl]
pegar (tomar)	**схьаэца**	[shɑeʦ]
devolver (vt)	**юхадерзо**	[juhaderzɔ]
dar de volta	**юхадала**	[juhadɑl]
desculpar-se (vr)	**бехк цабиллар деха**	[behk ʦabɪllɑr deh]
desculpa (f)	**бехк цабиллар**	[behk ʦabɪllɑr]
perdoar (vt)	**геч дан**	[geʧ dɑn]
falar (vi)	**къамел дан**	[qʔamel dɑn]
escutar (vt)	**ладогIа**	[lɑdɔɣ]
ouvir até o fim	**ладогIа**	[lɑdɔɣ]
compreender (vt)	**кхета**	[qet]
mostrar (vt)	**гайта**	[gɑjt]
olhar para ...	**хьежа**	[heʒ]
chamar (dizer em voz alta o nome)	**кхайкха**	[qɑjq]
perturbar (vt)	**новкъарло ян**	[nɔvqʔɑrlɔ jɑn]
entregar (~ em mãos)	**дIадала**	[d'ɑdɑl]
pedido (m)	**дехар**	[dehɑr]
pedir (ex. ~ ajuda)	**деха**	[deh]
exigência (f)	**тIедожор**	[t'edɔʒɔr]
exigir (vt)	**тIедожо**	[t'edɔʒɔ]
chamar nomes (vt)	**хичаш ян**	[hɪʧɑʃ jɑn]
zombar (vt)	**дела**	[del]
zombaria (f)	**кхардам**	[qɑrdɑm]
alcunha (f)	**харц цIе**	[harʦ ʦ'e]
insinuação (f)	**къадор**	[qʔadɔr]
insinuar (vt)	**къедо**	[qʔedɔ]
subentender (vt)	**дагахь хила**	[dɑgɑh hɪl]
descrição (f)	**сурт хIоттор**	[surt h'ɔttɔr]
descrever (vt)	**сурт хIотто**	[surt h'ɔttɔ]
elogio (m)	**хастам**	[hɑstɑm]
elogiar (vt)	**хесто**	[hestɔ]
desapontamento (m)	**безам балар**	[bezɑm bɑlɑr]
desapontar (vt)	**безам байа**	[bezɑm bɑj]
desapontar-se (vr)	**безам бан**	[bezɑm bɑn]
suposição (f)	**моттар**	[mɔttɑr]
supor (vt)	**мотта**	[mɔtt]
advertência (f)	**лардар**	[lɑrdɑr]
advertir (vt)	**лардан**	[lɑrdɑn]

67. Discussão, conversação. Parte 3

convencer (vt)	**бертадало**	[bertadalɔ]
acalmar (vt)	**дог тедан**	[dɔg tedan]
silêncio (o ~ é de ouro)	**вистцахилар**	[wɪsttsahɪlar]
ficar em silêncio	**къамел ца дан**	[qʔamel ts dan]
sussurrar (vt)	**шабар-шибар дан**	[ʃabar ʃɪbar dan]
sussurro (m)	**шабар-шибар**	[ʃabar ʃɪbar]
francamente	**дог цlена**	[dɔg ts'en]
a meu ver ...	**суна хетарехь**	[sun hetareh]
detalhe (~ da história)	**ма-дарра хилар**	[ma darra hɪlar]
detalhado	**ма-дарра**	[ma darr]
detalhadamente	**ма-дарра**	[ma darr]
dica (f)	**дlаалар**	[d'a'alar]
dar uma dica	**дlаала**	[d'a'al]
olhar (m)	**бlаьрахьажар**	[b'ærahaʒar]
dar uma vista de olhos	**хьажа**	[haʒ]
fixo (olhar ~)	**хийцалуш йоцу**	[hɪ:tsaluʃ jotsu]
piscar (vi)	**бlаьргаш детта**	[b'ærgaʃ dett]
pestanejar (vt)	**бlаьрг тalo**	[b'ærg ta'ɔ]
acenar (com a cabeça)	**корта тalo**	[kɔrt ta'ɔ]
suspiro (m)	**садаккхар**	[sadakqar]
suspirar (vi)	**са даккха**	[sa dakq]
estremecer (vi)	**тохадала**	[tɔhadal]
gesto (m)	**ишар ян**	[ɪʃar jan]
tocar (com as mãos)	**дlахьакхадала**	[d'ahaqadal]
agarrar (algm pelo braço)	**леца**	[lets]
bater de leve	**детта**	[dett]
Cuidado!	**Ларло!**	[larlɔ]
A sério?	**Баккъалла?**	[bakqʔall]
Tens a certeza?	**Тешна вуй хьо?**	[teʃn vuj hɔ]
Boa sorte!	**Аьтто хуьлда!**	[ættɔ hʉld]
Compreendi!	**Кхета!**	[qet]
Que pena!	**Халахета!**	[halahet]

68. Acordo. Recusa

consentimento (~ mútuo)	**резахилар**	[rezahɪlar]
consentir (vi)	**реза хила**	[rez hɪl]
aprovação (f)	**магор**	[magɔr]
aprovar (vt)	**маго**	[magɔ]
recusa (f)	**цадалар**	[tsadalar]
negar-se (vt)	**дуьхьал хила**	[dʉhal hɪl]
Está ótimo!	**Чlоrla дика ду!**	[tʃ'ɔɣ dɪk du]
Muito bem!	**Дика ду!**	[dɪk du]

Está bem! De acordo!	**Мегар ду!**	[megɑr du]
proibido	**цамагийна**	[ʦɑmɑgɪ:n]
é proibido	**ца мега**	[ʦɑ meg]
é impossível	**хила йиш яц**	[hɪl jɪʃ jɑʦ]
incorreto	**нийса доцу**	[nɪ:s dɔʦu]
rejeitar (~ um pedido)	**юхатоха**	[juhatɔh]
apoiar (vt)	**тӏетан**	[t'etɑn]
aceitar (desculpas, etc.)	**тӏеэца**	[t'eɛʦ]
confirmar (vt)	**чӏагӏдан**	[ʧ'ɑɣdɑn]
confirmação (f)	**чӏагӏдар**	[ʧ'ɑɣdɑr]
permissão (f)	**пурба**	[purb]
permitir (vt)	**магийта**	[mɑgɪ:t]
decisão (f)	**сацам бар**	[sɑʦɑm bɑr]
não dizer nada	**дист ца хила**	[dɪst ʦɑ hɪl]
condição (com uma ~)	**диллар**	[dɪllɑr]
pretexto (m)	**бахьана**	[bɑhɑn]
elogio (m)	**хастам**	[hastɑm]
elogiar (vt)	**хестадан**	[hestɑdɑn]

69. Sucesso. Boa sorte. Insucesso

êxito, sucesso (m)	**кхиам**	[qɪɑm]
com êxito	**кхиаме**	[qɪɑme]
bem sucedido	**кхиам болу**	[qɪɑm bɔlu]
sorte (fortuna)	**аьтто**	[ættɔ]
Boa sorte!	**Аьтто хуьлда!**	[ættɔ hʉld]
de sorte	**аьтто болу**	[ættɔ bɔlu]
sortudo, felizardo	**аьтто болу**	[ættɔ bɔlu]
fracasso (m)	**бохам**	[bɔham]
pouca sorte (f)	**аьтто ца хилар**	[ættɔ ʦə hɪlɑr]
azar (m), má sorte (f)	**аьтто боцуш хилар**	[ættɔ bɔʦuʃ hɪlɑr]
mal sucedido	**ца даьлла**	[ʦɑ dæll]
catástrofe (f)	**ирча бохам**	[ɪrʧ bɔham]
orgulho (m)	**дозалла**	[dɔzɑll]
orgulhoso	**кура**	[kur]
estar orgulhoso	**дозалла дан**	[dɔzɑll dɑn]
vencedor (m)	**толамхо**	[tɔlamho]
vencer (vi)	**тола**	[tɔl]
perder (vt)	**эша**	[ɛʃ]
tentativa (f)	**гӏортар**	[ɣɔrtɑr]
tentar (vt)	**гӏорта**	[ɣɔrt]
chance (m)	**хьал**	[hɑl]

70. Conflitos. Emoções negativas

grito (m)	**мохь**	[mɔh]
gritar (vi)	**мохь бетта**	[mɔh bett]

começar a gritar	**мохь тоха**	[mɔh tɔh']
discussão (f)	**дов**	[dɔv]
discutir (vt)	**эгlар**	[ɛɣar]
escândalo (m)	**дов**	[dɔv]
criar escândalo	**девнаш даха**	[devnaʃ dah]
conflito (m)	**конфликт**	[kɔnflɪkt]
mal-entendido (m)	**цакхетар**	[ʦaqetar]
insulto (m)	**сийсаздаккхар**	[sɪ:sazdakqar]
insultar (vt)	**сий дайа**	[sɪ: daj]
insultado	**юьхьlаьрж хlоттина**	[juh'əærʒ h'ɔttɪn]
ofensa (f)	**халахетар**	[halahetar]
ofender (vt)	**халахетар дан**	[halahetar dan]
ofender-se (vr)	**халахета**	[halahet]
indignação (f)	**эргlаддахар**	[ɛrɣaddahar]
indignar-se (vr)	**эргlаддала**	[ɛrɣaddal]
queixa (f)	**латкъам**	[latqʔam]
queixar-se (vr)	**латкъа**	[latqʔ]
desculpa (f)	**бехк цабиллар**	[behk ʦabɪllar]
desculpar-se (vr)	**бехк цабиллар деха**	[behk ʦabɪllar deh]
pedir perdão	**бехк цабиллар деха**	[behk ʦabɪllar deh]
crítica (f)	**критика**	[krɪtɪk]
criticar (vt)	**критиковать дан**	[krɪtɪkɔvatʲ dan]
acusação (f)	**бехкедар**	[behkedar]
acusar (vt)	**бехкедан**	[behkedan]
vingança (f)	**чlир**	[ʧ'ɪr]
vingar (vt)	**чlир леха**	[ʧ'ɪr leh]
pagar de volta	**дlадекъа**	[d'adeqʔ]
desprezo (m)	**цадашар**	[ʦadaʃar]
desprezar (vt)	**ца даша**	[ʦa daʃ]
ódio (m)	**цабезам**	[ʦabezam]
odiar (vt)	**ца деза**	[ʦa dez]
nervoso	**нервийн**	[nervɪ:n]
estar nervoso	**дог этlа**	[dɔg ɛt']
zangado	**оьгlазе**	[øɣaze]
zangar (vt)	**оьгlаздахийта**	[øɣazdahɪ:t]
humilhação (f)	**кlезиг хетар**	[k'ezɪg hetar]
humilhar (vt)	**кlезиг хета**	[k'ezɪg het]
humilhar-se (vr)	**кlезиг хила**	[k'ezɪg hɪl]
choque (m)	**шовкъ**	[ʃɔvqʔ]
chocar (vt)	**юьхьlаьржахlотто**	[juh'ærʒah'ɔttɔ]
aborrecimento (m)	**цатам**	[ʦatam]
desagradável	**там боцу**	[tam bɔʦu]
medo (m)	**кхерам**	[qeram]
terrível (tempestade, etc.)	**lаламат чlогlа**	['alamat ʧ'ɔɣ]
assustador (ex. história ~a)	**инзаре**	[ɪnzare]

horror (m)	**lадор**	['adɔr]
horrível (crime, etc.)	**къемате**	[qʔemate]
chorar (vi)	**делха**	[delh]
começar a chorar	**делха**	[delh]
lágrima (f)	**бlаьрхи**	[b'ærhɪ]
falta (f)	**бехк**	[behk]
culpa (f)	**бехк**	[behk]
desonra (f)	**эхь**	[ɛh]
protesto (m)	**дуьхьалхилар**	[dʉhalhɪlar]
stress (m)	**стресс**	[stress]
perturbar (vt)	**новкъарло ян**	[nɔvqʔarlɔ jan]
zangar-se com ...	**оьгlазъэха**	[øɣazʔɛh]
zangado	**вон**	[vɔn]
terminar (vt)	**дlасацо**	[d'asatsɔ]
praguejar	**дов дан**	[dɔv dan]
assustar-se	**тила**	[tɪl]
golpear (vt)	**тоха**	[tɔh]
brigar (na rua, etc.)	**лета**	[let]
resolver (o conflito)	**дlадерзо**	[d'aderzɔ]
descontente	**реза доцу**	[rez dɔtsu]
furioso	**буьрса**	[bʉrs]
Não está bem!	**Хlара дика дац!**	[h'ar dɪk dats]
É mau!	**Хlара вон ду!**	[h'ar vɔn du]

Medicina

71. Doenças

doença (f)	**лазар**	[lazar]
estar doente	**цомгуш хила**	[tsɔmguʃ hɪl]
saúde (f)	**могушалла**	[mɔguʃall]
nariz (m) a escorrer	**шелвалар**	[ʃəlvalar]
amigdalite (f)	**ангина**	[angɪn]
constipação (f)	**шелдалар**	[ʃəldalar]
constipar-se (vr)	**шелдала**	[ʃəldal]
bronquite (f)	**бронхит**	[brɔnhɪt]
pneumonia (f)	**пехашна хьу кхетар**	[pehaʃn hu qetar]
gripe (f)	**грипп**	[grɪpp]
míope	**бIорзагал**	[b'ɔrzagal]
presbita	**генара гун**	[genar gun]
estrabismo (m)	**бIаьIара хилар**	[b'aɣar hɪlar]
estrábico	**бIаьIара**	[b'aɣar]
catarata (f)	**бIаьрган марха**	[b'ærgan marh]
glaucoma (m)	**глаукома**	[glaukɔm]
AVC (m), apoplexia (f)	**инсульт**	[ɪnsuljt]
ataque (m) cardíaco	**дог датIар**	[dɔg dat'ar]
enfarte (m) do miocárdio	**миокардан инфаркт**	[mɪɔkardan ɪnfarkt]
paralisia (f)	**энаш лацар**	[ɛnaʃ latsar]
paralisar (vt)	**энаша лаца**	[ɛnaʃ lats]
alergia (f)	**аллергий**	[allergɪ:]
asma (f)	**астма**	[astm]
diabetes (f)	**диабет**	[dɪabet]
dor (f) de dentes	**цергийн лазар**	[tsergɪ:n lazar]
cárie (f)	**кариес**	[karɪes]
diarreia (f)	**диарея**	[dɪarej]
prisão (f) de ventre	**чо юкъялар**	[ʧɔ juqʔjalar]
desarranjo (m) intestinal	**чохьлазар**	[ʧɔhlazar]
intoxicação (f) alimentar	**отравлени**	[ɔtravlenɪ]
intoxicar-se	**кхачанан отравлени**	[qaʧanan ɔtravlenɪ]
artrite (f)	**артрит**	[artrɪt]
raquitismo (m)	**рахит-цамгар**	[rahɪt tsamgar]
reumatismo (m)	**энаш**	[ɛnaʃ]
arteriosclerose (f)	**атеросклероз**	[aterɔsklerɔz]
gastrite (f)	**гастрит**	[gastrɪt]
apendicite (f)	**сов йоьхь дестар**	[sɔv jøh destar]

colecistite (f)	**холецистит**	[holetsɪstɪt]
úlcera (f)	**даI**	[daʕ]
sarampo (m)	**кхартанаш**	[qartanaʃ]
rubéola (f)	**хьара**	[har]
iterícia (f)	**маждар**	[maʒdar]
hepatite (f)	**гепатит**	[gepatɪt]
esquizofrenia (f)	**шизофрени**	[ʃɪzɔfrenɪ]
raiva (f)	**хьарадалар**	[haradalar]
neurose (f)	**невроз**	[nevrɔz]
comoção (f) cerebral	**хье лазор**	[he lazɔr]
cancro (m)	**даI**	[daʕ]
esclerose (f)	**склероз**	[sklerɔz]
esclerose (f) múltipla	**тидаме доцу**	[tɪdame dɔtsu]
alcoolismo (m)	**алкоголан цамгар**	[alkɔgɔlan tsamgar]
alcoólico (m)	**алкоголхо**	[alkɔgɔlho]
sífilis (f)	**чIурамцамгар**	[tʃʼuramtsamgar]
SIDA (f)	**СПИД**	[spɪd]
tumor (m)	**дестар**	[destar]
maligno	**кхераме**	[qerame]
benigno	**зуламе доцу**	[zulame dɔtsu]
febre (f)	**хорша**	[horʃ]
malária (f)	**хорша**	[horʃ]
gangrena (f)	**гангрена**	[gangren]
enjoo (m)	**хIорд хьахар**	[hʼɔrd hahar]
epilepsia (f)	**эпилепси**	[ɛpɪlepsɪ]
epidemia (f)	**ун**	[un]
tifo (m)	**тиф**	[tɪf]
tuberculose (f)	**йовхарийн цамгар**	[jovharɪ:n tsamgar]
cólera (f)	**чоьнан ун**	[tʃønan un]
peste (f)	**Iаьржа ун**	[ʼærʒ un]

72. Simtomas. Tratamentos. Parte 1

sintoma (m)	**билгало**	[bɪlgalɔ]
temperatura (f)	**температура**	[temperatur]
febre (f)	**лекха температур**	[leq temperatur]
pulso (m)	**синпха**	[sɪnph]
vertigem (f)	**корта хьовзар**	[kɔrt hɔvzar]
quente (testa, etc.)	**довха**	[dɔvh]
calafrio (m)	**шелона дегадар**	[ʃelɔn degadar]
pálido	**беда**	[bed]
tosse (f)	**йовхарш**	[jovharʃ]
tossir (vi)	**йовхарш етта**	[jovharʃ ett]
espirrar (vi)	**хьоршамаш детта**	[hɔrʃamaʃ dett]
desmaio (m)	**дог вон хилар**	[dɔg vɔn hɪlar]

desmaiar (vi)	**дог кlадделла охьавожа**	[dɔg k'addell ɔhavɔʒ]
nódoa (f) negra	**lарждарг**	['arʒdarg]
galo (m)	**бlара**	[b'ar]
magoar-se (vr)	**дlакхета**	[d'aqet]
pisadura (f)	**дlатохар**	[d'atɔhar]
aleijar-se (vr)	**дlакхета**	[d'aqet]
coxear (vi)	**астагlлелха**	['astaɣlelh]
deslocação (f)	**чуьрдаккхар**	[ʧʉrdakqar]
deslocar (vt)	**чуьрдаккхар**	[ʧʉrdakqar]
fratura (f)	**кагдалар**	[kagdalar]
fraturar (vt)	**кагдар**	[kagdar]
corte (m)	**хадор**	[hadɔr]
cortar-se (vr)	**хада**	[had]
hemorragia (f)	**цlий эхар**	[ʦ'ɪː ɛhar]
queimadura (f)	**дагор**	[dagɔr]
queimar-se (vr)	**даго**	[dagɔ]
picar (vt)	**lотта**	['ɔtt]
picar-se (vr)	**lоттадала**	['ɔttadal]
lesionar (vt)	**лазо**	[lazɔ]
lesão (m)	**лазор**	[lazɔr]
ferida (f), ferimento (m)	**чов**	[ʧɔv]
trauma (m)	**лазор**	[lazɔr]
delirar (vi)	**харц лен**	[harʦ len]
gaguejar (vi)	**толкха лен**	[tɔlq len]
insolação (f)	**малх хьахар**	[malh hahar]

73. Simtomas. Tratamentos. Parte 2

dor (f)	**лазар**	[lazar]
farpa (no dedo)	**сирхат**	[sɪrhat]
suor (m)	**хьацар**	[haʦar]
suar (vi)	**хьацар дала**	[haʦar dal]
vómito (m)	**lеттор**	['ettɔr]
convulsôes (f pl)	**пхенаш озор**	[phenaʃ ɔzɔr]
grávida	**берахниг**	[berahnɪg]
nascer (vi)	**хила**	[hɪl]
parto (m)	**бер хилар**	[ber hɪlar]
dar â luz	**бер дар**	[ber dar]
aborto (m)	**аборт**	[abɔrt]
respiração (f)	**са дахар**	[sa dahar]
inspiração (f)	**са чуозар**	[sa ʧuɔzar]
expiração (f)	**са арахецар**	[sa arahеʦar]
expirar (vi)	**са арахеца**	[sa araheʦ]
inspirar (vi)	**са чуоза**	[sa ʧuɔz]
inválido (m)	**заьlапхо**	[zæ'apho]
aleijado (m)	**заьlапхо**	[zæ'apho]

toxicodependente (m)	**наркоман**	[narkɔman]
surdo	**къора**	[qʔɔr]
mudo	**мотт ца хуург**	[mɔtt ʦa hu'urg]
surdo-mudo	**мотт ца хуург**	[mɔtt ʦa hu'urg]
louco (adj.)	**хьерадьалла**	[heradʲall]
louco (m)	**хьеравальларг**	[heravællarg]
louca (f)	**хьерайалларг**	[herajallarg]
ficar louco	**хьервалар**	[hervalar]
gene (m)	**ген**	[gen]
imunidade (f)	**иммунитет**	[ɪmmunɪtet]
congénito	**вешшехь хилла**	[weʃəh hɪll]
vírus (m)	**вирус**	[wɪrus]
micróbio (m)	**микроб**	[mɪkrɔb]
bactéria (f)	**бактери**	[bakterɪ]
infeção (f)	**инфекци**	[ɪnfekʦɪ]

74. Simtomas. Tratamentos. Parte 3

hospital (m)	**больница**	[bɔljnɪʦ]
paciente (m)	**пациент**	[paʦɪent]
diagnóstico (m)	**диагноз**	[dɪagnɔz]
cura (f)	**дарбанаш лелор**	[darbanaʃ lelɔr]
tratamento (m) médico	**дарба лелор**	[darb lelɔr]
curar-se (vr)	**дарбанаш лелор**	[darbanaʃ lelɔr]
tratar (vt)	**дарба лело**	[darb lelɔ]
cuidar (pessoa)	**лело**	[lelɔ]
cuidados (m pl)	**лелор**	[lelɔr]
operação (f)	**этlop**	[ɛt'ɔr]
enfaixar (vt)	**дlадехка**	[d'adehk]
ligadura (f)	**йоьхкург**	[jøhkurg]
vacinação (f)	**маха тохар**	[maha tɔhar]
vacinar (vt)	**маха тоха**	[maha tɔh]
injeção (f)	**маха тохар**	[maha tɔhar]
dar uma injeção	**маха тоха**	[maha tɔh]
amputação (f)	**ампутаци**	[amputaʦɪ]
amputar (vt)	**дlадаккха**	[d'adakq]
coma (f)	**кома**	[kɔm]
estar em coma	**коме хила**	[kɔme hɪl]
reanimação (f)	**реанимаци**	[reanɪmaʦɪ]
recuperar-se (vr)	**тодала**	[tɔdal]
estado (~ de saúde)	**хьал**	[hal]
consciência (f)	**кхетам**	[qetam]
memória (f)	**эс**	[ɛs]
tirar (vt)	**дlадаккха**	[d'adakq]
chumbo (m), obturação (f)	**йома**	[jom]

chumbar, obturar (vt)	**йома йилла**	[jom jɪll]
hipnose (f)	**гипноз**	[gɪpnɔz]
hipnotizar (vt)	**гипноз ян**	[gɪpnɔz jɑn]

75. Médicos

médico (m)	**лор**	[lɔr]
enfermeira (f)	**лорйиша**	[lɔrjɪʃ]
médico (m) pessoal	**шен лор**	[ʃən lɔr]
dentista (m)	**дантист**	[dɑntɪst]
oculista (m)	**окулист**	[ɔkulɪst]
terapeuta (m)	**терапевт**	[terɑpevt]
cirurgião (m)	**хирург**	[hɪrurg]
psiquiatra (m)	**психиатр**	[psɪhɪɑtr]
pediatra (m)	**педиатр**	[pedɪɑtr]
psicólogo (m)	**психолог**	[psɪholɔg]
ginecologista (m)	**гинеколог**	[gɪnekɔlɔg]
cardiologista (m)	**кардиолог**	[kɑrdɪɔlɔg]

76. Medicina. Drogas. Acessórios

medicamento (m)	**молха**	[mɔlh]
remédio (m)	**дарба**	[dɑrb]
receitar (vt)	**дайх диена**	[dɑjh dɪen]
receita (f)	**рецепт**	[reʦept]
comprimido (m)	**буьртиг**	[bʉrtɪg]
pomada (f)	**хьакхар**	[hɑqɑr]
ampola (f)	**ампула**	[ɑmpul]
preparado (m)	**микстура**	[mɪkstur]
xarope (m)	**сироп**	[sɪrɔp]
cápsula (f)	**буьртиг**	[bʉrtɪg]
remédio (m) em pó	**хlур**	[h'ur]
ligadura (f)	**бинт**	[bɪnt]
algodão (m)	**бамба**	[bɑmb]
iodo (m)	**йод**	[jod]
penso (m) rápido	**белхьам**	[belhɑm]
conta-gotas (f)	**пипетка**	[pɪpetk]
termómetro (m)	**градусъюстург**	[grɑdusʔʉsturg]
seringa (f)	**маха**	[mɑh]
cadeira (f) de rodas	**гlудалкх**	[ɣudɑlq]
muletas (f pl)	**lасанаш**	['ɑsɑnɑʃ]
analgésico (m)	**лаза ца войту молханаш**	[lɑz ʦɑ vɔjtu mɔlhɑnɑʃ]
laxante (m)	**чуьйнадохуьйтург**	[ʧʉjnɑdɔhʉjturg]
álcool (m) etílico	**спирт**	[spɪrt]
ervas (f pl) medicinais	**дарбанан буц**	[dɑrbɑnɑn buʦ]
de ervas (chá ~)	**бецан**	[beʦɑn]

77. Fumar. Produtos tabágicos

tabaco (m)	**тонка**	[tɔnk]
cigarro (m)	**сигарет**	[sɪgɑret]
charuto (m)	**сигара**	[sɪgɑr]
cachimbo (m)	**луьлла**	[lʉll]
maço (~ de cigarros)	**цигаьркийн ботт**	[ʦɪgærkɪːn bɔtt]
fósforos (m pl)	**сирникаш**	[sɪrnɪkɑʃ]
caixa (f) de fósforos	**сирникийн ботт**	[sɪrnɪkɪːn bɔtt]
isqueiro (m)	**цlетухург**	[ʦ'etuhurg]
cinzeiro (m)	**чимтосург**	[ʧɪmtɔsurg]
cigarreira (f)	**портсигар**	[pɔrʦɪgɑr]
boquilha (f)	**муштакх**	[muʃtɑq]
filtro (m)	**луьттург**	[lʉtturg]
fumar (vi, vt)	**оза**	[ɔz]
acender um cigarro	**ийза дола**	[ɪːz dɔl]
tabagismo (m)	**цигаьрка озар**	[ʦɪgærk ɔzɑr]
fumador (m)	**цигаьркаузург**	[ʦɪgærkɑuzurg]
beata (f)	**цигаьркан юьхьиг**	[ʦɪgærkɑn juhɪg]
fumo (m)	**кlур**	[k'ur]
cinza (f)	**чим**	[ʧɪm]

HABITAT HUMANO

Cidade

78. Cidade. Vida na cidade

cidade (f)	**гIала**	[ɣal]
capital (f)	**нана-гIала**	[nan ɣal]
aldeia (f)	**юрт**	[jurt]
mapa (m) da cidade	**гIалин план**	[ɣalɪn plan]
centro (m) da cidade	**гIалин юкъ**	[ɣalɪn juq?]
subúrbio (m)	**гIалин йист**	[ɣalɪn jɪst]
suburbano	**гIалин йистера**	[ɣalɪn jɪster]
periferia (f)	**гIалин йист**	[ɣalɪn jɪst]
arredores (m pl)	**гIалин гонахе**	[ɣalɪn gɔnahe]
quarteirão (m)	**квартал**	[kvartal]
quarteirão (m) residencial	**нах беха квартал**	[nah beha kvartal]
tráfego (m)	**лелар**	[lelar]
semáforo (m)	**светофор**	[swetɔfɔr]
transporte (m) público	**гIалара транспорт**	[ɣalar transpɔrt]
cruzamento (m)	**галморзе**	[galmɔrze]
passadeira (f)	**галморзе**	[galmɔrze]
passagem (f) subterrânea	**лаьттан бухара дехьаволийла**	[lættan buhar dehavɔlɪ:l]
cruzar, atravessar (vt)	**дехьа вала**	[deh val]
peão (m)	**гIашло**	[ɣaʃlɔ]
passeio (m)	**тротуар**	[trɔtuar]
ponte (f)	**тIай**	[t'aj]
margem (f) do rio	**хийист**	[hɪ:ɪst]
fonte (f)	**фонтан**	[fɔntan]
alameda (f)	**аллей**	[allej]
parque (m)	**беш**	[beʃ]
bulevar (m)	**бульвар**	[buljvar]
praça (f)	**майда**	[majd]
avenida (f)	**проспект**	[prɔspekt]
rua (f)	**урам**	[uram]
travessa (f)	**урамалг**	[uramalg]
beco (m) sem saída	**кIажбухе**	[k'aʒbuhe]
casa (f)	**цIа**	[ʦ'a]
edifício, prédio (m)	**гIишло**	[ɣɪʃlɔ]
arranha-céus (m)	**стигал-бохь**	[stɪgal bɔh]
fachada (f)	**хьалхе**	[halhe]

telhado (m)	**тхов**	[thov]
janela (f)	**кор**	[kɔr]
arco (m)	**нартол**	[nartɔl]
coluna (f)	**колонна**	[kɔlɔn]
esquina (f)	**маьlиг**	[mæ'ɪg]
montra (f)	**витрина**	[wɪtrɪn]
letreiro (m)	**гойтург**	[gɔjturg]
cartaz (m)	**афиша**	[afɪʃ]
cartaz (m) publicitário	**рекламан плакат**	[reklaman plakat]
painel (m) publicitário	**рекламан у**	[reklaman u]
lixo (m)	**нехаш**	[nehaʃ]
cesta (f) do lixo	**урна**	[urn]
jogar lixo na rua	**нехаш яржо**	[nehaʃ jarʒɔ]
aterro (m) sanitário	**нехаш дlакхийсуьйла**	[nehaʃ d'aqɪ:sʉjl]
cabine (f) telefónica	**телефонан будка**	[telefɔnan budk]
candeeiro (m) de rua	**фонаран зlенар**	[fɔnaran z'enar]
banco (m)	**гlант**	[ɣant]
polícia (m)	**полици**	[pɔlɪʦɪ]
polícia (instituição)	**полици**	[pɔlɪʦɪ]
mendigo (m)	**сагlадоьхург**	[saɣadøhurg]
sem-abrigo (m)	**цlа доцу**	[ʦ'a dɔʦu]

79. Instituições urbanas

loja (f)	**туька**	[tʉk]
farmácia (f)	**аптека**	[aptek]
ótica (f)	**оптика**	[ɔptɪk]
centro (m) comercial	**механ центр**	[mehan ʦentr]
supermercado (m)	**супермаркет**	[supermarket]
padaria (f)	**сурсатийн туька**	[sursatɪ:n tʉk]
padeiro (m)	**пурнхо**	[purnho]
pastelaria (f)	**кондитерски**	[kɔndɪterskɪ]
mercearia (f)	**баккхал**	[bakqal]
talho (m)	**жижиг духку туька**	[ʒɪʒɪg duhku tʉk]
loja (f) de legumes	**хасстоьмийн туька**	[hasstømɪ:n tʉk]
mercado (m)	**базар**	[bazar]
café (m)	**кафе**	[kafe]
restaurante (m)	**ресторан**	[restɔran]
bar (m), cervejaria (f)	**йийн туька**	[jɪ:n tʉk]
pizzaria (f)	**пиццерий**	[pɪʦerɪ:]
salão (m) de cabeleireiro	**парикмахерски**	[parɪkmaherskɪ]
correios (m pl)	**пошт**	[pɔʃt]
lavandaria (f)	**химцlандар**	[hɪmʦ'andar]
estúdio (m) fotográfico	**фотоателье**	[fɔtɔatelje]
sapataria (f)	**мачийн туька**	[maʧɪ:n tʉk]
livraria (f)	**книшкийн туька**	[knɪʃkɪ:n tʉk]

loja (f) de artigos de desporto	**спортан туька**	[spɔrtan tʉk]
reparação (f) de roupa	**бедар таяр**	[bedar tajar]
aluguer (m) de roupa	**бедарийн прокат**	[bedarɪ:n prɔkat]
aluguer (m) de filmes	**фильман прокат**	[fɪljman prɔkat]
circo (m)	**цирк**	[ʦɪrk]
jardim (m) zoológico	**дийнатийн парк**	[dɪ:natɪ:n park]
cinema (m)	**кинотеатр**	[kɪnɔteatr]
museu (m)	**музей**	[muzej]
biblioteca (f)	**библиотека**	[bɪblɪɔtek]
teatro (m)	**театр**	[teatr]
ópera (f)	**опера**	[ɔper]
clube (m) noturno	**буьйсанан клуб**	[bʉjsanan klub]
casino (m)	**казино**	[kazɪnɔ]
mesquita (f)	**маьждиг**	[mæʒdɪg]
sinagoga (f)	**синагога**	[sɪnagɔg]
catedral (f)	**килс**	[kɪls]
templo (m)	**зиярат**	[zɪjarat]
igreja (f)	**килс**	[kɪls]
instituto (m)	**институт**	[ɪnstɪtut]
universidade (f)	**университет**	[unɪwersɪtet]
escola (f)	**школа**	[ʃkɔl]
prefeitura (f)	**префектур**	[prefektur]
câmara (f) municipal	**мэри**	[mɛrɪ]
hotel (m)	**хьешийн цIа**	[heʃɪ:n ʦ'a]
banco (m)	**банк**	[bank]
embaixada (f)	**векаллат**	[wekallat]
agência (f) de viagens	**турагенство**	[turagenstvɔ]
agência (f) de informações	**хаттараллин бюро**	[hattarallɪn bʉrɔ]
casa (f) de câmbio	**хуьицийла**	[hʉɪʦɪ:l]
metro (m)	**метро**	[metrɔ]
hospital (m)	**больница**	[bɔljnɪʦ]
posto (m) de gasolina	**бензин дутту колонка**	[benzɪn duttu kɔlɔnk]
parque (m) de estacionamento	**дIахIоттайойла**	[d'ah'ɔttajojl]

80. Sinais

letreiro (m)	**гойтург**	[gɔjturg]
inscrição (f)	**тIеяздар**	[t'ejazdar]
cartaz, póster (m)	**плакат**	[plakat]
sinal (m) informativo	**гойтург**	[gɔjturg]
seta (f)	**цамза**	[ʦamz]
aviso (advertência)	**лардар**	[lardar]
sinal (m) de aviso	**дIахьедар**	[d'ahedar]
avisar, advertir (vt)	**дIахьедан**	[d'ahedan]
dia (m) de folga	**мукъа де**	[muqʔ de]

horário (m)	**расписани**	[raspɪsanɪ]
horário (m) de funcionamento	**белхан сахьташ**	[bəlhan sahtaʃ]
BEM-VINDOS!	**ДИКАНЦА ДОГIИЙЛА!**	[dɪkanʦ dɔɣɪːl]
ENTRADA	**ЧУГIОЙЛА**	[ʧuɣɔjl]
SAÍDA	**АРАДОЛИЙЛА**	[aradɔlɪːl]
EMPURRE	**ШЕГАРА**	[ʃəgar]
PUXE	**ШЕН ТIЕ**	[ʃən t'e]
ABERTO	**ДИЛЛИНА**	[dɪllɪn]
FECHADO	**КЪОВЛИНА**	[qʔɔvlɪn]
MULHER	**ЗУДАРИЙН**	[zudarɪːn]
HOMEM	**БОЖАРИЙН**	[bɔʒarɪːn]
DESCONTOS	**МАХ ТIЕРБАККХАР**	[mah t'erbakqar]
SALDOS	**ДОЬХКИНА ДIАДАККХАР**	[døhkɪn d'adakqar]
NOVIDADE!	**КЕРЛАНИГ!**	[kerlanɪg]
GRÁTIS	**МАЬХЗА**	[mæhz]
ATENÇÃO!	**ЛАДОГIА!**	[ladɔɣ]
NÃO HÁ VAGAS	**МЕТТИГ ЯЦ**	[mettɪg jaʦ]
RESERVADO	**ЦХЬАНАН ТIЕХЬ ЧIАГIЙИНА**	[ʦhanan t'eh ʧ'aɣjɪn]
ADMINISTRAÇÃO	**АДМИНИСТРАЦИ**	[admɪnɪstraʦɪ]
SOMENTE PESSOAL AUTORIZADO	**ПЕРСОНАЛАН БЕ**	[persɔnalan be]
CUIDADO CÃO FEROZ	**ДЕРА ЖIАЬЛА**	[der ʒ'æl]
PROIBIDO FUMAR!	**ЦИГАЬРКА ОЗА МЕГАШ ДАЦ!**	[ʦɪgærk ɔz megaʃ daʦ]
NÃO TOCAR	**КУЬЙГАШ МА ДЕТТА!**	[kʉjgaʃ ma dett]
PERIGOSO	**КХЕРАМЕ**	[qerame]
PERIGO	**КХЕРАМ**	[qeram]
ALTA TENSÃO	**ЛАКХАРЧУ БУЛЛАМАН ТОК**	[laqarʧu bullaman tɔk]
PROIBIDO NADAR	**ЛИЙЧА ЦА МЕГА**	[lɪːʧ ʦa meg]
AVARIADO	**БОЛХ ЦА БО**	[bɔlh ʦa bɔ]
INFLAMÁVEL	**ЦIЕ КХЕРАМЕ**	[ʦ'e qerame]
PROIBIDO	**ЦА МЕГА**	[ʦa meg]
ENTRADA PROIBIDA	**ЧЕКХДАЛАР ЦА МЕГА**	[ʧeqdalar ʦa meg]
CUIDADO TINTA FRESCA	**БАСАР ХЬАЬКХНА**	[basar hæqn]

81. Transportes urbanos

autocarro (m)	**автобус**	[avtɔbus]
elétrico (m)	**трамвай**	[tramvaj]
troleicarro (m)	**троллейбус**	[trɔllejbus]
itinerário (m)	**маршрут**	[marʃrut]
número (m)	**номер**	[nɔmer]
ir de … (carro, etc.)	**даха**	[dah]

entrar (~ no autocarro)	**тlехаа**	[t'eha'a]
descer de ...	**охьадосса**	[ɔhadɔss]
paragem (f)	**социйла**	[sɔʦɪ:l]
próxima paragem (f)	**рогlера социйла**	[rɔɣer sɔʦɪ:l]
ponto (m) final	**тlаьххьара социйла**	[t'æhar sɔʦɪ:l]
horário (m)	**расписани**	[raspɪsanɪ]
esperar (vt)	**хьежа**	[heʒ]
bilhete (m)	**билет**	[bɪlet]
custo (m) do bilhete	**билетан мах**	[bɪletan mah]
bilheteiro (m)	**кассир**	[kassɪr]
controlo (m) dos bilhetes	**контроль**	[kɔntrɔlj]
revisor (m)	**контролёр**	[kɔntrɔlʲor]
atrasar-se (vr)	**тlаьхьадиса**	[t'æhadɪs]
perder (o autocarro, etc.)	**тlаьхьадиса**	[t'æhadɪs]
estar com pressa	**сихадала**	[sɪhadal]
táxi (m)	**такси**	[taksɪ]
taxista (m)	**таксист**	[taksɪst]
de táxi (ir ~)	**таксин тlехь**	[taksɪn t'eh]
praça (f) de táxis	**такси дlахlоттайойла**	[taksɪ d'ah'ɔttajojl]
chamar um táxi	**таксига кхайкха**	[taksɪg qajq]
apanhar um táxi	**такси лаца**	[taksɪ laʦ]
tráfego (m)	**урамашкахула лелар**	[uramaʃkahul lelar]
engarrafamento (m)	**дlадукъар**	[d'aduqʔar]
horas (f pl) de ponta	**юкъъелла хан**	[juqʔell han]
estacionar (vi)	**машина дlахlоттар**	[maʃɪn d'ah'ɔttar]
estacionar (vt)	**машина дlахlотто**	[maʃɪn d'ah'ɔttɔ]
parque (m) de estacionamento	**дlахlоттайойла**	[d'ah'ɔttajojl]
metro (m)	**метро**	[metrɔ]
estação (f)	**станци**	[stanʦɪ]
ir de metro	**метрохь ваха**	[metrɔh vah']
comboio (m)	**цlерпошт**	[ʦ'erpɔʃt]
estação (f)	**вокзал**	[vɔkzal]

82. Turismo

monumento (m)	**хlоллам**	[h'ɔllam]
fortaleza (f)	**гlап**	[ɣap]
palácio (m)	**гlала**	[ɣal]
castelo (m)	**гlала**	[ɣal]
torre (f)	**бlов**	[b'ɔv]
mausoléu (m)	**мавзолей**	[mavzɔlej]
arquitetura (f)	**архитектура**	[arhɪtektur]
medieval	**юккъерчу бlешерийн**	[jukqʔerʧu b'eʃerɪ:n]
antigo	**тамашена**	[tamaʃən]
nacional	**къаьмнийн**	[qʔæmnɪ:n]
conhecido	**гlарадаьлла**	[ɣaradæll]

turista (m)	**турист**	[turɪst]
guia (pessoa)	**гид**	[gɪd]
excursão (f)	**экскурси**	[ɛkskursɪ]
mostrar (vt)	**гайта**	[gajt]
contar (vt)	**дийца**	[dɪ:ʦ]
encontrar (vt)	**каро**	[karɔ]
perder-se (vr)	**дан**	[dan]
mapa (~ do metrô)	**схема**	[shem]
mapa (~ da cidade)	**план**	[plan]
lembrança (f), presente (m)	**совгlат**	[sɔvɣat]
loja (f) de presentes	**совгlатан туька**	[sɔvɣatan tʉk]
fotografar (vt)	**сурт даккха**	[surt dakq]
fotografar-se	**сурт даккхийта**	[surt dakqɪ:t]

83. Compras

comprar (vt)	**эца**	[ɛʦ]
compra (f)	**эцар**	[ɛʦar]
fazer compras	**х1уманаш эца**	[humanaʃ ɛʦ]
compras (f pl)	**эцар**	[ɛʦar]
estar aberta (loja, etc.)	**болх бан**	[bɔlh ban]
estar fechada	**дlакъовла**	[d'aqʔɔvl]
calçado (m)	**мача**	[maʧ]
roupa (f)	**бедар**	[bedar]
cosméticos (m pl)	**косметика**	[kɔsmetɪk]
alimentos (m pl)	**сурсаташ**	[sursataʃ]
presente (m)	**совгlат**	[sɔvɣat]
vendedor (m)	**йохкархо**	[johkarhɔ]
vendedora (f)	**йохкархо**	[johkarhɔ]
caixa (f)	**касса**	[kass]
espelho (m)	**куьзга**	[kʉzg]
balcão (m)	**гlопаста**	[ɣɔpast]
cabine (f) de provas	**примерочни**	[prɪmerɔʧnɪ]
provar (vt)	**тlедуьйхина хьажа**	[t'edʉjhɪn haʒ]
servir (vi)	**гlехьа хила**	[ɣeh hɪl]
gostar (apreciar)	**хазахета**	[hazahet]
preço (m)	**мах**	[mah]
etiqueta (f) de preço	**махло**	[mahlɔ]
custar (vt)	**деха**	[deh]
Quanto?	**Хlун доккху?**	[h'un dɔkqu]
desconto (m)	**тlерадаккхар**	[t'eradakqar]
não caro	**деза доцу**	[dez dɔʦu]
barato	**дораха**	[dɔrah]
caro	**деза**	[dez]
É caro	**Иза механ деза ду.**	[ɪz mehan dez du]

aluguer (m)	**прокат**	[prɔkat]
alugar (vestidos, etc.)	**прокатан схьаэца**	[prɔkatan shaəʦ]
crédito (m)	**кредит**	[kredɪt]
a crédito	**кредитан**	[kredɪtan]

84. Dinheiro

dinheiro (m)	**ахча**	[ahʧ]
câmbio (m)	**хийцар**	[hɪ:ʦar]
taxa (f) de câmbio	**мах**	[mah]
Caixa Multibanco (m)	**банкомат**	[bankɔmat]
moeda (f)	**ахча**	[ahʧ]
dólar (m)	**доллар**	[dɔllar]
euro (m)	**евро**	[evrɔ]
lira (f)	**лира**	[lɪr]
marco (m)	**марка**	[mark]
franco (m)	**франк**	[frank]
libra (f) esterlina	**стерлингийн фунт**	[sterlɪngɪ:n funt]
iene (m)	**йена**	[jen]
dívida (f)	**декхар**	[deqar]
devedor (m)	**декхархо**	[deqarhɔ]
emprestar (vt)	**юхалург дала**	[juhalurg dal]
pedir emprestado	**юхалург эца**	[juhalurg ɛʦ]
banco (m)	**банк**	[bank]
conta (f)	**счёт**	[sʧʲot]
depositar na conta	**счёт тӀедилла**	[sʧʲot t'edɪll]
levantar (vt)	**счёт тӀера схьаэца**	[sʧʲot t'er sha'ɛʦ]
cartão (m) de crédito	**кредитан карта**	[kredɪtan kart]
dinheiro (m) vivo	**карахь долу ахча**	[karah dɔlu ahʧ]
cheque (m)	**чек**	[ʧek]
passar um cheque	**чёт язъян**	[ʧʲot jazʔjan]
livro (m) de cheques	**чекан книшка**	[ʧekan knɪʃk]
carteira (f)	**бумаьштиг**	[bumæʃtɪg]
porta-moedas (m)	**бохча**	[bɔhʧ]
cofre (m)	**сейф**	[sejf]
herdeiro (m)	**верас**	[weras]
herança (f)	**диснарг**	[dɪsnarg]
fortuna (riqueza)	**бахам**	[baham]
arrendamento (m)	**аренда**	[arend]
renda (f) de casa	**петаран мах**	[petaran mah]
alugar (vt)	**лаца**	[laʦ]
preço (m)	**мах**	[mah]
custo (m)	**мах**	[mah]
soma (f)	**жамӀ**	[ʒam']
gastar (vt)	**дайа**	[daj]

gastos (m pl) | **харжаш** | [harʒaʃ]
economizar (vi) | **довзо** | [dɔvzɔ]
económico | **девзаш долу** | [devzaʃ dɔlu]

pagar (vt) | **ахча дала** | [ahʧ dal]
pagamento (m) | **алапа далар** | [alap dalar]
troco (m) | **юхадоrlурr** | [juhadɔɣurg]

imposto (m) | **налог** | [nalɔg]
multa (f) | **гlуда** | [ɣud]
multar (vt) | **гlуда тоха** | [ɣud tɔh]

85. Correios. Serviço postal

correios (m pl) | **пошт** | [pɔʃt]
correio (m) | **пошт** | [pɔʃt]
carteiro (m) | **почтальон** | [pɔʧtalʲɔn]
horário (m) | **белхан сахьташ** | [belhan sahtaʃ]

carta (f) | **кехат** | [kehat]
carta (f) registada | **заказ дина кехат** | [zakaz dɪn kehat]
postal (m) | **открытк** | [ɔtkrɪtk]
telegrama (m) | **телеграмма** | [telegramm]
encomenda (f) postal | **посылка** | [pɔsɪlk]
remessa (f) de dinheiro | **дlатесна ахча** | [d'atesn ahʧ]

receber (vt) | **схьаэца** | [shaəʦ]
enviar (vt) | **дlадахьийта** | [d'adahɪ:t]
envio (m) | **дlадахьийтар** | [d'adahɪ:tar]

endereço (m) | **адрес** | [adres]
código (m) postal | **индекс** | [ɪndeks]
remetente (m) | **дlадахьийтинарг** | [d'adahɪ:tɪnarg]
destinatário (m) | **схьаэцархо** | [shaəʦarhɔ]

nome (m) | **цlе** | [ʦ'e]
apelido (m) | **фамили** | [famɪlɪ]

tarifa (f) | **тариф** | [tarɪf]
normal | **гуттарлера** | [guttarler]
económico | **кхоаме** | [qɔame]

peso (m) | **дозалла** | [dɔzall]
pesar (estabelecer o peso) | **оза** | [ɔz]
envelope (m) | **ботт** | [bɔtt]
selo (m) | **марка** | [mark]

Moradia. Casa. Lar

86. Casa. Habitação

casa (f)	**цӀа**	[ʦ'ɑ]
em casa	**цӀахь**	[ʦ'ɑh]
pátio (m)	**керт**	[kert]
cerca (f)	**керт**	[kert]
tijolo (m)	**кибарчиг**	[kɪbɑrʧɪg]
de tijolos	**кибарчигийн**	[kɪbɑrʧɪgɪ:n]
pedra (f)	**тӀулг**	[t'ulg]
de pedra	**тӀулган**	[t'ulgɑn]
betão (m)	**бетон**	[betɔn]
de betão	**бетонан**	[betɔnɑn]
novo	**цӀина**	[ʦ'ɪn]
velho	**тиша**	[tɪʃ]
decrépito	**тиша**	[tɪʃ]
moderno	**вайн хенан**	[vɑjn henɑn]
de muitos andares	**дукхазза тӀекӀелдина**	[duqɑzz t'ek'eldɪn]
alto	**лекха**	[leq]
andar (m)	**этаж**	[ɛtɑʒ]
de um andar	**цхьа этаж йолу**	[ʦhɑ ɛtɑʒ jolu]
andar (m) de baixo	**лахара этаж**	[lɑhɑr ɛtɑʒ]
andar (m) de cima	**лакхара этаж**	[lɑqɑr ɛtɑʒ]
telhado (m)	**тхов**	[thov]
chaminé (f)	**биргӀа**	[bɪrɣ]
telha (f)	**героиг**	[gerɪg]
de telha	**героиган**	[gerɪgɑn]
sótão (m)	**чардакх**	[ʧɑrdɑq]
janela (f)	**кор**	[kɔr]
vidro (m)	**ангали**	[ɑngɑlɪ]
parapeito (m)	**коран у**	[kɔrɑn u]
portadas (f pl)	**коран неӀараш**	[kɔrɑn neəɑrɑʃ]
parede (f)	**пен**	[pen]
varanda (f)	**балкон**	[bɑlkɔn]
tubo (m) de queda	**малхбалехьара биргӀа**	[mɑlhbɑlehɑr bɪrɣ]
em cima	**лакххахь**	[lɑqɑh]
subir (~ as escadas)	**тӀедала**	[t'edɑl]
descer (vi)	**охьадан**	[ɔhɑdɑn]
mudar-se (vr)	**дӀаваха**	[d'ɑvɑh]

87. Casa. Entrada. Elevador

entrada (f)	**тlеводийла**	[t'evɔdɪ:l]
escada (f)	**лами**	[lamɪ]
degraus (m pl)	**тlегlанаш**	[t'eɣanaʃ]
corrimão (m)	**перила**	[perɪl]
hall (m) de entrada	**дуьхьал чоь**	[dʉhal ʧø]
caixa (f) de correio	**поштан яьшка**	[pɔʃtan jæʃk]
caixote (m) do lixo	**нехаш кхуьйсу бак**	[nehaʃ qʉjsu bak]
conduta (f) do lixo	**нехашдlаузург**	[nehaʃdauzurg]
elevador (m)	**лифт**	[lɪft]
elevador (m) de carga	**киранан лифт**	[kɪranan lɪft]
cabine (f)	**лифтан кабин**	[lɪftan kabɪn]
pegar o elevador	**даха**	[dah]
apartamento (m)	**петар**	[petar]
moradores (m pl)	**хlусамхой**	[h'usamhoj]
vizinho (m)	**лулахо**	[lulaho]
vizinha (f)	**лулахо**	[lulaho]
vizinhos (pl)	**лулахой**	[lulahoj]

88. Casa. Eletricidade

eletricidade (f)	**электричество**	[ɛlektrɪʧestvɔ]
làmpada (f)	**лампа**	[lamp]
interruptor (m)	**дlаяйоург**	[d'ajajourg]
fusível (m)	**тlус**	[t'us]
fio, cabo (m)	**сара**	[sar]
instalação (f) elétrica	**далор**	[dalɔr]
contador (m) de eletricidade	**лорург**	[lɔrurg]
leitura (f)	**гайтам**	[gajtam]

89. Casa. Portas. Fechaduras

porta (f)	**неl**	[neʕ]
portão (m)	**ков**	[kɔv]
maçaneta (f)	**тlам**	[t'am]
destrancar (vt)	**дlайела**	[d'ajel]
abrir (vt)	**схьайела**	[shajel]
fechar (vt)	**дlакъовла**	[d'aq?ɔvl]
chave (f)	**доrlа**	[dɔɣ]
molho (m)	**доrlанийн кочар**	[dɔɣanɪ:n kɔʧar]
ranger (vi)	**цlийза**	[ʦ'ɪ:z]
rangido (m)	**цlийзар**	[ʦ'ɪ:zar]
dobradiça (f)	**кlажа**	[k'aʒ]
tapete (m) de entrada	**кузан цуьрг**	[kuzan ʦʉrg]
fechadura (f)	**доrlа**	[dɔɣ]

buraco (m) da fechadura	**догIанан Iуьрг**	[dɔɣanan 'ʉrg]
ferrolho (m)	**гIуй**	[ɣuj]
fecho (ferrolho pequeno)	**зайл**	[zajl]
cadeado (m)	**навесной догIа**	[nawesnɔj dɔɣ]
tocar (vt)	**детта**	[dett]
toque (m)	**горгали**	[gɔrgalɪ]
campainha (f)	**горгали**	[gɔrgalɪ]
botão (m)	**кнопка**	[knɔpk]
batida (f)	**тата**	[tat]
bater (vi)	**детта**	[dett]
código (m)	**код**	[kɔd]
fechadura (f) de código	**кодови догIа**	[kɔdɔwɪ dɔɣ]
telefone (m) de porta	**домофон**	[dɔmɔfɔn]
número (m)	**номер**	[nɔmer]
placa (f) de porta	**гойтург**	[gɔjturg]
vigia (f), olho (m) mágico	**бIаьрг**	[b'ærg]

90. Casa de campo

aldeia (f)	**юрт**	[jurt]
horta (f)	**хасбеш**	[hasbeʃ]
cerca (f)	**керт**	[kert]
paliçada (f)	**керт**	[kert]
cancela (f) do jardim	**ринжа**	[rɪnʒ]
celeiro (m)	**амбар**	[ambar]
adega (f)	**ларма**	[larm]
galpão, barracão (m)	**божал**	[bɔʒal]
poço (m)	**гIу**	[ɣu]
fogão (f)	**пеш**	[peʃ]
atiçar o fogo	**даго**	[dagɔ]
lenha (carvão ou ~)	**дечиг**	[deʧɪg]
acha (lenha)	**туьппалг**	[tʉppalg]
varanda (f)	**уче**	[uʧe]
alpendre (m)	**уче**	[uʧe]
degraus (m pl) de entrada	**лаба**	[lab]
balouço (m)	**бираьнчик**	[bɪrænʧɪk]

91. Moradia. Mansão

casa (f) de campo	**гIалил ара цIа**	[ɣalɪl 'ar ʦ'a]
vila (f)	**вилла**	[wɪll]
ala (~ do edifício)	**агIо**	['aɣɔ]
jardim (m)	**хасбеш**	[hasbeʃ]
parque (m)	**беш**	[beʃ]
estufa (f)	**оранжерей**	[ɔranʒerej]
cuidar de ...	**Iалашдан**	['alaʃdan]

piscina (f)	**бассейн**	[bassejn]
ginásio (m)	**спортан зал**	[spɔrtan zal]
campo (m) de ténis	**теннисан корт**	[tenɪsan kɔrt]
cinema (m)	**кинотеатр**	[kɪnɔteatr]
garagem (f)	**гараж**	[garaʒ]
propriedade (f) privada	**долара хьал**	[dɔlar hal]
terreno (m) privado	**долара хьал**	[dɔlar hal]
advertência (f)	**дlахьедар**	[d'ahedar]
sinal (m) de aviso	**дlахьедаран йоза**	[d'ahedaran joz]
guarda (f)	**ха**	[h]
guarda (m)	**хехо**	[heho]
alarme (m)	**хаамбийриг**	[ha:mbɪ:rɪg]

92. Castelo. Palácio

castelo (m)	**гlала**	[ɣal]
palácio (m)	**гlала**	[ɣal]
fortaleza (f)	**гlап**	[ɣap]
muralha (f)	**пен**	[pen]
torre (f)	**бlов**	[b'ɔv]
torre (f) de menagem	**коьрта бlов**	[kørt b'ɔv]
grade (f) levadiça	**хьалаайалун ков**	[hala'ajalun kɔv]
passagem (f) subterrânea	**лаьттан бухара чекхдолийла**	[lættan buhar ʧeqdɔlɪ:l]
fosso (m)	**саьнгар**	[sængar]
corrente, cadeia (f)	**зlе**	[z'e]
seteira (f)	**бlарол**	[b'arɔl]
magnífico	**исбаьхьа**	[ɪsbæh]
majestoso	**инзара-доккха**	[ɪnzar dɔkq]
inexpugnável	**тlекхачалур воцу**	[t'eqaʧalur vɔtsu]
medieval	**юккъерчу бlешерийн**	[jukqʔerʧu b'eʃərɪ:n]

93. Apartamento

apartamento (m)	**петар**	[petar]
quarto (m)	**чоь**	[ʧø]
quarto (m) de dormir	**дуьйшу чоь**	[dɥjʃu ʧø]
sala (f) de jantar	**столови**	[stɔlɔwɪ]
sala (f) de estar	**хьешан цlа**	[heʃan ʦ'a]
escritório (m)	**кабинет**	[kabɪnet]
antessala (f)	**сени**	[senɪ]
quarto (m) de banho	**ваннан чоь**	[vannan ʧø]
toilette (lavabo)	**хьаштагlа**	[haʃtaɣ]
teto (m)	**тхов**	[thov]
chão, soalho (m)	**цlенкъа**	[ʦ'enqʔ]
canto (m)	**са**	[s]

94. Apartamento. Limpeza

arrumar, limpar (vt)	**дlадаха**	[d'adah]
arrumar, guardar (vt)	**дlадаха**	[d'adah]
pó (m)	**чан**	[ʧan]
empoeirado	**ченан**	[ʧenan]
limpar o pó	**чан дlаяккха**	[ʧan d'ajakq]
aspirador (m)	**чанъузург**	[ʧanʔuzurg]
aspirar (vt)	**чанъузург хьакха**	[ʧanʔuzurg haq]
varrer (vt)	**нуй хьакха**	[nuj haq]
sujeira (f)	**нехаш**	[nehaʃ]
arrumação (f), ordem (f)	**къепе**	[qʔepe]
desordem (f)	**къепе яцар**	[qʔepe jaʦar]
esfregona (f)	**швабра**	[ʃvabr]
pano (m), trapo (m)	**горгам**	[gɔrgam]
vassoura (f)	**нуй**	[nuj]
pá (f) de lixo	**аьшкал**	[æʃkal]

95. Mobiliário. Interior

mobiliário (m)	**мебель**	[mebelj]
mesa (f)	**стол**	[stɔl]
cadeira (f)	**гlант**	[ɣant]
cama (f)	**маьнга**	[mæng]
divã (m)	**диван**	[dɪvan]
cadeirão (m)	**кресло**	[kreslɔ]
estante (f)	**шкаф**	[ʃkaf]
prateleira (f)	**терхи**	[terhɪ]
guarda-vestidos (m)	**шкаф**	[ʃkaf]
cabide (m) de parede	**бедаршъухкург**	[bedarʃʔuhkurg]
cabide (m) de pé	**бедаршъухкург**	[bedarʃʔuhkurg]
cómoda (f)	**комод**	[kɔmɔd]
mesinha (f) de centro	**журналан стол**	[ʒurnalan stɔl]
espelho (m)	**куьзга**	[kʉzg]
tapete (m)	**куз**	[kuz]
tapete (m) pequeno	**кузан цуьрг**	[kuzan ʦʉrg]
lareira (f)	**товха**	[tɔvh]
vela (f)	**чlурам**	[ʧ'uram]
castiçal (m)	**чlурамхlотторг**	[ʧ'uramhɔttɔrg]
cortinas (f pl)	**штораш**	[ʃtɔraʃ]
papel (m) de parede	**обойш**	[ɔbɔjʃ]
estores (f pl)	**жалюзаш**	[ʒalʉzaʃ]
candeeiro (m) de mesa	**стоьла тlе хlотто лампа**	[støl t'e h'ɔttɔ lamp]
candeeiro (m) de parede	**къуьда**	[qʔʉd]

candeeiro (m) de pé	**торшер**	[tɔrʃər]
lustre (m)	**люстра**	[lʉstr]
perna (da cadeira, etc.)	**ког**	[kɔg]
braço (m)	**голаrlорторг**	[gɔlaɣɔrtɔrg]
costas (f pl)	**букъ**	[buqʔ]
gaveta (f)	**яьшка**	[jæʃk]

96. Quarto de dormir

roupa (f) de cama	**чухулаюху хlуманаш**	[ʧuhulajuhu h'umanaʃ]
almofada (f)	**гlайба**	[ɣajb]
fronha (f)	**лоччар**	[lɔʧar]
cobertor (m)	**юргlа**	[jurɣ]
lençol (m)	**шаршу**	[ʃarʃu]
colcha (f)	**меттан шаршу**	[mettan ʃarʃu]

97. Cozinha

cozinha (f)	**кухни**	[kuhnɪ]
gás (m)	**газ**	[gaz]
fogão (m) a gás	**газан плита**	[gazan plɪt]
fogão (m) elétrico	**электрически плита**	[ɛlektrɪʧeskɪ plɪt]
forno (m)	**духовка**	[duhovk]
forno (m) de micro-ondas	**микроволнови пеш**	[mɪkrɔvɔlnɔwɪ peʃ]
frigorífico (m)	**шелиг**	[ʃəlɪg]
congelador (m)	**морозильник**	[mɔrɔzɪljnɪk]
máquina (f) de lavar louça	**пхьегlаш йулу машина**	[pheɣaʃ julu maʃɪn]
moedor (m) de carne	**жижигъохьург**	[ʒɪʒɪgʔɔhurg]
espremedor (m)	**муттадоккхург**	[muttadɔkqurg]
torradeira (f)	**тостер**	[tɔster]
batedeira (f)	**миксер**	[mɪkser]
máquina (f) de café	**къахьоккхехкорг**	[qʔahɔqehkɔrg]
cafeteira (f)	**къахьоккхехкорг**	[qʔahɔqehkɔrg]
moinho (m) de café	**къахьоахьарг**	[qʔahɔaharg]
chaleira (f)	**чайник**	[ʧajnɪk]
bule (m)	**чайник**	[ʧajnɪk]
tampa (f)	**негlар**	[neɣar]
coador (f) de chá	**цаца**	[ʦaʦ]
colher (f)	**lайг**	['ajg]
colher (f) de chá	**стаканан lайг**	[stakanan 'ajg]
colher (f) de sopa	**аьчка lайг**	['æʧk 'ajg]
garfo (m)	**мlара**	[m'ar]
faca (f)	**урс**	[urs]
louça (f)	**пхьегlаш**	[pheɣaʃ]
prato (m)	**бошхап**	[bɔʃhap]

pires (m)	**бошхап**	[bɔʃhap]
cálice (m)	**рюмка**	[rʉmk]
copo (m)	**стака**	[stak]
chávena (f)	**кад**	[kad]
açucareiro (m)	**шекардухкург**	[ʃəkarduhkurg]
saleiro (m)	**туьхадухкург**	[tʉhaduhkurg]
pimenteiro (m)	**бурчъюхкург**	[burʧʔʉhkurg]
manteigueira (f)	**даьттадуьллург**	[dættadʉllurg]
panela, caçarola (f)	**яй**	[jaj]
frigideira (f)	**зайла**	[zajl]
concha (f)	**чами**	[ʧamɪ]
passador (m)	**луьттар**	[lʉttar]
bandeja (f)	**хедар**	[hedar]
garrafa (f)	**шиша**	[ʃɪʃ]
boião (m) de vidro	**банка**	[bank]
lata (f)	**банка**	[bank]
abre-garrafas (m)	**схьадоьллург**	[shadøllurg]
abre-latas (m)	**схьадоьллург**	[shadøllurg]
saca-rolhas (m)	**штопор**	[ʃtɔpɔr]
filtro (m)	**луьттург**	[lʉtturg]
filtrar (vt)	**литта**	[lɪtt]
lixo (m)	**нехаш**	[nehaʃ]
balde (m) do lixo	**нехийн ведар**	[nehɪ:n wedar]

98. Casa de banho

quarto (m) de banho	**ваннан чоь**	[vannan ʧø]
água (f)	**хи**	[hɪ]
torneira (f)	**кран**	[kran]
água (f) quente	**довха хи**	[dɔvha hɪ]
água (f) fria	**шийла хи**	[ʃɪ:l hɪ]
pasta (f) de dentes	**цергийн паста**	[ʦergɪ:n past]
escovar os dentes	**церган цӏанъян**	[ʦergaʃ ʦ'anʔjan]
barbear-se (vr)	**даша**	[daʃ]
espuma (f) de barbear	**чопа**	[ʧɔp]
máquina (f) de barbear	**урс**	[urs]
lavar (vt)	**дила**	[dɪl]
lavar-se (vr)	**дила**	[dɪl]
duche (m)	**душ**	[duʃ]
tomar um duche	**лийча**	[lɪ:ʧ]
banheira (f)	**ванна**	[van]
sanita (f)	**унитаз**	[unɪtaz]
lavatório (m)	**раковина**	[rakɔwɪn]
sabonete (m)	**саба**	[sab]
saboneteira (f)	**сабадуьллург**	[sabadʉllurg]

esponja (f)	**худург**	[hudurg]
champô (m)	**шампунь**	[ʃampunj]
toalha (f)	**гата**	[gat]
roupão (m) de banho	**оба**	[ɔb]
lavagem (f)	**диттар**	[dɪttar]
máquina (f) de lavar	**хlуманаш юьтту машина**	[h'umanaʃ juttu maʃɪn]
lavar a roupa	**чухулаюху хlуманаш йитта**	[ʧuhulajuhu h'umanaʃ jɪtt]
detergente (m)	**хlуманаш юьтту порошок**	[h'umanaʃ juttu pɔrɔʃɔk]

99. Eletrodomésticos

televisor (m)	**телевизор**	[telewɪzɔr]
gravador (m)	**магнитофон**	[magnɪtɔfɔn]
videogravador (m)	**видеомагнитофон**	[wɪdeɔmagnɪtɔfɔn]
rádio (m)	**приёмник**	[prɪʲomnɪk]
leitor (m)	**плеер**	[plɛ'er]
projetor (m)	**видеопроектор**	[wɪdeɔprɔektɔr]
cinema (m) em casa	**цlахь лело кинотеатр**	[ʦ'ah lelɔ kɪnɔteatr]
leitor (m) de DVD	**DVD гойтург**	[dɪwɪdɪ gɔjturg]
amplificador (m)	**чlагlдийриг**	[ʧ'aɣdɪ:rɪg]
console (f) de jogos	**ловзаран приставка**	[lɔvzaran prɪstavk]
càmara (f) de vídeo	**видеокамера**	[wɪdeɔkamer]
máquina (f) fotográfica	**фотоаппарат**	[fɔtɔapparat]
càmara (f) digital	**цифровой фотоаппарат**	[ʦɪfrɔvɔj fɔtɔapparat]
aspirador (m)	**чанъузург**	[ʧanʔuzurg]
ferro (m) de engomar	**иту**	[ɪtu]
tábua (f) de engomar	**иту хьокху у**	[ɪtu hɔqu u]
telefone (m)	**телефон**	[telefɔn]
telemóvel (m)	**мобильни телефон**	[mɔbɪljnɪ telefɔn]
máquina (f) de escrever	**зорба туху машина**	[zɔrb tuhu maʃɪn]
máquina (f) de costura	**чарх**	[ʧarh]
microfone (m)	**микрофон**	[mɪkrɔfɔn]
auscultadores (m pl)	**ладугlургаш**	[laduɣurgaʃ]
controlo remoto (m)	**пульт**	[puljt]
CD (m)	**компакт-диск**	[kɔmpakt dɪsk]
cassete (f)	**кассета**	[kasset]
disco (m) de vinil	**пластинка**	[plastɪnk]

100. Reparações. Renovação

renovação (f)	**таяр**	[tajar]
renovar (vt), fazer obras	**ремонт яр**	[remɔnt jar]
reparar (vt)	**ремонт ян**	[remɔnt jan]
consertar (vt)	**къепе дало**	[qʔepe dalɔ]

refazer (vt)	**юхадан**	[juhadɑn]
tinta (f)	**басар**	[bɑsɑr]
pintar (vt)	**басар хьакха**	[bɑsɑr hɑq]
pintor (m)	**басарча**	[bɑsɑrʧ]
pincel (m)	**щётка**	[ɕʲotk]
cal (f)	**кир тоха**	[kɪr tɔh]
caiar (vt)	**кир тоха**	[kɪr tɔh]
papel (m) de parede	**обойш**	[ɔbɔjʃ]
colocar papel de parede	**обойш лато**	[ɔbɔjʃ lɑtɔ]
verniz (m)	**лак**	[lɑk]
envernizar (vt)	**лак хьакха**	[lɑk hɑq]

101. Canalizações

água (f)	**хи**	[hɪ]
água (f) quente	**довха хи**	[dɔvha hɪ]
água (f) fria	**шийла хи**	[ʃɪ:l hɪ]
torneira (f)	**кран**	[krɑn]
gota (f)	**тӀадам**	[t'ɑdɑm]
gotejar (vi)	**леда**	[led]
vazar (vt)	**эха**	[ɛh]
vazamento (m)	**дӀаэхар**	[d'ɑəhar]
poça (f)	**Ӏам**	['ɑm]
tubo (m)	**биргӀа**	[bɪrɣ]
válvula (f)	**пиллиг**	[pɪllɪg]
entupir-se (vr)	**дукъадала**	[duqʔɑdɑl]
ferramentas (f pl)	**гӀирсаш**	[ɣɪrsɑʃ]
chave (f) inglesa	**галморзахдоккху догӀа**	[gɑlmɔrzɑhdɔkqu dɔɣ]
desenroscar (vt)	**схьахьовзо**	[shɑhɔvzɔ]
enroscar (vt)	**хьовзо**	[hɔvzɔ]
desentupir (vt)	**дӀацӀандан**	[d'ɑʦ'ɑndɑn]
canalizador (m)	**сантехник**	[sɑntehnɪk]
cave (f)	**ор**	[ɔr]
sistema (m) de esgotos	**канализаци**	[kɑnɑlɪzɑʦɪ]

102. Fogo. Deflagração

incêndio (m)	**цӀе**	[ʦ'e]
chama (f)	**алу**	[ɑlu]
faísca (f)	**суй**	[suj]
fumo (m)	**кӀур**	[k'ur]
tocha (f)	**хаьштиг**	[hæʃtɪg]
fogueira (f)	**цӀе**	[ʦ'e]
gasolina (f)	**бензин**	[benzɪn]
querosene (m)	**мехкадаьтта**	[mehkɑdætt]

inflamável	**догу**	[dɔgu]
explosivo	**эккхар кхераме**	[ɛkqar qerame]
PROIBIDO FUMAR!	**ЦИГАЬРКА ОЗА МЕГАШ ДАЦ!**	[ʦɪgærk ɔz megaʃ daʦ]
segurança (f)	**кхерамза**	[qeramz]
perigo (m)	**кхерам**	[qeram]
perigoso	**кхераме**	[qerame]
incendiar-se (vr)	**дата**	[dat]
explosão (f)	**эккхар**	[ɛkqar]
incendiar (vt)	**лато**	[latɔ]
incendiário (m)	**цӀетасархо**	[ʦ'etasarhɔ]
incêndio (m) criminoso	**цӀе йиллар**	[ʦ'e jɪllar]
arder (vi)	**алу тийса**	[alu tɪ:s]
queimar (vi)	**догуш хила**	[dɔguʃ hɪl]
queimar tudo (vi)	**даьгна дӀадала**	[dægn dд̆ladal]
bombeiro (m)	**цӀе йойу**	[ʦ'e joju]
carro (m) de bombeiros	**цӀе йойу машина**	[ʦ'e joju maʃɪn]
corpo (m) de bombeiros	**цӀе йойу орца**	[ʦ'e joju ɔrʦ]
escada (f)extensível	**цӀе йойу лами**	[ʦ'e joju lamɪ]
mangueira (f)	**марш**	[marʃ]
extintor (m)	**цӀейойург**	[ʦ'ejojurg]
capacete (m)	**каска**	[kask]
sirene (f)	**сирена**	[sɪren]
gritar (vi)	**мохь бетта**	[mɔh bett]
chamar por socorro	**гӀонна кхайкха**	[ɣɔnn qajq]
salvador (m)	**кӀелхьардакхархо**	[k'elhardaqharhɔ]
salvar, resgatar (vt)	**кӀелхьардаккха**	[k'elhardakq]
chegar (vi)	**дан**	[dan]
apagar (vt)	**дӀадайа**	[d'adaj]
água (f)	**хи**	[hɪ]
areia (f)	**гӀум**	[ɣum]
ruínas (f pl)	**къапалг**	[qʔapalg]
ruir (vi)	**харца**	[harʦ]
desmoronar (vi),	**чухарца**	[ʧuharʦ]
ir abaixo	**охьахарца**	[ɔhaharʦ]
fragmento (m)	**кийсиг**	[kɪ:sɪg]
cinza (f)	**чим**	[ʧɪm]
sufocar (vi)	**садукъадала**	[saduqʔadal]
ser morto, morrer (vi)	**хӀаллакьхила**	[h'allakʲhɪl]

ATIVIDADES HUMANAS

Emprego. Negócios. Parte 1

103. Escritório. O trabalho no escritório

escritório (~ de advogados)	**офис**	[ɔfɪs]
escritório (do diretor, etc.)	**кабинет**	[kabɪnet]
receção (f)	**ресепшн**	[resepʃn]
secretário (m)	**секретарь**	[sekretarʲ]
diretor (m)	**директор**	[dɪrektɔr]
gerente (m)	**менеджер**	[menedʒer]
contabilista (m)	**бухгалтер**	[buhgalter]
empregado (m)	**къинхьегамча**	[qʔɪnhegamtʃ]
mobiliário (m)	**мебель**	[mebelj]
mesa (f)	**стол**	[stɔl]
cadeira (f)	**кресло**	[kreslɔ]
bloco (m) de gavetas	**тумбочка**	[tumbɔtʃk]
cabide (m) de pé	**бедаршъухкург**	[bedarʃʔuhkurg]
computador (m)	**компьютер**	[kɔmpjʉter]
impressora (f)	**принтер**	[prɪnter]
fax (m)	**факс**	[faks]
fotocopiadora (f)	**копи йоккху аппарат**	[kɔpɪ jokqu apparat]
papel (m)	**кехат**	[kehat]
artigos (m pl) de escritório	**канцелярин гӀирс**	[kantseljarɪn ɣɪrs]
tapete (m) de rato	**кузан цуьрг**	[kuzan tsʉrg]
folha (f) de papel	**кехат**	[kehat]
pasta (f)	**папка**	[papk]
catálogo (m)	**каталог**	[katalɔg]
diretório (f) telefónico	**справочник**	[spravɔtʃnɪk]
documentação (f)	**документаш**	[dɔkumentaʃ]
brochura (f)	**брошюра**	[brɔʃʉr]
flyer (m)	**кехат**	[kehat]
amostra (f)	**кеп**	[kep]
formação (f)	**Ӏамор**	['amɔr]
reunião (f)	**кхеташо**	[qetaʃɔ]
hora (f) de almoço	**делкъана садаӀар**	[delqʔan sada'ar]
fazer uma cópia	**копи яккха**	[kɔpɪ jakq]
tirar cópias	**даржо**	[darʒɔ]
receber um fax	**факс схьаэца**	[faks shaəts]
enviar um fax	**факс дӀайахьийта**	[faks d'ajahɪ:t]
fazer uma chamada	**тоха**	[tɔh]

responder (vt)	**жоп дала**	[ʒɔp dɑl]
passar (vt)	**зIе таса**	[z'e tɑs]
marcar (vt)	**билгалдан**	[bɪlgɑldɑn]
demonstrar (vt)	**демонстраци ян**	[demɔnstrɑʦɪ jɑn]
estar ausente	**ца хила**	[ʦɑ hɪl]
ausência (f)	**чекхдалийтар**	[ʧeqdɑlɪ:tɑr]

104. Processos negociais. Parte 1

ocupação (f)	**гIуллакх**	[ɣullɑq]
firma, empresa (f)	**фирма**	[fɪrm]
companhia (f)	**компани**	[kɔmpɑnɪ]
corporação (f)	**корпораци**	[kɔrpɔrɑʦɪ]
empresa (f)	**предприяти**	[predprɪjɑtɪ]
agência (f)	**агенство**	[ɑgenstvɔ]
acordo (documento)	**барт**	[bɑrt]
contrato (m)	**чIагIам**	[ʧ'ɑɣɑm]
acordo (transação)	**барт**	[bɑrt]
encomenda (f)	**заказ**	[zɑkɑz]
cláusulas (f pl), termos (m pl)	**биллам**	[bɪllɑm]
por grosso (adv)	**туьпахь**	[tʉpɑh]
por grosso (adj)	**туьпахь**	[tʉpɑh]
venda (f) por grosso	**туьпахь дохка**	[tʉpɑh dɔhk]
a retalho	**дустуш духку**	[dustuʃ duhku]
venda (f) a retalho	**узуш дохка**	[uzuʃ dɔhk]
concorrente (m)	**къийсархо**	[qʔɪ:sɑrhɔ]
concorrência (f)	**къийсам**	[qʔɪ:sɑm]
competir (vi)	**къийса**	[qʔɪ:s]
sócio (m)	**декъашхо**	[deqʔɑʃho]
parceria (f)	**дакъа лацар**	[dɑqʔ lɑʦɑr]
crise (f)	**кризис**	[krɪzɪs]
bancarrota (f)	**банкрот хилар**	[bɑnkrɔt hɪlɑr]
entrar em falência	**декхарлахь диса**	[deqɑrlɑh dɪs]
dificuldade (f)	**хало**	[hɑlɔ]
problema (m)	**проблема**	[prɔblem]
catástrofe (f)	**ирча бохам**	[ɪrʧ bɔhɑm]
economia (f)	**экономика**	[ɛkɔnɔmɪk]
económico	**экономикин**	[ɛkɔnɔmɪkɪn]
recessão (f) económica	**экономикин лахдалар**	[ɛkɔnɔmɪkɪn lɑhdɑlɑr]
objetivo (m)	**Iалашо**	['ɑlɑʃɔ]
tarefa (f)	**декхар**	[deqɑr]
comercializar (vi)	**мах лело**	[mɑh lelɔ]
rede (de distribuição)	**туькнаш**	[tʉknɑʃ]
estoque (m)	**склад**	[sklɑd]
sortido (m)	**ассортимент**	[ɑssɔrtɪment]

líder (m)	**лидер**	[lɪder]
grande (~ empresa)	**доккха**	[dɔkq]
monopólio (m)	**монополи**	[mɔnɔpɔlɪ]
teoria (f)	**теори**	[teɔrɪ]
prática (f)	**практика**	[praktɪk]
experiência (falar por ~)	**зеделларг**	[zedellarg]
tendência (f)	**тенденци**	[tendenʦɪ]
desenvolvimento (m)	**кхиам**	[qɪam]

105. Processos negociais. Parte 2

rentabilidade (f)	**пайда**	[pajd]
rentável	**пайдан**	[pajdan]
delegação (f)	**векалш**	[wekalʃ]
salário, ordenado (m)	**белхан алапа**	[belhan alap]
corrigir (um erro)	**нисдан**	[nɪsdan]
viagem (f) de negócios	**командировка**	[kɔmandɪrɔvk]
comissão (f)	**комисси**	[kɔmɪssɪ]
controlar (vt)	**тlехьажа**	[t'ehaʒ]
conferência (f)	**конференци**	[kɔnferenʦɪ]
licença (f)	**лицензи**	[lɪʦenzɪ]
fiável	**тешаме**	[teʃame]
empreendimento (m)	**дlадолор**	[d'adɔlɔr]
norma (f)	**барам**	[baram]
circunstância (f)	**хьал**	[hal]
dever (m)	**декхар**	[deqar]
empresa (f)	**организаци**	[ɔrganɪzaʦɪ]
organização (f)	**вовшахтохар**	[vɔvʃahtɔhar]
organizado	**вовшахкхетта**	[vɔvʃahqett]
anulação (f)	**дlадаккхар**	[d'adakqar]
anular, cancelar (vt)	**дlадаккха**	[d'adakq]
relatório (m)	**отчёт**	[ɔtʧʲot]
patente (f)	**патент**	[patent]
patentear (vt)	**патент ян**	[patent jan]
planear (vt)	**план хlотто**	[plan h'ɔttɔ]
prémio (m)	**совгlат**	[sɔvɣat]
profissional	**корматаллин**	[kɔrmatallɪn]
procedimento (m)	**кеп**	[kep]
examinar (a questão)	**къасто**	[qʔastɔ]
cálculo (m)	**ларар**	[larar]
reputação (f)	**репутаци**	[reputaʦɪ]
risco (m)	**кхерам**	[qeram]
dirigir (~ uma empresa)	**куьйгаллз дан**	[kʉjgallz dan]
informação (f)	**хабар**	[habar]
propriedade (f)	**долалла**	[dɔlall]

união (f)	**барт**	[bart]
seguro (m) de vida	**дахаран страховани яр**	[daharan strahovanɪ jar]
fazer um seguro	**страховани ян**	[strahovanɪ jan]
seguro (m)	**страховка**	[strahovk]
leilão (m)	**кхайкхош дохкар**	[qajqɔʃ dɔhkar]
notificar (vt)	**дӏахаийта**	[d'ahaɪ:t]
gestão (f)	**лелор**	[lelɔr]
serviço (indústria de ~s)	**гӏуллакх**	[ɣullaq]
fórum (m)	**гулам**	[gulam]
funcionar (vi)	**болх бан**	[bɔlh ban]
estágio (m)	**мур**	[mur]
jurídico	**юридически**	[jurɪdɪʧeskɪ]
jurista (m)	**юрист**	[jurɪst]

106. Produção. Trabalhos

usina (f)	**завод**	[zavɔd]
fábrica (f)	**фабрика**	[fabrɪk]
oficina (f)	**цех**	[ʦeh]
local (m) de produção	**производство**	[prɔɪzvɔdstvɔ]
indústria (f)	**промышленность**	[prɔmɪʃlenɔstʲ]
industrial	**промышленни**	[prɔmɪʃlenɪ]
indústria (f) pesada	**еза промышленность**	[ez prɔmɪʃlenɔstʲ]
indústria (f) ligeira	**яйн промышленность**	[jajn prɔmɪʃlenɔstʲ]
produção (f)	**сурсат**	[sursat]
produzir (vt)	**дан**	[dan]
matérias (f pl) primas	**аьргалла**	[æргall]
chefe (m) de brigada	**бригадир**	[brɪgadɪr]
brigada (f)	**бригада**	[brɪgad]
operário (m)	**белхало**	[belhalɔ]
dia (m) de trabalho	**белхан де**	[belhan de]
pausa (f)	**садаӏар**	[sada'ar]
reunião (f)	**гулам**	[gulam]
discutir (vt)	**дийцаре дилла**	[dɪ:ʦare dɪll]
plano (m)	**план**	[plan]
cumprir o plano	**план кхочушян**	[plan qɔʧuʃan]
taxa (f) de produção	**барам**	[baram]
qualidade (f)	**дикалла**	[dɪkall]
controlo (m)	**контроль**	[kɔntrɔlj]
controlo (m) da qualidade	**дикаллан контроль**	[dɪkallan kɔntrɔlj]
segurança (f) no trabalho	**белхан кхерамзалла**	[belhan qeramzall]
disciplina (f)	**низам**	[nɪzam]
infração (f)	**дохор**	[dɔhor]
violar (as regras)	**дохо**	[dɔho]
greve (f)	**забастовка**	[zabastɔvk]
grevista (m)	**забастовкахо**	[zabastɔvkaho]

estar em greve	**забастовка ян**	[zabastɔvk jan]
sindicato (m)	**профсоюз**	[prɔfsɔjuz]
inventar (vt)	**кхолла**	[qɔll]
invenção (f)	**кхоллар**	[qɔllar]
pesquisa (f)	**таллар**	[tallar]
melhorar (vt)	**тадан**	[tadan]
tecnologia (f)	**технологи**	[tehnɔlɔgɪ]
desenho (m) técnico	**чертёж**	[ʧert'ɔʒ]
carga (f)	**мохь**	[mɔh]
carregador (m)	**киранча**	[kɪranʧ]
carregar (vt)	**тӀедотта**	[t'edɔtt]
carregamento (m)	**тӀедоттар**	[t'edɔttar]
descarregar (vt)	**дассо**	[dassɔ]
descarga (f)	**дассор**	[dassɔr]
transporte (m)	**транспорт**	[transpɔrt]
companhia (f) de transporte	**транспортан компани**	[transpɔrtan kɔmpanɪ]
transportar (vt)	**дӀакхехьа**	[d'aqeh]
vagão (m) de carga	**вагон**	[vagɔn]
cisterna (f)	**цистерна**	[ʦɪstern]
camião (m)	**киранийн машина**	[kɪranɪ:n maʃɪn]
máquina-ferramenta (f)	**станок**	[stanɔk]
mecanismo (m)	**механизм**	[mehanɪzm]
resíduos (m pl) industriais	**даххаш**	[dahaʃ]
embalagem (f)	**дӀахьарчор**	[d'aharʧɔr]
embalar (vt)	**дӀахьарчо**	[d'aharʧɔ]

107. Contrato. Acordo

contrato (m)	**чӀагӀам**	[ʧ'aɣam]
acordo (m)	**барт**	[bart]
adenda (f), anexo (m)	**тӀедалар**	[t'edalar]
assinar o contrato	**чӀагӀам бан**	[ʧ'aɣam ban]
assinatura (f)	**куьг**	[kʉg]
assinar (vt)	**куьг таӀо**	[kʉg ta'ɔ]
carimbo (m)	**мухӀар**	[muh'ar]
objeto (m) do contrato	**договаран хӀума**	[dɔgɔvaran h'um]
cláusula (f)	**пункт**	[punkt]
partes (f pl)	**агӀонаш**	['aɣɔnaʃ]
morada (f) jurídica	**юридически адрес**	[jurɪdɪʧeskɪ adres]
violar o contrato	**контракт дохо**	[kɔntrakt dɔhɔ]
obrigação (f)	**тӀелацам**	[t'elaʦam]
responsabilidade (f)	**жоьпалла**	[ʒøpall]
força (f) maior	**форс-мажор**	[fɔrs maʒɔr]
litígio (m), disputa (f)	**къовсам**	[qʔɔvsam]
multas (f pl)	**гӀуданан санкциш**	[ɣudanan sankʦɪʃ]

108. Importação & Exportação

importação (f)	**импорт**	[ɪmpɔrt]
importador (m)	**импортхо**	[ɪmpɔrtho]
importar (vt)	**импорт ян**	[ɪmpɔrt jɑn]
de importação	**импортан**	[ɪmpɔrtɑn]
exportador (m)	**экспортхо**	[ɛkspɔrtho]
exportar (vt)	**экспорт ян**	[ɛkspɔrt jɑn]
mercadoria (f)	**товар**	[tɔvɑr]
lote (de mercadorias)	**жут**	[ʒut]
peso (m)	**дозалла**	[dɔzɑll]
volume (m)	**дукхалла**	[duqɑll]
metro (m) cúbico	**кубически метр**	[kubɪʧeskɪ metr]
produtor (m)	**арахоьцург**	[ɑrɑhøʦurg]
companhia (f) de transporte	**транспортан компани**	[trɑnspɔrtɑn kɔmpɑnɪ]
contentor (m)	**контейнер**	[kɔntejner]
fronteira (f)	**доза**	[dɔz]
alfândega (f)	**таможни**	[tɑmɔʒnɪ]
taxa (f) alfandegária	**таможнин ял**	[tɑmɔʒnɪn jɑl]
funcionário (m) da alfândega	**таможхо**	[tɑmɔʒho]
contrabando (atividade)	**контрабанда**	[kɔntrɑbɑnd]
contrabando (produtos)	**контрабанда**	[kɔntrɑbɑnd]

109. Finanças

ação (f)	**акци**	[ɑkʦɪ]
obrigação (f)	**облигаци**	[ɔblɪgɑʦɪ]
nota (f) promissória	**вексель**	[wekselj]
bolsa (f)	**биржа**	[bɪrʒ]
cotação (m) das ações	**акцин мах**	[ɑkʦɪn mɑh]
tornar-se mais barato	**дайдала**	[dɑjdɑl]
tornar-se mais caro	**даздала**	[dɑzdɑl]
participação (f) maioritária	**контролан пакет**	[kɔntrɔlɑn pɑket]
investimento (m)	**инвестици**	[ɪnwestɪʦɪ]
investir (vt)	**инвестици ян**	[ɪnwestɪʦɪ jɑn]
percentagem (f)	**процент**	[prɔʦent]
juros (m pl)	**ял**	[jɑl]
lucro (m)	**пайда**	[pɑjd]
lucrativo	**пайде**	[pɑjde]
imposto (m)	**налог**	[nɑlɔg]
divisa (f)	**валюта**	[vɑlʉt]
nacional	**къаьмнийн**	[qʔæmnɪ:n]
câmbio (m)	**хийцар**	[hɪ:ʦɑr]

contabilista (m)	**бухгалтер**	[buhgalter]
contabilidade (f)	**бухгалтери**	[buhgalterɪ]
bancarrota (f)	**банкрот хилар**	[bankrɔt hɪlar]
falência (f)	**хIаллакъхилар**	[h'allaqʔɪlar]
ruína (f)	**даькъаздаккхар**	[dæqʔazdakqar]
arruinar-se (vr)	**даькъаздала**	[dæqʔazdal]
inflação (f)	**инфляци**	[ɪnfljatsɪ]
desvalorização (f)	**девальваци**	[devaljvatsɪ]
capital (m)	**капитал**	[kapɪtal]
rendimento (m)	**пайда**	[pajd]
volume (m) de negócios	**го баккхар**	[gɔ bakqar]
recursos (m pl)	**тIаьхьалонаш**	[t'æhalɔnaʃ]
recursos (m pl) financeiros	**ахча**	[ahʧ]
reduzir (vt)	**жимдан**	[ʒɪmdan]

110. Marketing

marketing (m)	**маркетинг**	[marketɪng]
mercado (m)	**рынок**	[rɪnɔk]
segmento (m) do mercado	**рынкан сегмент**	[rɪnkan segment]
produto (m)	**сурсат**	[sursat]
mercadoria (f)	**товар**	[tɔvar]
marca (f)	**бренд**	[brend]
marca (f) comercial	**механ марка**	[mehan mark]
logotipo (m)	**фирмин хьаьрк**	[fɪrmɪn hærk]
logo (m)	**логотип**	[lɔgɔtɪp]
demanda (f)	**хьашт хилар**	[haʃt hɪlar]
oferta (f)	**предложени**	[predlɔʒenɪ]
necessidade (f)	**хьашто**	[haʃtɔ]
consumidor (m)	**хьаштхо**	[haʃtho]
análise (f)	**анализ**	[analɪz]
analisar (vt)	**анализ ян**	[analɪz jan]
posicionamento (m)	**позиционировани**	[pɔzɪtsɪɔnɪrɔvanɪ]
posicionar (vt)	**позиционировать ян**	[pɔzɪtsɪɔnɪrɔvatʲ jan]
preço (m)	**мах**	[mah]
política (f) de preços	**механ политика**	[mehan pɔlɪtɪk]
formação (f) de preços	**мах хилар**	[mah hɪlar]

111. Publicidade

publicidade (f)	**реклама**	[reklam]
publicitar (vt)	**реклама ян**	[reklam jan]
orçamento (m)	**бюджет**	[bʉʤet]
anúncio (m) publicitário	**кхайкхор**	[qajqɔr]
publicidade (f) televisiva	**телереклама**	[telereklam]

publicidade (f) na rádio	**радион реклама**	[radɪɔn reklam]
publicidade (f) exterior	**арахьара реклама**	[arahar reklam]
meios (m pl) de comunicação social	**массийн хааман гӀирс**	[massɪ:n ha:man ɣɪrs]
periódico (m)	**муьран арахецнарг**	[mʉran arahetsnarg]
imagem (f)	**имидж**	[ɪmɪdʒ]
slogan (m)	**лозунг**	[lɔzung]
mote (m), divisa (f)	**девиз**	[dewɪz]
campanha (f)	**кампани**	[kampanɪ]
companha (f) publicitária	**рекламан кампани**	[reklaman kampanɪ]
grupo (m) alvo	**Ӏалашонан аудитори**	['alaʃɔnan 'audɪtɔrɪ]
cartão (m) de visita	**визитан карта**	[wɪzɪtan kart]
flyer (m)	**кехат**	[kehat]
brochura (f)	**брошюра**	[brɔʃʉr]
folheto (m)	**буклет**	[buklet]
boletim (~ informativo)	**бюллетень**	[bʉlletenj]
letreiro (m)	**гойтург**	[gɔjturg]
cartaz, póster (m)	**плакат**	[plakat]
painel (m) publicitário	**рекламан у**	[reklaman u]

112. Banca

banco (m)	**банк**	[bank]
sucursal, balcão (f)	**отделени**	[ɔtdelenɪ]
consultor (m)	**консультант**	[kɔnsuljtant]
gerente (m)	**урхалхо**	[urhalho]
conta (f)	**счёт**	[stʃʲot]
número (m) da conta	**чотан номер**	[tʃɔtan nɔmer]
conta (f) corrente	**карара чот**	[karar tʃɔt]
conta (f) poupança	**накопительни чот**	[nakɔpɪteljnɪ tʃɔt]
abrir uma conta	**чот схьайелла**	[tʃɔt shajell]
fechar uma conta	**чот дӀакъовла**	[tʃɔt d'aqʔɔvl]
depositar na conta	**счёт тӀедилла**	[stʃʲot t'edɪll]
levantar (vt)	**счёт тӀера схьаэца**	[stʃʲot t'er sha'ɛts]
depósito (m)	**диллар**	[dɪllar]
fazer um depósito	**дилла**	[dɪll]
transferência (f) bancária	**дахьийтар**	[dahɪ:tar]
transferir (vt)	**дахьийта**	[dahɪ:t]
soma (f)	**жамӀ**	[ʒam']
Quanto?	**Мел?**	[mel]
assinatura (f)	**куьг**	[kʉg]
assinar (vt)	**куьг таӀо**	[kʉg ta'ɔ]
cartão (m) de crédito	**кредитан карта**	[kredɪtan kart]

código (m)	**код**	[kɔd]
número (m) do cartão de crédito	**кредитан картан номер**	[kredɪtan kartan nɔmer]
Caixa Multibanco (m)	**банкомат**	[bankɔmat]
cheque (m)	**чек**	[ʧek]
passar um cheque	**чек язъян**	[ʧek jazʔjan]
livro (m) de cheques	**чекан книшка**	[ʧekan knɪʃk]
empréstimo (m)	**кредит**	[kredɪt]
pedir um empréstimo	**кредит дехар**	[kredɪt dehar]
obter um empréstimo	**кредит эца**	[kredɪt ɛʦ]
conceder um empréstimo	**кредит далар**	[kredɪt dalar]
garantia (f)	**юкъархилар**	[juqʔarhɪlar]

113. Telefone. Conversação telefónica

telefone (m)	**телефон**	[telefɔn]
telemóvel (m)	**мобильни телефон**	[mɔbɪljnɪ telefɔn]
secretária (f) electrónica	**автоответчик**	[avtə'otweʧɪk]
fazer uma chamada	**детта**	[dett]
chamada (f)	**горгали**	[gɔrgalɪ]
marcar um número	**номер эца**	[nɔmer ɛʦ]
Alô!	**Алло!**	[allɔ]
perguntar (vt)	**хатта**	[hatt]
responder (vt)	**жоп дала**	[ʒɔp dal]
ouvir (vt)	**хаза**	[haz]
bem	**дика ду**	[dɪk du]
mal	**вон ду**	[vɔn du]
ruído (m)	**новкъарлонаш**	[nɔvqʔarlɔnaʃ]
auscultador (m)	**луьлла**	[lʉll]
pegar o telefone	**луьлла эца**	[lʉll ɛʦ]
desligar (vi)	**луьлла охьайилла**	[lʉll ɔhajɪll]
ocupado	**мукъа доцу**	[muqʔ dɔʦu]
tocar (vi)	**етта**	[ett]
lista (f) telefónica	**телефонан книга**	[telefɔnan knɪg]
chamada (f) local	**меттигара**	[mettɪgar]
para outra cidade	**гӀаланашна юккъера**	[ɣalanaʃn jukqʔer]
internacional	**гӀаланашна юккъера**	[ɣalanaʃn jukqʔer]

114. Telefone móvel

telemóvel (m)	**мобильни телефон**	[mɔbɪljnɪ telefɔn]
ecrã (m)	**дисплей**	[dɪsplej]
botão (m)	**кнопка**	[knɔpk]
cartão SIM (m)	**SIM-карта**	[sɪm kart]

bateria (f)	**батарей**	[batarej]
descarregar-se	**кхачадала**	[qatʃadal]
carregador (m)	**юзаран гӀирс**	[juzaran ɣɪrs]
menu (m)	**меню**	[menʉ]
definições (f pl)	**настройкаш**	[nastrɔjkaʃ]
melodia (f)	**мукъам**	[muqʔam]
escolher (vt)	**харжа**	[harʒ]
calculadora (f)	**калькулятор**	[kaljkuljatɔr]
correio (m) de voz	**автоответчик**	[avtə'otwetʃɪk]
despertador (m)	**сомавоккху сахьт**	[sɔmavɔkqu saht]
contatos (m pl)	**телефонан книга**	[telefɔnan knɪg]
mensagem (f) de texto	**SMS-хаам**	[ɛsɛmɛs ha'am]
assinante (m)	**абонент**	[abɔnent]

115. Estacionário

caneta (f)	**авторучка**	[avtɔrutʃk]
caneta (f) tinteiro	**перо**	[perɔ]
lápis (m)	**къолам**	[qʔɔlam]
marcador (m)	**маркер**	[marker]
caneta (f) de feltro	**фломастер**	[flɔmaster]
bloco (m) de notas	**блокнот**	[blɔknɔt]
agenda (f)	**ежедневник**	[eʒednevnɪk]
régua (f)	**линейка**	[lɪnejk]
calculadora (f)	**калькулятор**	[kaljkuljatɔr]
borracha (f)	**лаьстиг**	[læstɪg]
pionés (m)	**кнопка**	[knɔpk]
clipe (m)	**маlар**	[ma'ar]
cola (f)	**клей**	[klej]
agrafador (m)	**степлер**	[stepler]
furador (m)	**Іуьргашдохург**	['ʉrgaʃdɔhurg]
afia-lápis (m)	**точилк**	[tɔtʃɪlk]

116. Vários tipos de documentos

relatório (m)	**отчёт**	[ɔttʃʲot]
acordo (m)	**барт**	[bart]
ficha (f) de inscrição	**дӀахьедар**	[d'ahedar]
autêntico	**бакъ долу**	[baqʔ dɔlu]
crachá (m)	**бэдж**	[bɛdʒ]
cartão (m) de visita	**визитан карта**	[wɪzɪtan kart]
certificado (m)	**сертификат**	[sertɪfɪkat]
cheque (m)	**чек**	[tʃek]
conta (f)	**счёт**	[stʃʲot]

constituição (f)	**конституци**	[konstɪtutsɪ]
contrato (m)	**чIarIам**	[ʧ'ɑɣɑm]
cópia (f)	**копи**	[kɔpɪ]
exemplar (m)	**экземпляр**	[ɛkzempljɑr]
declaração (f) alfandegária	**деклараци**	[deklɑrɑtsɪ]
documento (m)	**документ**	[dɔkument]
carta (f) de condução	**лелорхочун бакъонаш**	[lelɔrhɔʧun bɑqʔɔnɑʃ]
adenda (ao contrato)	**тIедалар**	[t'edɑlɑr]
questionário (m)	**анкета**	[ɑnket]
bilhete (m) de identidade	**тешалла**	[teʃɑll]
inquérito (m)	**жоп дехар**	[ʒɔp dehɑr]
convite (m)	**кхойкху билет**	[qɔjqu bɪlet]
fatura (f)	**чот**	[ʧɔt]
lei (f)	**закон**	[zɑkɔn]
carta (correio)	**кехат**	[kehɑt]
papel (m) timbrado	**бланк**	[blɑnk]
lista (f)	**список**	[spɪsɔk]
manuscrito (m)	**куьйгайоза**	[kʉjgɑjoz]
boletim (~ informativo)	**бюллетень**	[bʉlletenj]
bilhete (mensagem breve)	**кехат**	[kehɑt]
passe (m)	**пропуск**	[prɔpusk]
passaporte (m)	**паспорт**	[pɑspɔrt]
permissão (f)	**бакъо**	[bɑqʔɔ]
CV, currículo (m)	**резюме**	[rezʉme]
vale (nota promissória)	**куьг яздар**	[kʉg jɑzdɑr]
recibo (m)	**квитанци**	[kwɪtɑntsɪ]
talão (f)	**чек**	[ʧek]
relatório (m)	**рапорт**	[rɑpɔrt]
mostrar (vt)	**дIакховдо**	[d'ɑqɔvdɔ]
assinar (vt)	**куьг таIо**	[kʉg tɑ'ɔ]
assinatura (f)	**куьг**	[kʉg]
carimbo (m)	**мухIар**	[muh'ɑr]
texto (m)	**текст**	[tekst]
bilhete (m)	**билет**	[bɪlet]
riscar (vt)	**дIадайа**	[d'ɑdɑj]
preencher (vt)	**яздан**	[jɑzdɑn]
guia (f) de remessa	**накладной**	[nɑklɑdnɔj]
testamento (m)	**весет**	[weset]

117. Tipos de negócios

serviços (m pl) de contabilidade	**бухгалтерин гIуллакхаш**	[buhgɑlterɪn ɣullɑqɑʃ]
publicidade (f)	**реклама**	[reklɑm]
agência (f) de publicidade	**рекламан агенталла**	[reklɑmɑn ɑgentɑll]
ar condicionado (m)	**кондиционераш**	[kɔndɪtsɪɔnerɑʃ]
companhia (f) aérea	**авиакомпани**	[ɑwɪɑkɔmpɑnɪ]

bebidas (f pl) alcoólicas	**спиртан маларш**	[spɪrtan malarʃ]
comércio (m) de antiguidades	**антиквариат**	[antɪkvarɪat]
galeria (f) de arte	**галерей**	[galerej]
serviços (m pl) de auditoria	**аудитаран гӀуллакхаш**	['audɪtaran ɣullaqaʃ]
negócios (m pl) bancários	**банкан бизнес**	[bankan bɪznes]
bar (m)	**бар**	[bar]
salão (m) de beleza	**хазаллан салон**	[hazallan salɔn]
livraria (f)	**книшкийн туька**	[knɪʃkɪ:n tʉk]
cervejaria (f)	**йийн доккху меттиг**	[jɪ:n dɔkqu mettɪg]
centro (m) de escritórios	**бизнес-центр**	[bɪznes ʦentr]
escola (f) de negócios	**бизнес-школа**	[bɪznes ʃkɔl]
casino (m)	**казино**	[kazɪnɔ]
construção (f)	**гӀишло яр**	[ɣɪʃlɔ jar]
serviços (m pl) de consultoria	**консалтинг**	[kɔnsaltɪng]
estomatologia (f)	**стоматологи**	[stɔmatɔlɔgɪ]
design (m)	**дизайн**	[dɪzajn]
farmácia (f)	**аптека**	[aptek]
lavandaria (f)	**химцӀандар**	[hɪmʦ'andar]
agência (f) de emprego	**кадрашха агенталла**	[kadraʃha agentall]
serviços (m pl) financeiros	**финансийн гӀуллакхаш**	[fɪnansɪ:n ɣullaqaʃ]
alimentos (m pl)	**сурсаташ**	[sursataʃ]
agência (f) funerária	**велчан ламаста ден бюро**	[welʧan lamast den bʉrɔ]
mobiliário (m)	**мебель**	[mebelj]
roupa (f)	**бедар**	[bedar]
hotel (m)	**хьешийн цӀа**	[heʃɪ:n ʦ'a]
gelado (m)	**морожени**	[mɔrɔʒenɪ]
indústria (f)	**промышленность**	[prɔmɪʃlenɔst^j]
seguro (m)	**страхована**	[strahovan]
internet (f)	**интернет**	[ɪnternet]
investimento (m)	**инвестици**	[ɪnwestɪʦɪ]
joalheiro (m)	**ювелир**	[juwelɪr]
joias (f pl)	**ювелиран хӀуманаш**	[juwelɪran h'umanaʃ]
lavandaria (f)	**прачечни**	[praʧeʧnɪ]
serviços (m pl) jurídicos	**юридически гӀуллакхаш**	[jurɪdɪʧeskɪ ɣullaqaʃ]
indústria (f) ligeira	**яйн промышленность**	[jajn prɔmɪʃlenɔst^j]
revista (f)	**журнал**	[ʒurnal]
vendas (f pl) por catálogo	**каталог тӀехула махлелор**	[katalɔg t'ehul mahlelɔr]
medicina (f)	**медицина**	[medɪʦɪn]
cinema (m)	**кинотеатр**	[kɪnɔteatr]
museu (m)	**музей**	[muzej]
agência (f) de notícias	**информацин агенталла**	[ɪnfɔrmaʦɪn agentall]
jornal (m)	**газета**	[gazet]
clube (m) noturno	**буьйсанан клуб**	[bʉjsanan klub]
petróleo (m)	**нефть**	[neft^j]
serviço (m) de encomendas	**курьеран гӀуллакх**	[kurjeran ɣullaq]
indústria (f) farmacêutica	**фармацевтика**	[farmaʦevtɪk]
poligrafia (f)	**полиграфи**	[pɔlɪgrafɪ]

editora (f)	**издательство**	[ɪzdateljstvɔ]
rádio (m)	**радио**	[radɪɔ]
imobiliário (m)	**ара-чу ца баккхалун бахам**	[arə ʧu ʦə bakqalun baham]
restaurante (m)	**ресторан**	[restɔran]
empresa (f) de segurança	**ха ден агенталла**	[ha den agentall]
desporto (m)	**спорт**	[spɔrt]
bolsa (f)	**биржа**	[bɪrʒ]
loja (f)	**туька**	[tʉk]
supermercado (m)	**супермаркет**	[supermarket]
piscina (f)	**бассейн**	[bassejn]
alfaiataria (f)	**ателье**	[atelje]
televisão (f)	**телевидени**	[telewɪdenɪ]
teatro (m)	**театр**	[teatr]
comércio (atividade)	**махлелор**	[mahlelɔr]
serviços (m pl) de transporte	**дlадахьарш**	[d'adaharʃ]
viagens (m pl)	**туризм**	[turɪzm]
veterinário (m)	**ветеринар**	[weterɪnar]
armazém (m)	**склад**	[sklad]
recolha (f) do lixo	**нехаш аракхехьар**	[nehaʃ araqehar]

Emprego. Negócios. Parte 2

118. Espetáculo. Feira

feira (f)	**гайтам**	[gajtam]
feira (f) comercial	**махбаран гайта хlоттор**	[mahbaran gajt h'ɔttɔr]
participação (f)	**дакъа лацар**	[daqʔ latsar]
participar (vi)	**дакъа лаца**	[daqʔ lats]
participante (m)	**декъашхо**	[deqʔaʃho]
diretor (m)	**директор**	[dɪrektɔr]
direção (f)	**дирекци, оргкомитет**	[dɪrektsɪ], [ɔrgkɔmɪtet]
organizador (m)	**вовшахтохархо**	[vɔvʃahtɔharhɔ]
organizar (vt)	**вовшахтоха**	[vɔvʃahtɔh]
ficha (f) de inscrição	**дакъа лацар дlахьедан**	[daqʔ latsar d'ahedan]
preencher (vt)	**яздан**	[jazdan]
detalhes (m pl)	**деталаш**	[detalaʃ]
informação (f)	**хаам**	[ha'am]
preço (m)	**мах**	[mah]
incluindo	**тlехь**	[t'eh]
incluir (vt)	**юкъадало**	[juqʔadalɔ]
pagar (vt)	**ахча дала**	[ahʧ dal]
taxa (f) de inscrição	**регистрацин ахча далар**	[regɪstratsɪn ahʧ dalar]
entrada (f)	**чуглойла**	[ʧuɣɔjl]
pavilhão (m)	**павильон**	[pawɪlʲɔn]
inscrever (vt)	**регистраци ян**	[regɪstratsɪ jan]
crachá (m)	**бэдж**	[bɛʤ]
stand (m)	**гайтаман стенд**	[gajtaman stend]
reservar (vt)	**бронь ян**	[brɔnj jan]
vitrina (f)	**витрина**	[wɪtrɪn]
foco, spot (m)	**къуьда**	[qʔʉd]
design (m)	**дизайн**	[dɪzajn]
pôr, colocar (vt)	**хила**	[hɪl]
distribuidor (m)	**дистрибьютор**	[dɪstrɪbjʉtɔr]
fornecedor (m)	**латторг**	[lattɔrg]
país (m)	**мохк**	[mɔhk]
estrangeiro	**кхечу мехкан**	[qeʧu mehkan]
produto (m)	**сурсат**	[sursat]
associação (f)	**цхьаьнакхетар**	[tshænaqetar]
sala (f) de conferências	**конференц-зал**	[kɔnferents zal]
congresso (m)	**конгресс**	[kɔngress]

concurso (m)	**конкурс**	[kɔnkurs]
visitante (m)	**оьхург**	[øhurg]
visitar (vt)	**хьажа даха**	[haʒ dah]
cliente (m)	**заказхо**	[zakazho]

119. Media

jornal (m)	**газета**	[gazet]
revista (f)	**журнал**	[ʒurnal]
imprensa (f)	**пресса**	[press]
rádio (m)	**радио**	[radɪɔ]
estação (f) de rádio	**радиостанци**	[radɪɔstanʦɪ]
televisão (f)	**телевидени**	[telewɪdenɪ]
apresentador (m)	**телевиденин ведущий**	[telewɪdenɪn weduɕɪ:]
locutor (m)	**дитктор**	[dɪtktɔr]
comentador (m)	**комментархо**	[kɔmmentarhɔ]
jornalista (m)	**журналист**	[ʒurnalɪst]
correspondente (m)	**корреспондент**	[kɔrrespɔndent]
repórter (m) fotográfico	**фотокорреспондент**	[fɔtɔkɔrrespɔndent]
repórter (m)	**репортёр**	[repɔrtʲor]
redator (m)	**редактор**	[redaktɔr]
redator-chefe (m)	**коьрта редактор**	[kørt redaktɔr]
assinar a ...	**яздала**	[jazdal]
assinatura (f)	**яздар**	[jazdar]
assinante (m)	**язваларxo**	[jazvalarhɔ]
ler (vt)	**еша**	[eʃ]
leitor (m)	**ешархо**	[eʃarhɔ]
tiragem (f)	**тираж**	[tɪraʒ]
mensal	**хlор беттан**	[h'ɔr bettan]
semanal	**хlор кlиранан**	[h'ɔr k'ɪranan]
número (jornal, revista)	**номер**	[nɔmer]
recente	**керла**	[kerl]
título (m)	**корта**	[kɔrt]
pequeno artigo (m)	**билгало**	[bɪlgalɔ]
coluna (~ semanal)	**рубрика**	[rubrɪk]
artigo (m)	**статья**	[statj]
página (f)	**агlо**	['aɣɔ]
reportagem (f)	**репортаж**	[repɔrtaʒ]
evento (m)	**хилларг**	[hɪllarg]
sensação (f)	**сенсаци**	[sensaʦɪ]
escândalo (m)	**дов**	[dɔv]
escandaloso	**девне**	[devne]
grande	**чlогlа**	[ʧ'ɔɣ]
programa (m) de TV	**передача**	[peredaʧ]
entrevista (f)	**интервью**	[ɪntervjʉ]
transmissão (f) em direto	**дуьххьал трансляци**	[dʉhal transljaʦɪ]
canal (m)	**канал**	[kanal]

120. Agricultura

agricultura (f)	**юртан бахам**	[jurtɑn bɑham]
camponês (m)	**ахархо**	[ɑharhɔ]
camponesa (f)	**ахархо**	[ɑharhɔ]
agricultor (m)	**фермер**	[fermer]
trator (m)	**трактор**	[trɑktɔr]
ceifeira-debulhadora (f)	**комбайн**	[kɔmbɑjn]
arado (m)	**гота**	[gɔt]
arar (vt)	**аха**	[ɑh]
campo (m) lavrado	**охана**	[ɔhan]
rego (m)	**харш**	[harʃ]
semear (vt)	**ден**	[den]
semeadora (f)	**хӀутосург**	[h'utɔsurg]
semeação (f)	**дӀадер**	[d'ɑder]
gadanha (f)	**мангал**	[mɑngɑl]
gadanhar (vt)	**мангал хьакха**	[mɑngɑl haq]
pá (f)	**бел**	[bel]
cavar (vt)	**ахка**	[ɑhk]
enxada (f)	**метиг**	[metɪg]
carpir (vt)	**асар дан**	[ɑsɑr dɑn]
erva (f) daninha	**асар**	[ɑsɑr]
regador (m)	**хитухург**	[hɪtuhurg]
regar (vt)	**хи тоха**	[hɪ tɔh]
rega (f)	**хи тохар**	[hɪ tɔhar]
forquilha (f)	**шада**	[ʃɑd]
ancinho (m)	**кагтуха**	[kɑgtuh]
fertilizante (m)	**удобрени**	[udɔbrenɪ]
fertilizar (vt)	**удобрени тасар**	[udɔbrenɪ tɑsɑr]
estrume (m)	**кхелли**	[qellɪ]
campo (m)	**аре**	[ɑre]
prado (m)	**бай**	[bɑj]
horta (f)	**хасбеш**	[hasbeʃ]
pomar (m)	**хасбеш**	[hasbeʃ]
pastar (vt)	**дажо**	[dɑʒɔ]
pastor (m)	**Ӏу**	['u]
pastagem (f)	**дежийла**	[deʒɪ:l]
pecuária (f)	**даьхнилелор**	[dæhnɪlelɔr]
criação (f) de ovelhas	**жалелор**	[ʒɑlelɔr]
plantação (f)	**плантаци**	[plɑntɑtsɪ]
canteiro (m)	**хесалг**	[hesɑlg]
invernadouro (m)	**парник**	[pɑrnɪk]

seca (f)	**йокъо**	[joqʔɔ]
seco (verão ~)	**йокъо хӀутту**	[joqʔɔ huttu]
cereais (m pl)	**буьртиган**	[bʉrtɪgɑn]
colher (vt)	**буьртигаш долу**	[bʉrtɪgɑʃ dɔlu]
moleiro (m)	**хьархо**	[hɑrhɔ]
moinho (m)	**хьера**	[her]
moer (vt)	**ахьа**	[ɑh]
farinha (f)	**дама**	[dɑm]
palha (f)	**ча**	[ʧ]

121. Construção. Processo de construção

canteiro (m) de obras	**гӀишлош йойла**	[ɣɪʃlɔʃ jojl]
construir (vt)	**дан**	[dɑn]
construtor (m)	**гӀишлошъярхо**	[ɣɪʃlɔʃʔjɑrhɔ]
projeto (m)	**проект**	[prɔekt]
arquiteto (m)	**архитектор**	[ɑrhɪtektɔr]
operário (m)	**белхало**	[belhalɔ]
fundação (f)	**бух**	[buh]
telhado (m)	**тхов**	[thov]
estaca (f)	**бӀогӀам**	[b'ɔɣɑm]
parede (f)	**пен**	[pen]
varões (m pl) para betão	**арматура**	[ɑrmɑtur]
andaime (m)	**гӀоьнан ламеш**	[ɣønɑn lɑmeʃ]
betão (m)	**бетон**	[betɔn]
granito (m)	**гранит**	[grɑnɪt]
pedra (f)	**тӀулг**	[t'ulg]
tijolo (m)	**кибарчиг**	[kɪbɑrʧɪg]
areia (f)	**гӀум**	[ɣum]
cimento (m)	**цемент**	[ʦement]
emboço (m)	**хьахар**	[hɑhɑr]
emboçar (vt)	**хьаха**	[hɑh]
tinta (f)	**басар**	[bɑsɑr]
pintar (vt)	**басар хьакха**	[bɑsɑr hɑq]
barril (m)	**боьшка**	[bøʃk]
grua (f), guindaste (m)	**чӀинт**	[ʧ'ɪnt]
erguer (vt)	**хьалаайар**	[hɑlɑ'ɑjɑr]
baixar (vt)	**дӀахеца**	[d'ɑheʦ]
buldózer (m)	**бульдозер**	[buljdɔzer]
escavadora (f)	**экскаватор**	[ɛkskɑvɑtɔr]
caçamba (f)	**кхимар**	[qɪmɑr]
escavar (vt)	**ахка**	[ɑhk]
capacete (m) de proteção	**каска**	[kɑsk]

122. Ciência. Investigação. Cientistas

ciência (f)	**Iилма**	['ɪlm]
científico	**Iилманан**	['ɪlmanan]
cientista (m)	**дешна**	[deʃn]
teoria (f)	**теори**	[teɔrɪ]
axioma (m)	**аксиома**	[aksɪɔm]
análise (f)	**анализ**	[analɪz]
analisar (vt)	**анализ ян**	[analɪz jan]
argumento (m)	**аргумент**	[argument]
substância (f)	**хIума**	[h'um]
hipótese (f)	**гипотеза**	[gɪpɔtez]
dilema (m)	**дилемма**	[dɪlemm]
tese (f)	**диссертаци**	[dɪssertatsɪ]
dogma (m)	**догма**	[dɔgm]
doutrina (f)	**доктрина**	[dɔktrɪn]
pesquisa (f)	**таллар**	[tallar]
pesquisar (vt)	**талла**	[tall]
teste (m)	**контроль**	[kɔntrɔlj]
laboratório (m)	**лаборатори**	[labɔratɔrɪ]
método (m)	**некъ**	[neqʔ]
molécula (f)	**молекула**	[mɔlekul]
monitoramento (m)	**мониторинг**	[mɔnɪtɔrɪng]
descoberta (f)	**гучудаккхар**	[gutʃudakqar]
postulado (m)	**постулат**	[pɔstulat]
princípio (m)	**принцип**	[prɪntsɪp]
prognóstico (previsão)	**прогноз**	[prɔgnɔz]
prognosticar (vt)	**прогноз ян**	[prɔgnɔz jan]
síntese (f)	**синтез**	[sɪntez]
tendência (f)	**тенденци**	[tendentsɪ]
teorema (m)	**теорема**	[teɔrem]
ensinamentos (m pl)	**хьехар**	[hehar]
facto (m)	**хилларг**	[hɪllarg]
expedição (f)	**экспедици**	[ɛkspedɪtsɪ]
experiência (f)	**эксперимент**	[ɛksperɪment]
académico (m)	**академик**	[akademɪk]
bacharel (m)	**бакалавр**	[bakalavr]
doutor (m)	**доктор**	[dɔktɔr]
docente (m)	**доцент**	[dɔtsent]
mestre (m)	**магистр**	[magɪstr]
professor (m) catedrático	**профессор**	[prɔfessɔr]

Profissões e ocupações

123. Procura de emprego. Demissão

trabalho (m)	**болх**	[bɔlh]
equipa (f)	**штат**	[ʃtat]
carreira (f)	**карьера**	[karjer]
perspetivas (f pl)	**перспектива**	[perspektɪv]
mestria (f)	**говзалла**	[gɔvzall]
seleção (f)	**харжар**	[harʒar]
agência (f) de emprego	**кадрашха агенталла**	[kadraʃha agentall]
CV, currículo (m)	**резюме**	[rezʉme]
entrevista (f) para um emprego	**къамел дар**	[qʔamel dar]
vaga (f)	**ваканси**	[vakansɪ]
salário (m)	**алапа**	[alap]
salário (m) fixo	**алапа**	[alap]
pagamento (m)	**алапа далар**	[alap dalar]
posto (m)	**гӀуллакх**	[ɣullaq]
dever (do empregado)	**декхар**	[deqar]
gama (f) de deveres	**нах**	[nah]
ocupado	**мукъаза**	[muqʔaz]
despedir, demitir (vt)	**дӀадаккха**	[d'adakq]
demissão (f)	**дӀадаккхар**	[d'adakqar]
desemprego (m)	**белхазалла**	[belhazall]
desempregado (m)	**белхазхо**	[belhazho]
reforma (f)	**пенси**	[pensɪ]
reformar-se	**пенси ваха**	[pensɪ vah]

124. Gente de negócios

diretor (m)	**директор**	[dɪrektɔr]
gerente (m)	**урхалхо**	[urhalho]
patrão, chefe (m)	**куьйгалхо, шеф**	[kʉjgalho], [ʃəf]
superior (m)	**хьаькам**	[hækam]
superiores (m pl)	**хьаькамаш**	[hækamaʃ]
presidente (m)	**паччахь**	[paʧah]
presidente (m) de direção	**председатель**	[predsedatelj]
substituto (m)	**когаметтаниг**	[kɔgamettanɪg]
assistente (m)	**гӀоьнча**	[ɣønʧ]

secretário (m)	**секретарь**	[sekretarʲ]
secretário (m) pessoal	**долахь волу секретарь**	[dɔlah vɔlu sekretarʲ]
homem (m) de negócios	**бизнесхо**	[bɪznesho]
empresário (m)	**хьуьнарча**	[hʉnarʧ]
fundador (m)	**диллинарг**	[dɪllɪnarg]
fundar (vt)	**дилла**	[dɪll]
fundador, sócio (m)	**кхоллархо**	[qɔllarhɔ]
parceiro, sócio (m)	**декъашхо**	[deqʔaʃho]
acionista (m)	**акци ерг**	[aktsɪ erg]
milionário (m)	**миллионхо**	[mɪllɪɔnho]
bilionário (m)	**миллиардхо**	[mɪllɪardho]
proprietário (m)	**да**	[d]
proprietário (m) de terras	**латтада**	[lættad]
cliente (m)	**клиент**	[klɪent]
cliente (m) habitual	**даимлера клиент**	[daɪmler klɪent]
comprador (m)	**эцархо**	[ɛtsarhɔ]
visitante (m)	**оьхург**	[øhurg]
profissional (m)	**говзанча**	[gɔvzanʧ]
perito (m)	**эксперт**	[ɛkspert]
especialista (m)	**говзанча**	[gɔvzanʧ]
banqueiro (m)	**банкир**	[bankɪr]
corretor (m)	**брокер**	[brɔker]
caixa (m, f)	**кассир**	[kassɪr]
contabilista (m)	**бухгалтер**	[buhgalter]
guarda (m)	**хехо**	[heho]
investidor (m)	**инвестор**	[ɪnwestɔr]
devedor (m)	**декхархо**	[deqarhɔ]
credor (m)	**кредитор**	[kredɪtɔr]
mutuário (m)	**декхархо**	[deqarhɔ]
importador (m)	**импортхо**	[ɪmpɔrtho]
exportador (m)	**экспортхо**	[ɛkspɔrtho]
produtor (m)	**арахоьцург**	[arahøtsurg]
distribuidor (m)	**дистрибьютор**	[dɪstrɪbjʉtɔr]
intermediário (m)	**юкъарлонча**	[juqʔarlɔnʧ]
consultor (m)	**консультант**	[kɔnsuljtant]
representante (m)	**векал**	[wekal]
agente (m)	**агент**	[agent]
agente (m) de seguros	**страховкин агент**	[strahovkɪn agent]

125. Profissões de serviços

cozinheiro (m)	**кхачанхо**	[qaʧanho]
cozinheiro chefe (m)	**шеф-кхачанхо**	[ʃəf qaʧanho]

padeiro (m)	**пурнхо**	[purnho]
barman (m)	**бармен**	[bɑrmen]
empregado (m) de mesa	**официант**	[ɔfɪʦɪɑnt]
empregada (f) de mesa	**официантка**	[ɔfɪʦɪɑntk]
advogado (m)	**хьехамча**	[hehamʧ]
jurista (m)	**юрист**	[jurɪst]
notário (m)	**нотариус**	[nɔtɑrɪus]
eletricista (m)	**монтер**	[mɔnter]
canalizador (m)	**сантехник**	[sɑntehnɪk]
carpinteiro (m)	**дечиг-пхьар**	[deʧɪg phɑr]
massagista (m)	**массажхо**	[mɑssɑʒho]
massagista (f)	**массажхо**	[mɑssɑʒho]
médico (m)	**лор**	[lɔr]
taxista (m)	**таксист**	[tɑksɪst]
condutor (automobilista)	**шофер**	[ʃɔfer]
entregador (m)	**курьер**	[kurjer]
camareira (f)	**хlусамча**	[h'usɑmʧ]
guarda (m)	**хехо**	[heho]
hospedeira (f) de bordo	**стюардесса**	[stʉɑrdess]
professor (m)	**хьехархо**	[heharhɔ]
bibliotecário (m)	**библиотекахо**	[bɪblɪɔtekɑho]
tradutor (m)	**талмаж**	[tɑlmɑʒ]
intérprete (m)	**талмаж**	[tɑlmɑʒ]
guia (pessoa)	**гид**	[gɪd]
cabeleireiro (m)	**парикмахер**	[pɑrɪkmɑher]
carteiro (m)	**почтальон**	[pɔʧtɑljʲɔn]
vendedor (m)	**йохкархо**	[johkɑrhɔ]
jardineiro (m)	**бешахо**	[beʃɑho]
criado (m)	**ялхо**	[jɑlho]
criada (f)	**ялхо**	[jɑlho]
empregada (f) de limpeza	**цlанонча**	[ʦ'ɑnɔnʧ]

126. Profissões militares e postos

soldado (m) raso	**моrlарера**	[mɔɣɑrer]
sargento (m)	**сержант**	[serʒɑnt]
tenente (m)	**лейтенант**	[lejtenɑnt]
capitão (m)	**капитан**	[kɑpɪtɑn]
major (m)	**майор**	[mɑjor]
coronel (m)	**полковник**	[pɔlkɔvnɪk]
general (m)	**инарла**	[ɪnɑrl]
marechal (m)	**маршал**	[mɑrʃɑl]
almirante (m)	**адмирал**	[ɑdmɪrɑl]
militar (m)	**тlеман**	[t'emɑn]
soldado (m)	**салти**	[sɑltɪ]

oficial (m) **эпсар** [ɛpsɑr]
comandante (m) **командир** [kɔmɑndɪr]

guarda (m) fronteiriço **дозанхо** [dɔzɑnho]
operador (m) de rádio **радиохаамхо** [rɑdɪɔhɑ'ɑmho]
explorador (m) **талламхо** [tɑllɑmho]
sapador (m) **сапёр** [sɑpʲor]
atirador (m) **кхоссархо** [qɔssɑrhɔ]
navegador (m) **штурман** [ʃturmɑn]

127. Oficiais. Padres

rei (m) **паччахь** [pɑʧɑh]
rainha (f) **зуда-паччахь** [zud pɑʧɑh]

príncipe (m) **принц** [prɪnʦ]
princesa (f) **принцесса** [prɪnʦess]

czar (m) **паччахь** [pɑʧɑh]
czarina (f) **зуда-паччахь** [zud pɑʧɑh]

presidente (m) **паччахь** [pɑʧɑh]
ministro (m) **министр** [mɪnɪstr]
primeiro-ministro (m) **примьер-министр** [prɪmjer mɪnɪstr]
senador (m) **сенатхо** [senɑtho]

diplomata (m) **дипломат** [dɪplɔmɑt]
cônsul (m) **консул** [kɔnsul]
embaixador (m) **векал** [wekɑl]
conselheiro (m) **хьехамча** [hehɑmʧ]

funcionário (m) **чиновник** [ʧɪnɔvnɪk]
prefeito (m) **префект** [prefekt]
Presidente (m) da Câmara **мэр** [mɛr]

juiz (m) **суьдхо** [sʉdho]
procurador (m) **прокурор** [prɔkurɔr]

missionário (m) **миссионер** [mɪssɪɔner]
monge (m) **монах** [mɔnɑh]
abade (m) **аббат** [ɑbbɑt]
rabino (m) **равин** [rɑwɪn]

vizir (m) **визирь** [wɪzɪrʲ]
xá (m) **шах** [ʃɑh]
xeque (m) **шайх** [ʃɑjh]

128. Profissões agrícolas

apicultor (m) **накхарамозийлелорхо** [nɑqɑrɑmɔzɪ:lelɔrhɔ]
pastor (m) **lу** ['u]
agrónomo (m) **агроном** [ɑgrɔnɔm]

criador (m) de gado	**даьхнийлелорхо**	[dæhnɪ:lelɔrhɔ]
veterinário (m)	**ветеринар**	[weterɪnɑr]
agricultor (m)	**фермер**	[fermer]
vinicultor (m)	**чаговардоккхург**	[ʧɑɣɑrdɔkqurg]
zoólogo (m)	**зоолог**	[zo'olɔg]
cowboy (m)	**ковбой**	[kɔvbɔj]

129. Profissões artísticas

ator (m)	**актёр**	[ɑktʲor]
atriz (f)	**актриса**	[ɑktrɪs]
cantor (m)	**эшархо**	[ɛʃɑrhɔ]
cantora (f)	**эшархо**	[ɛʃɑrhɔ]
bailarino (m)	**хелхархо**	[helharhɔ]
bailarina (f)	**хелхархо**	[helharhɔ]
artista (m)	**артист**	[ɑrtɪst]
artista (f)	**артист**	[ɑrtɪst]
músico (m)	**музыкант**	[muzɪkɑnt]
pianista (m)	**пианист**	[pɪɑnɪst]
guitarrista (m)	**гитарча**	[gɪtɑrʧ]
maestro (m)	**дирижёр**	[dɪrɪʒor]
compositor (m)	**композитор**	[kɔmpɔzɪtɔr]
empresário (m)	**импресарио**	[ɪmpresɑrɪɔ]
realizador (m)	**режиссёр**	[reʒɪsʲor]
produtor (m)	**продюсер**	[prɔdʉser]
argumentista (m)	**сценарихо**	[stsenɑrɪho]
crítico (m)	**критик**	[krɪtɪk]
escritor (m)	**яздархо**	[jɑzdɑrhɔ]
poeta (m)	**илланча**	[ɪllɑnʧ]
escultor (m)	**скульптор**	[skuljptɔr]
pintor (m)	**исбаьхьалча**	[ɪsbæhɑlʧ]
malabarista (m)	**жонглёр**	[ʒɔnglʲor]
palhaço (m)	**жухарг**	[ʒuharg]
acrobata (m)	**пелхьо**	[pelhɔ]
mágico (m)	**бозбуунча**	[bɔzbu'unʧ]

130. Várias profissões

médico (m)	**лор**	[lɔr]
enfermeira (f)	**лорйиша**	[lɔrjɪʃ]
psiquiatra (m)	**психиатр**	[psɪhɪɑtr]
estomatologista (m)	**цергийн лор**	[ʦergɪ:n lɔr]
cirurgião (m)	**хирург**	[hɪrurg]

astronauta (m)	**астронавт**	[astrɔnavt]
astrónomo (m)	**астроном**	[astrɔnɔm]
piloto (m)	**кеманхо**	[kemanho]
motorista (m)	**лелорхо**	[lelɔrhɔ]
maquinista (m)	**машинхо**	[maʃɪnho]
mecânico (m)	**механик**	[mehanɪk]
mineiro (m)	**кlорабаккхархо**	[k'ɔrabakqarhɔ]
operário (m)	**белхало**	[belhalɔ]
serralheiro (m)	**слесарь**	[slesarʲ]
marceneiro (m)	**дечка пхьар**	[detʃk phar]
torneiro (m)	**токарь**	[tɔkarʲ]
construtor (m)	**гlишлошъярхо**	[ɣɪʃlɔʃʔjarhɔ]
soldador (m)	**латорхо**	[latɔrhɔ]
professor (m) catedrático	**профессор**	[prɔfessɔr]
arquiteto (m)	**архитектор**	[arhɪtektɔr]
historiador (m)	**историк**	[ɪstɔrɪk]
cientista (m)	**дешна**	[deʃn]
físico (m)	**физик**	[fɪzɪk]
químico (m)	**химик**	[hɪmɪk]
arqueólogo (m)	**археолог**	[arheolɔg]
geólogo (m)	**геолог**	[geɔlɔg]
pesquisador (cientista)	**талламхо**	[tallamho]
babysitter (f)	**баба**	[bab]
professor (m)	**хьехархо**	[heharhɔ]
redator (m)	**редактор**	[redaktɔr]
redator-chefe (m)	**коьрта редактор**	[kørt redaktɔr]
correspondente (m)	**корреспондент**	[kɔrrespɔndent]
datilógrafa (f)	**машинхо**	[maʃɪnho]
designer (m)	**дизайнер**	[dɪzajner]
especialista (m) em informática	**компьютерхо**	[kɔmpjʉterhɔ]
programador (m)	**программист**	[prɔgrammɪst]
engenheiro (m)	**инженер**	[ɪnʒener]
marujo (m)	**хlордахо**	[h'ɔrdaho]
marinheiro (m)	**хlордахо**	[h'ɔrdaho]
salvador (m)	**кlелхьардаккхархо**	[k'elhardaqharhɔ]
bombeiro (m)	**цlе йойу**	[ts'e joju]
polícia (m)	**полици**	[pɔlɪtsɪ]
guarda-noturno (m)	**хехо**	[heho]
detetive (m)	**лахарча**	[lahartʃ]
funcionário (m) da alfândega	**таможхо**	[tamɔʒho]
guarda-costas (m)	**ларвархо**	[larvarhɔ]
guarda (m) prisional	**набахтхо**	[nabahtho]
inspetor (m)	**инспектор**	[ɪnspektɔr]
desportista (m)	**спортхо**	[spɔrtho]
treinador (m)	**тренер**	[trener]

talhante (m)	**хасапхо**	[hasapho]
sapateiro (m)	**эткийн пхьар**	[ɛtkɪ:n phar]
comerciante (m)	**совдегар**	[sɔvdegar]
carregador (m)	**киранча**	[kɪrantʃ]
estilista (m)	**модельхо**	[mɔdeljho]
modelo (f)	**модель**	[mɔdelj]

131. Ocupações. Estatuto social

aluno, escolar (m)	**школахо**	[ʃkɔlaho]
estudante (~ universitária)	**студент**	[student]
filósofo (m)	**философ**	[fɪlɔsɔf]
economista (m)	**экономист**	[ɛkɔnɔmɪst]
inventor (m)	**кхоллархо**	[qɔllarhɔ]
desempregado (m)	**белхазхо**	[belhazho]
reformado (m)	**пенсионер**	[pensɪɔner]
espião (m)	**шпион**	[ʃpɪɔn]
preso (m)	**латьцна стаг**	[lætsn stag]
grevista (m)	**забастовкахо**	[zabastɔvkaho]
burocrata (m)	**бюрократ**	[bʉrɔkrat]
viajante (m)	**некъахо**	[neqʔaho]
homossexual (m)	**гомосексуализмхо**	[gɔmɔseksualɪzmho]
hacker (m)	**хакер**	[haker]
bandido (m)	**талорхо**	[talɔrhɔ]
assassino (m) a soldo	**йолах дийнарг**	[jolah dɪ:narg]
toxicodependente (m)	**наркоман**	[narkɔman]
traficante (m)	**наркотикаш йохкархо**	[narkɔtɪkaʃ johkarhɔ]
prostituta (f)	**кхахьпа**	[qahp]
chulo (m)	**сутенёр**	[sutenʲor]
bruxo (m)	**холмачхо**	[holmatʃho]
bruxa (f)	**холмачхо**	[holmatʃho]
pirata (m)	**пират**	[pɪrat]
escravo (m)	**лай**	[laj]
samurai (m)	**самурай**	[samuraj]
selvagem (m)	**акха адам**	[aq adam]

Desportos

132. Tipos de desportos. Desportistas

desportista (m)	**спортхо**	[spɔrtho]
tipo (m) de desporto	**спортан кеп**	[spɔrtan kep]
basquetebol (m)	**баскетбол**	[basketbɔl]
jogador (m) de basquetebol	**баскетболхо**	[basketbɔlho]
beisebol (m)	**бейсбол**	[bejsbɔl]
jogador (m) de beisebol	**бейсболхо**	[bejsbɔlho]
futebol (m)	**футбол**	[futbɔl]
futebolista (m)	**футболхо**	[futbɔlho]
guarda-redes (m)	**кевнахо**	[kevnaho]
hóquei (m)	**хоккей**	[hokkej]
jogador (m) de hóquei	**хоккейхо**	[hokkejho]
voleibol (m)	**волейбол**	[vɔlejbɔl]
jogador (m) de voleibol	**волейболхо**	[vɔlejbɔlho]
boxe (m)	**бокс**	[bɔks]
boxeador, pugilista (m)	**боксёр**	[bɔksʲor]
luta (f)	**латар**	[latar]
lutador (m)	**латархо**	[latarhɔ]
karaté (m)	**карате**	[karate]
karateca (m)	**каратист**	[karatɪst]
judo (m)	**дзюдо**	[ʣʉdɔ]
judoca (m)	**дзюдоист**	[ʣʉdɔɪst]
ténis (m)	**теннис**	[tenɪs]
tenista (m)	**теннисхо**	[tenɪsho]
natação (f)	**нека**	[nek]
nadador (m)	**неканча**	[nekanʧ]
esgrima (f)	**фехтовани**	[fehtɔvanɪ]
esgrimista (m)	**фехтовальщик**	[fehtɔvaljɕɪk]
xadrez (m)	**шахматаш**	[ʃahmataʃ]
xadrezista (m)	**шахматхо**	[ʃahmatho]
alpinismo (m)	**альпинизм**	[aljpɪnɪzm]
alpinista (m)	**альпинист**	[aljpɪnɪst]
corrida (f)	**дадар**	[dadar]

corredor (m)	**идархо**	[ɪdarhɔ]
atletismo (m)	**яйн атлетика**	[jajn atletɪk]
atleta (m)	**атлет**	[atlet]
hipismo (m)	**говрийн спорт**	[gɔvrɪ:n spɔrt]
cavaleiro (m)	**бере**	[bere]
patinagem (f) artística	**куьцара хехкар**	[kʉtsar hehkar]
patinador (m)	**фигурахо**	[fɪguraho]
patinadora (f)	**фигурахо**	[fɪguraho]
halterofilismo (m)	**еза атлетика**	[ez atletɪk]
corrida (f) de carros	**автомобилаш хахкар**	[avtɔmɔbɪlaʃ hahkar]
piloto (m)	**хахкархо**	[hahkarhɔ]
ciclismo (m)	**вилиспетан спорт**	[wɪlɪspetan spɔrt]
ciclista (m)	**вилиспетхо**	[wɪlɪspetho]
salto (m) em comprimento	**дохалла кхийссаваларш**	[dɔhall qɪ:ssavalarʃ]
salto (m) à vara	**хьокханца кхоссавалар**	[hɔqants qɔssavalar]
atleta (m) de saltos	**кхоссавалархо**	[qɔssavalarhɔ]

133. Tipos de desportos. Diversos

futebol (m) americano	**америкин футбол**	[amerɪkɪn futbɔl]
badminton (m)	**бадминтон**	[badmɪntɔn]
biatlo (m)	**биатлон**	[bɪatlɔn]
bilhar (m)	**биллиард**	[bɪllɪard]
bobsleigh (m)	**бобслей**	[bɔbslej]
musculação (f)	**бодибилдинг**	[bɔdɪbɪldɪng]
polo (m) aquático	**хин поло**	[hɪn pɔlɔ]
handebol (m)	**гандбол**	[gandbɔl]
golfe (m)	**гольф**	[gɔljf]
remo (m)	**пийсиг хьакхар**	[pɪ:sɪg haqar]
mergulho (m)	**дайвинг**	[dajwɪng]
corrida (f) de esqui	**лыжийн хахкар**	[lɪʒɪ:n hahkar]
ténis (m) de mesa	**стоьлан тенис**	[stølan tenɪs]
vela (f)	**гатанан спорт**	[gatanan spɔrt]
rali (m)	**ралли**	[rallɪ]
râguebi (m)	**регби**	[regbɪ]
snowboard (m)	**сноуборд**	[snɔubɔrd]
tiro (m) com arco	**секхIад кхоссар**	[sekh'ad qɔssar]

134. Ginásio

barra (f)	**штанга**	[ʃtang]
halteres (m pl)	**гантелаш**	[gantelaʃ]
aparelho (m) de musculaçao	**тренажёр**	[trenaʒor]
bicicleta (f) ergométrica	**вилиспетан тренажёр**	[wɪlɪspetan trenaʒor]

passadeira (f) de corrida	**бовду некъ**	[bɔvdu neqʔ]
barra (f) fixa	**васхал**	[vɑshal]
barras (f) paralelas	**брусаш**	[brusɑʃ]
cavalo (m)	**конь**	[kɔnj]
tapete (m) de ginástica	**мат**	[mɑt]
aeróbica (f)	**аэробика**	[ɑerɔbɪk]
ioga (f)	**йогалла**	[jogɑll]

135. Hoquei

hóquei (m)	**хоккей**	[hokkej]
jogador (m) de hóquei	**хоккейхо**	[hokkejho]
jogar hóquei	**хоккейх ловза**	[hokkejh lɔvz]
gelo (m)	**ша**	[ʃ]
disco (m)	**шайба**	[ʃɑjb]
taco (m) de hóquei	**клюшка**	[klʉʃk]
patins (m pl) de gelo	**канкеш**	[kɑnkeʃ]
muro (m)	**аrlo**	['ɑɣɔ]
tiro (m)	**кхоссар**	[qɔssɑr]
guarda-redes (m)	**кевнахо**	[kevnɑho]
golo (m)	**гол**	[gɔl]
marcar um golo	**гол чутоха**	[gɔl ʧutɔh]
tempo (m)	**мур**	[mur]
banco (m) de reservas	**сов ловзархочуна гlант**	[sɔv lɔvzɑrhɔʧun ɣɑnt]

136. Futebol

futebol (m)	**футбол**	[futbɔl]
futebolista (m)	**футболхо**	[futbɔlho]
jogar futebol	**футболах ловза**	[futbɔlɑh lɔvz]
Liga Principal (f)	**уггар лакхара лига**	[uggɑr lɑqɑr lɪg]
clube (m) de futebol	**футболан клуб**	[futbɔlɑn klub]
treinador (m)	**тренер**	[trener]
proprietário (m)	**да**	[d]
equipa (f)	**команда**	[kɔmɑnd]
capitão (m) da equipa	**командин капитан**	[kɔmɑndɪn kɑpɪtɑn]
jogador (m)	**ловзархо**	[lɔvzɑrhɔ]
jogador (m) de reserva	**сов ловзархо**	[sɔv lɔvzɑrhɔ]
atacante (m)	**тlелетарг**	[t'eletɑrg]
avançado (m) centro	**юккъера тlелетарг**	[jukqʔer t'eletɑrg]
marcador (m)	**бомбардир**	[bɔmbɑrdɪr]
defesa (m)	**лардархо**	[lɑrdɑrhɔ]
médio (m)	**полузащитник**	[pɔluzɑɕɪtnɪk]
jogo (desafio)	**матч**	[mɑʧ]

encontrar-se (vr)	**вовшахкхета**	[vɔvʃahqet]
final (m)	**финал**	[fɪnal]
meia-final (f)	**ахфинал**	[ahfɪnal]
campeonato (m)	**чемпионат**	[ʧempɪɔnat]
tempo (m)	**тайм**	[tajm]
primeiro tempo (m)	**I-ра тайм**	[ʕra tajm]
intervalo (m)	**садаlар**	[sada'ar]
baliza (f)	**ков**	[kɔv]
guarda-redes (m)	**кевнахо**	[kevnaho]
trave (f)	**штанга**	[ʃtang]
barra (f) transversal	**васхал**	[vashal]
rede (f)	**бой**	[bɔj]
sofrer um golo	**чекхдалийта**	[ʧeqdalɪ:t]
bola (f)	**буьрка**	[bʉrk]
passe (m)	**пас, дIадалар**	[pas], [d'adalar]
chute (m)	**тохар**	[tɔhar]
chutar (vt)	**тоха**	[tɔh]
tiro (m) livre	**штрафан тохар**	[ʃtrafan tɔhar]
canto (m)	**аrIонгара тохар**	['aɣɔngar tɔhar]
ataque (m)	**атака**	[atak]
contra-ataque (m)	**контратака**	[kɔntratak]
combinação (f)	**комбинаци**	[kɔmbɪnaʦɪ]
árbitro (m)	**арбитр**	[arbɪtr]
apitar (vi)	**шок етта**	[ʃɔk ett]
apito (m)	**шок**	[ʃɔk]
falta (f)	**дохор**	[dɔhor]
cometer a falta	**дохо**	[dɔho]
expulsar (vt)	**майдан тIера дIаваккха**	[majdan t'er d'avakq]
cartão (m) amarelo	**можа карточка**	[mɔʒ kartɔʧk]
cartão (m) vermelho	**цIе карточка**	[ʦ'e kartɔʧk]
desqualificação (f)	**дисквалификаци**	[dɪskvalɪfɪkaʦɪ]
desqualificar (vt)	**дисквалификаци ян**	[dɪskvalɪfɪkaʦɪ jan]
penálti (m)	**пенальти**	[penaljtɪ]
barreira (f)	**пен**	[pen]
marcar (vt)	**чутоха**	[ʧutɔh]
golo (m)	**гол**	[gɔl]
marcar um golo	**гол чутоха**	[gɔl ʧutɔh]
substituto (m)	**хийцар**	[hɪ:ʦar]
substituir (vt)	**хийца**	[hɪ:ʦ]
regras (f pl)	**бакъонаш**	[baqʔɔnaʃ]
tática (f)	**тактика**	[taktɪk]
estádio (m)	**стадион**	[stadɪɔn]
bancadas (f pl)	**трибуна**	[trɪbun]
fã, adepto (m)	**фан, хьажархо**	[fan], [haʒarhɔ]
gritar (vi)	**мохь бетта**	[mɔh bett]
marcador (m)	**табло**	[tablɔ]
resultado (m)	**чот**	[ʧɔt]

derrota (f)	**эшар**	[ɛʃar]
perder (vt)	**эша**	[ɛʃ]
empate (m)	**ничья**	[nɪʧj]
empatar (vi)	**ничьях ловза**	[nɪʧjah lɔvz]
vitória (f)	**толам**	[tɔlam]
ganhar, vencer (vi, vt)	**тола**	[tɔl]
campeão (m)	**тоьлларг**	[tøllarg]
melhor	**уггар дикаха**	[uggar dɪkah]
felicitar (vt)	**декъалдан**	[deqʔaldan]
comentador (m)	**комментархо**	[kɔmmentarhɔ]
comentar (vt)	**комментареш яла**	[kɔmmentareʃ jal]
transmissão (f)	**трансляци**	[transljatsɪ]

137. Ski Alpino

esqui (m)	**когсалазаш**	[kɔgsalazaʃ]
esquiar (vi)	**лыжаш хехка**	[lɪʒaʃ hehk]
estância (f) de esqui	**горнолыжни курорт**	[gɔrnɔlɪʒnɪ kurɔrt]
teleférico (m)	**хьалаойург**	[halaɔjurg]
bastões (m pl) de esqui	**гlажаш**	[ɣaʒaʃ]
declive (m)	**басе**	[base]
slalom (m)	**слалом**	[slalɔm]

138. Ténis. Golfe

golfe (m)	**гольф**	[gɔljf]
clube (m) de golfe	**гольфан-клуб**	[gɔljfan klub]
jogador (m) de golfe	**гольфан ловзархо**	[gɔljfan lɔvzarhɔ]
buraco (m)	**кlаг**	[k'ag]
taco (m)	**клюшка**	[klʉʃk]
trolley (m)	**клюшкийн гlудалкх**	[klʉʃkɪːn ɣudalq]
ténis (m)	**теннис**	[tenɪs]
quadra (f) de ténis	**корт**	[kɔrt]
saque (m)	**далар**	[dalar]
sacar (vi)	**дала**	[dal]
raquete (f)	**ракетка**	[raketk]
rede (f)	**бой**	[bɔj]
bola (f)	**буьрка**	[bʉrk]

139. Xadrez

xadrez (m)	**шахматаш**	[ʃahmataʃ]
peças (f pl) de xadrez	**шахматаш**	[ʃahmataʃ]
xadrezista (m)	**шахматхо**	[ʃahmathɔ]
tabuleiro (m) de xadrez	**шахматийн у**	[ʃahmatɪːn u]

peça (f) de xadrez	**фигура**	[fɪgur]
brancas (f pl)	**кlайн**	[k'ajn]
pretas (f pl)	**lаьржа**	['ærʒ]
peão (m)	**жlакки**	[ʒ'akkɪ]
bispo (m)	**пийл**	[pɪ:l]
cavalo (m)	**говр**	[gɔvr]
torre (f), roque (m)	**бlов**	[b'ɔv]
dama (f)	**ферзь**	[ferz^{j}]
rei (m)	**паччахь**	[paʧah]
vez (m)	**лелар**	[lelar]
mover (vt)	**лела**	[lel]
sacrificar (vt)	**таса**	[tas]
roque (m)	**паччахь хийцар**	[paʧah hɪ:ʦar]
xeque (m)	**шах**	[ʃah]
xeque-mate (m)	**мат**	[mat]
torneio (m) de xadrez	**шахматийн турнир**	[ʃahmatɪ:n turnɪr]
grão-mestre (m)	**гроссмейстер**	[grɔssmejster]
combinação (f)	**комбинаци**	[kɔmbɪnaʦɪ]
partida (f)	**парти**	[partɪ]
jogo (m) de damas	**шашкаш**	[ʃaʃkaʃ]

140. Boxe

boxe (m)	**бокс**	[bɔks]
combate (m)	**латар**	[latar]
duelo (m)	**латар**	[latar]
round, assalto (m)	**раунд**	[raund]
ringue (m)	**ринг**	[rɪng]
gongo (m)	**жиргlа**	[ʒɪrɣ]
murro, soco (m)	**тохар**	[tɔhar]
knockdown (m)	**нокдаун**	[nɔkdaun]
nocaute (m)	**нокаут**	[nɔkaut]
nocautear (vt)	**нокаут дан**	[nɔkaut dan]
luva (f) de boxe	**боксерски каран**	[bɔkserskɪ karan]
árbitro (m)	**рефери**	[referɪ]
peso-leve (m)	**дайн дозалла**	[dajn dɔzall]
peso-médio (m)	**юккъера дозалла**	[jukqʔer dɔzall]
peso-pesado (m)	**деза дозалла**	[dez dɔzall]

141. Desportos. Diversos

Jogos (m pl) Olímpicos	**олимпан ловзараш**	[ɔlɪmpan lɔvzaraʃ]
vencedor (m)	**толамхо**	[tɔlamho]
vencer (vi)	**эшо**	[ɛʃɔ]
vencer, ganhar (vi)	**тола**	[tɔl]

líder (m)	**лидер**	[lɪder]
liderar (vt)	**лидер хила**	[lɪder hɪl]
primeiro lugar (m)	**хьалхара меттиг**	[halhar mettɪg]
segundo lugar (m)	**шолгlа меттиг**	[ʃɔlɣ mettɪg]
terceiro lugar (m)	**кхоалгlа меттиг**	[qɔalɣ mettɪg]
medalha (f)	**мидал**	[mɪdal]
troféu (m)	**хlонс**	[h'ɔns]
taça (f)	**кубок**	[kubɔk]
prémio (m)	**совгlат**	[sɔvɣat]
prémio (m) principal	**коьрта совгlат**	[kørt sɔvɣat]
recorde (m)	**рекорд**	[rekɔrd]
estabelecer um recorde	**рекорд хlотто**	[rekɔrd h'ɔttɔ]
final (m)	**финал**	[fɪnal]
final	**финалан**	[fɪnalan]
campeão (m)	**тоьлларг**	[tøllarg]
campeonato (m)	**чемпионат**	[ʧempɪɔnat]
estádio (m)	**стадион**	[stadɪɔn]
bancadas (f pl)	**трибуна**	[trɪbun]
fã, adepto (m)	**фан, хьажархо**	[fan], [haʒarhɔ]
adversário (m)	**мостагl**	[mɔstaɣ]
partida (f)	**старт**	[start]
chegada, meta (f)	**финиш**	[fɪnɪʃ]
derrota (f)	**эшор**	[ɛʃɔr]
perder (vt)	**эша**	[ɛʃ]
árbitro (m)	**суьдхо**	[sʉdho]
júri (m)	**жюри**	[ʒʉrɪ]
resultado (m)	**счёт**	[sʧʲot]
empate (m)	**ничья**	[nɪʧj]
empatar (vi)	**ничьях ловза**	[nɪʧjah lɔvz]
ponto (m)	**очко**	[ɔʧkɔ]
resultado (m) final	**хилам**	[hɪlam]
intervalo (m)	**садаlар**	[sada'ar]
doping (m)	**допинг**	[dɔpɪng]
penalizar (vt)	**гlуда тоха**	[ɣud tɔh]
desqualificar (vt)	**дисквалификаци ян**	[dɪskvalɪfɪkatsɪ jan]
aparelho (m)	**гlирс**	[ɣɪrs]
dardo (m)	**гоьмукъ**	[gømuqʔ]
peso (m)	**хlоъ**	[h'ɔʔ]
bola (f)	**горгал**	[gɔrgal]
alvo, objetivo (m)	**lалашо**	['alaʃɔ]
alvo (~ de papel)	**гlакх**	[ɣaq]
atirar, disparar (vi)	**кхийса**	[qɪ:s]
preciso (tiro ~)	**нийса**	[nɪ:s]
treinador (m)	**тренер**	[trener]

treinar (vt)	**Iамо**	['ɑmɔ]
treinar-se (vr)	**Iама**	['ɑm]
treino (m)	**Iамор**	['ɑmɔr]
ginásio (m)	**спортзал**	[spɔrtzɑl]
exercício (m)	**упражнени**	[uprɑʒnenɪ]
aquecimento (m)	**дегI хецадалийтар**	[deɣ hetsɑdɑlɪ:tɑr]

Educação

142. Escola

escola (f)	**школа**	[ʃkɔl]
diretor (m) de escola	**директор**	[dɪrektɔr]
aluno (m)	**дешархо**	[deʃarhɔ]
aluna (f)	**дешархо**	[deʃarhɔ]
escolar (m)	**школахо**	[ʃkɔlaho]
escolar (f)	**школахо**	[ʃkɔlaho]
ensinar (vt)	**хьеха**	[heh']
aprender (vt)	**Iамо**	['amɔ]
aprender de cor	**дагахь Iамо**	[dagah 'amɔ]
estudar (vi)	**Iама**	['am]
andar na escola	**Iама**	['am]
ir à escola	**школе ваха**	[ʃkɔle vah]
alfabeto (m)	**абат**	[abat]
disciplina (f)	**предмет**	[predmet]
sala (f) de aula	**класс**	[klass]
lição (f)	**урок**	[urɔk]
toque (m)	**горгали**	[gɔrgalɪ]
carteira (f)	**парта**	[part]
quadro (m) negro	**классан у**	[klassan u]
nota (f)	**отметка**	[ɔtmetk]
boa nota (f)	**дика отметка**	[dɪk ɔtmetk]
nota (f) baixa	**вон отметка**	[vɔn ɔtmetk]
dar uma nota	**отметка хIотто**	[ɔtmetk h'ɔttɔ]
erro (m)	**гIалат**	[ɣalat]
fazer erros	**гIалат дан**	[ɣalat dan]
corrigir (vt)	**нисдан**	[nɪsdan]
cábula (f)	**шпаргалка**	[ʃpargalk]
dever (m) de casa	**цIера тIедиллар**	[ʦ'er t'edɪllar]
exercício (m)	**упражнени**	[upraʒnenɪ]
estar presente	**хила**	[hɪl]
estar ausente	**ца хила**	[ʦa hɪl]
punir (vt)	**таIзар дан**	[ta'zar dan]
punição (f)	**таIзар**	[ta'zar]
comportamento (m)	**лелар**	[lelar]
boletim (m) escolar	**дневник**	[dnevnɪk]
lápis (m)	**къолам**	[qʔɔlam]

borracha (f)	**лаьстиг**	[læstɪg]
giz (m)	**мел**	[mel]
estojo (m)	**гӀутакх**	[ɣutaq]
pasta (f) escolar	**портфель**	[pɔrtfelj]
caneta (f)	**ручка**	[rutʃk]
caderno (m)	**тетрадь**	[tetradʲ]
manual (m) escolar	**учебник**	[utʃebnɪk]
compasso (m)	**циркуль**	[tsɪrkulj]
traçar (vt)	**дилла**	[dɪll]
desenho (m) técnico	**чертёж**	[tʃertʲoʒ]
poesia (f)	**байт**	[bajt]
de cor	**дагахь**	[dagah]
aprender de cor	**дагахь Ӏамо**	[dagah 'amɔ]
férias (f pl)	**каникулаш**	[kanɪkulaʃ]
estar de férias	**каникулашт хилар**	[kanɪkulaʃt hɪlar]
teste (m)	**талламан болх**	[tallaman bɔlh]
composição, redação (f)	**сочинени**	[sɔtʃɪnenɪ]
ditado (m)	**диктант**	[dɪktant]
exame (m)	**экзамен**	[ɛkzamen]
fazer exame	**экзамен дӀаялар**	[ɛkzamen d'ajalar]
experiência (~ química)	**гӀулч**	[ɣultʃ]

143. Colégio. Universidade

academia (f)	**академи**	[akademɪ]
universidade (f)	**университет**	[unɪwersɪtet]
faculdade (f)	**факультет**	[fakuljtet]
estudante (m)	**студент**	[student]
estudante (f)	**студентка**	[studentk]
professor (m)	**хьехархо**	[heharhɔ]
sala (f) de palestras	**аудитори**	[audɪtɔrɪ]
graduado (m)	**дешна ваьлларг**	[deʃn vællarg]
diploma (m)	**диплом**	[dɪplɔm]
tese (f)	**диссертаци**	[dɪssertatsɪ]
estudo (obra)	**таллар**	[tallar]
laboratório (m)	**лаборатори**	[labɔratɔrɪ]
palestra (f)	**лекци**	[lektsɪ]
colega (m) de curso	**курсахо**	[kursaho]
bolsa (f) de estudos	**стипенди**	[stɪpendɪ]
grau (m) académico	**Ӏилманан дарж**	['ɪlmanan darʒ]

144. Ciências. Disciplinas

matemática (f)	**математика**	[matematɪk]
álgebra (f)	**алгебра**	[algebr]

geometria (f)	**геометри**	[geɔmetrɪ]
astronomia (f)	**астрономи**	[ɑstrɔnɔmɪ]
biologia (f)	**биологи**	[bɪɔlɔgɪ]
geografia (f)	**географи**	[geɔgrɑfɪ]
geologia (f)	**геологи**	[geɔlɔgɪ]
história (f)	**истори**	[ɪstɔrɪ]
medicina (f)	**медицина**	[medɪʦɪn]
pedagogia (f)	**педагогика**	[pedɑgɔgɪk]
direito (m)	**бакъо**	[bɑqʔɔ]
física (f)	**физика**	[fɪzɪk]
química (f)	**хими**	[hɪmɪ]
filosofia (f)	**философи**	[fɪlɔsɔfɪ]
psicologia (f)	**психологи**	[psɪholɔgɪ]

145. Sistema de escrita. Ortografia

gramática (f)	**грамматика**	[grɑmmɑtɪk]
vocabulário (m)	**лексика**	[leksɪk]
fonética (f)	**фонетика**	[fɔnetɪk]
substantivo (m)	**цIердош**	[ʦ'erdɔʃ]
adjetivo (m)	**билгалдош**	[bɪlgɑldɔʃ]
verbo (m)	**хандош**	[hɑndɔʃ]
advérbio (m)	**куцдош**	[kuʦdɔʃ]
pronome (m)	**цIерметдош**	[ʦ'ermetdɔʃ]
interjeição (f)	**айдардош**	[ɑjdɑrdɔʃ]
preposição (f)	**предлог**	[predlɔg]
raiz (f) da palavra	**дешан орам**	[deʃɑn ɔrɑm]
terminação (f)	**чаккхе**	[ʧɑkqe]
prefixo (m)	**дешхьалхе**	[deʃhɑlhe]
sílaba (f)	**дешдакъа**	[deʃdɑqʔ]
sufixo (m)	**суффикс**	[suffɪks]
acento (m)	**тохар**	[tɔhɑr]
apóstrofo (m)	**апостроф**	[ɑpɔstrɔf]
ponto (m)	**тIадам**	[t'ɑdɑm]
vírgula (f)	**цIоьмалг**	[ʦ'ømɑlg]
ponto e vírgula (m)	**тIадамца цIоьмалг**	[t'ɑdɑmʦ ʦ'ømɑlg]
dois pontos (m pl)	**ши тIадам**	[ʃɪ t'ɑdɑm]
reticências (f pl)	**тIадамаш**	[t'ɑdɑmɑʃ]
ponto (m) de interrogação	**хаттаран хьаьрк**	[hɑttɑrɑn hærk]
ponto (m) de exclamação	**айдаран хьаьрк**	[ɑjdɑrɑn hærk]
aspas (f pl)	**кавычкаш**	[kɑvɪʧkɑʃ]
entre aspas	**кавычкаш юккъе**	[kɑvɪʧkɑʃ jukqʔe]
parênteses (m pl)	**къовларш**	[qʔɔvlɑrʃ]
entre parênteses	**къовларш юккъе**	[qʔɔvlɑrʃ jukqʔe]
hífen (m)	**сизалг**	[sɪzɑlg]

travessão (m)	**тиз**	[tɪz]
espaço (m)	**юкъ**	[juq?]
letra (f)	**элп**	[ɛlp]
letra (f) maiúscula	**доккха элп**	[dɔkq ɛlp]
vogal (f)	**мукъа аз**	[muq? ɑz]
consoante (f)	**мукъаза аз**	[muq?ɑz ɑz]
frase (f)	**предложени**	[predlɔʒenɪ]
sujeito (m)	**подлежащи**	[pɔdleʒɑɕɪ]
predicado (m)	**сказуеми**	[skɑzuemɪ]
linha (f)	**могӀа**	[mɔɣ]
em uma nova linha	**керлачу могӀарера**	[kerlɑʧu mɔɣɑrer]
parágrafo (m)	**абзац**	[ɑbzɑʦ]
palavra (f)	**дош**	[dɔʃ]
grupo (m) de palavras	**дешнийн цхьаьнакхетар**	[deʃnɪ:n ʦhænɑqetɑr]
expressão (f)	**алар**	[ɑlɑr]
sinónimo (m)	**синоним**	[sɪnɔnɪm]
antónimo (m)	**антоним**	[ɑntɔnɪm]
regra (f)	**бакъо**	[bɑq?ɔ]
exceção (f)	**юкъарадаккхар**	[juq?ɑrɑdɑkqɑr]
correto	**нийса**	[nɪ:s]
conjugação (f)	**хийцар**	[hɪ:ʦɑr]
declinação (f)	**легар**	[legɑr]
caso (m)	**дожар**	[dɔʒɑr]
pergunta (f)	**хаттар**	[hɑttɑr]
sublinhar (vt)	**билгалдаккха**	[bɪlgɑldɑkq]
linha (f) pontilhada	**пунктир**	[punktɪr]

146. Línguas estrangeiras

língua (f)	**мотт**	[mɔtt]
língua (f) estrangeira	**кхечу мехкийн мотт**	[qeʧu mehkɪ:n mɔtt]
estudar (vt)	**Ӏамо**	['ɑmɔ]
aprender (vt)	**Ӏамо**	['ɑmɔ]
ler (vt)	**еша**	[eʃ]
falar (vi)	**дийца**	[dɪ:ʦ]
compreender (vt)	**кхета**	[qet]
escrever (vt)	**яздан**	[jɑzdɑn]
rapidamente	**сиха**	[sɪh]
devagar	**меллаша**	[mellɑʃ]
fluentemente	**паргӀат**	[pɑrɣɑt]
regras (f pl)	**бакъонаш**	[bɑq?ɔnɑʃ]
gramática (f)	**грамматика**	[grɑmmɑtɪk]
vocabulário (m)	**лексика**	[leksɪk]
fonética (f)	**фонетика**	[fɔnetɪk]

manual (m) escolar	**учебник**	[utʃebnɪk]
dicionário (m)	**дошам, словарь**	[dɔʃam], [slɔvarʲ]
manual (m) de autoaprendizagem	**Iамалург**	['amalurg]
guia (m) de conversação	**къамелIаморг**	[qʔamel'amɔrg]
cassete (f)	**кассета**	[kasset]
vídeo cassete (m)	**видеокассета**	[wɪdeɔkasset]
CD (m)	**CD**	[sɪdɪ]
DVD (m)	**DVD**	[dɪwɪdɪ]
alfabeto (m)	**алфавит**	[alfawɪt]
soletrar (vt)	**элпашц мотт бийца**	[ɛlpaʃʦ mɔtt bɪ:ʦ]
pronúncia (f)	**алар**	[alar]
sotaque (m)	**акцент**	[akʦent]
com sotaque	**акцент**	[akʦent]
sem sotaque	**акцент ца хила**	[akʦent ʦə hɪl]
palavra (f)	**дош**	[dɔʃ]
sentido (m)	**маьIна**	[mæ'n]
cursos (m pl)	**курсаш**	[kursaʃ]
inscrever-se (vr)	**дIаяздала**	[d'ajazdal]
professor (m)	**хьехархо**	[heharhɔ]
tradução (processo)	**дахьийтар**	[dahɪ:tar]
tradução (texto)	**гоч дар**	[gɔtʃ dar]
tradutor (m)	**талмаж**	[talmaʒ]
intérprete (m)	**талмаж**	[talmaʒ]
poliglota (m)	**полиглот**	[pɔlɪglɔt]
memória (f)	**эс**	[ɛs]

147. Personagens de contos de fadas

Pai (m) Natal	**Санта Клаус**	[sant klaus]
sereia (f)	**хи-аьзни**	[hɪ æznɪ]
mago (m)	**бозбуунча**	[bɔzbu'unʧ]
fada (f)	**бозбуунча**	[bɔzbu'unʧ]
mágico	**бозбуунчаллин**	[bɔzbu'unʧallɪn]
varinha (f) mágica	**шайтIанан гIаж**	[ʃajt'anan ɣaʒ]
conto (m) de fadas	**туьйра**	[tʉjr]
milagre (m)	**Iаламат**	['alamat]
anão (m)	**буьйдолг**	[bʉjdɔlg]
transformar-se em ...	**дерза**	[derz]
fantasma (m)	**бIарлагIа**	[b'arlaɣ]
espetro (m)	**гIаларт**	[ɣalart]
monstro (m)	**Iаламат**	['alamat]
dragão (m)	**саьрмик**	[særmɪk]
gigante (m)	**дIуьтIа**	[d'jʉt']

148. Signos do Zodíaco

Carneiro	**Овен**	[ɔwen]
Touro	**Телец**	[telets]
Gémeos	**Близнецы**	[blɪznetsɪ]
Caranguejo	**Рак**	[rak]
Leão	**Лев**	[lev]
Virgem	**Дева**	[dev]
Balança	**Весы**	[wesɪ]
Escorpião	**Скорпион**	[skɔrpɪɔn]
Sagitário	**Стрелец**	[strelets]
Capricórnio	**Козерог**	[kɔzerɔg]
Aquário	**Водолей**	[vɔdɔlej]
Peixes	**Рыбы**	[rɪbɪ]
caráter (m)	**амал**	[amal]
traços (m pl) do caráter	**амаллин башхала**	[amallɪn baʃhal]
comportamento (m)	**лелар**	[lelar]
predizer (vt)	**пал тийса**	[pal tɪ:s]
adivinha (f)	**палтуьйсург**	[paltʉjsurg]
horóscopo (m)	**гороскоп**	[gɔrɔskɔp]

Artes

149. Teatro

teatro (m)	**театр**	[teatr]
ópera (f)	**опера**	[ɔper]
opereta (f)	**оперетта**	[ɔperett]
balé (m)	**балет**	[balet]
cartaz (m)	**афиша**	[afɪʃ]
companhia (f) teatral	**труппа**	[trupp]
turné (digressão)	**гастролаш**	[gastrɔlaʃ]
estar em turné	**гастролаш яла**	[gastrɔlaʃ jal]
ensaiar (vt)	**репетици ян**	[repetɪʦɪ jan]
ensaio (m)	**репетици**	[repetɪʦɪ]
repertório (m)	**репертуар**	[repertuar]
apresentação (f)	**хьожийла**	[hɔʒɪ:l]
espetáculo (m)	**спектакль**	[spektaklj]
peça (f)	**пьеса**	[pjes]
bilhete (m)	**билет**	[bɪlet]
bilheteira (f)	**билетан касса**	[bɪletan kass]
hall (m)	**чоь**	[ʧø]
guarda-roupa (m)	**гардероб**	[garderɔb]
senha (f) numerada	**номер**	[nɔmer]
binóculo (m)	**турмал**	[turmal]
lanterninha (m)	**контролёр**	[kɔntrɔlʲor]
plateia (f)	**партер**	[parter]
balcão (m)	**балкон**	[balkɔn]
primeiro balcão (m)	**бельэтаж**	[beljʲætaʒ]
camarote (m)	**ложа**	[lɔʒ]
fila (f)	**могӀа**	[mɔɣ]
assento (m)	**меттиг**	[mettɪg]
público (m)	**гулбелларш**	[gulbellarʃ]
espetador (m)	**хьажархо**	[haʒarhɔ]
aplaudir (vt)	**тӀараш детта**	[t'araʃ dett]
aplausos (m pl)	**аплодисменташ**	[aplɔdɪsmentaʃ]
ovação (f)	**оваци**	[ɔvaʦɪ]
palco (m)	**сцена**	[sʦen]
pano (m) de boca	**кирхьа**	[kɪrh]
cenário (m)	**декорации**	[dekɔraʦɪ]
bastidores (m pl)	**кулисаш**	[kulɪsaʃ]
cena (f)	**сурт**	[surt]
ato (m)	**дакъа**	[daqʔ]
entreato (m)	**антракт**	[antrakt]

150. Cinema

ator (m)	**актёр**	[aktʲor]
atriz (f)	**актриса**	[aktrɪs]
cinema (m)	**кино**	[kɪnɔ]
episódio (m)	**сери**	[serɪ]
filme (m) policial	**детектив**	[detektɪv]
filme (m) de ação	**боевик**	[bɔewɪk]
filme (m) de aventuras	**хиллачеран фильм**	[hɪllaʧeran fɪljm]
filme (m) de ficção científica	**фонтазин фильм**	[fɔntazɪn fɪljm]
filme (m) de terror	**къематин фильм**	[qʔematɪn fɪljm]
comédia (f)	**кинокомеди**	[kɪnɔkɔmedɪ]
melodrama (m)	**мелодрама**	[melɔdram]
drama (m)	**драма**	[dram]
filme (m) ficcional	**исбаьхьаллин фильм**	[ɪsbæhallɪn fɪljm]
documentário (m)	**бакъдолчуна тlера фильм**	[baqʔdɔlʧun t'er fɪljm]
desenho (m) animado	**мультфильм**	[muljtfɪljm]
cinema (m) mudo	**аз доцу кино**	[az dɔʦu kɪnɔ]
papel (m)	**роль**	[rɔlj]
papel (m) principal	**коьрта роль**	[kørt rɔlj]
representar (vt)	**лело**	[lelɔ]
estrela (f) de cinema	**кинозвезда**	[kɪnɔzwezd]
conhecido	**гlарадаьлла**	[ɣaradæll]
famoso	**гlарадаьлла**	[ɣaradæll]
popular	**гlраваьлла**	[ɣravæll]
argumento (m)	**сценари**	[sʦenarɪ]
argumentista (m)	**сценарихо**	[sʦenarɪho]
realizador (m)	**режиссёр**	[reʒɪsʲor]
produtor (m)	**продюсер**	[prɔdʉser]
assistente (m)	**ассистент**	[assɪstent]
diretor (m) de fotografia	**оператор**	[ɔperatɔr]
duplo (m)	**каскадёр**	[kaskadʲor]
filmar (vt)	**фильм яккха**	[fɪljm jakq]
audição (f)	**хьажар**	[haʒar]
filmagem (f)	**яккхар**	[jakqar]
equipe (f) de filmagem	**кино йоккху группа**	[kɪnɔ jokqu grupp]
set (m) de filmagem	**кино йоккху майда**	[kɪnɔ jokqu majd]
câmara (f)	**кинокамера**	[kɪnɔkamer]
cinema (m)	**кинотеатр**	[kɪnɔteatr]
ecrã (m), tela (f)	**экран**	[ɛkran]
exibir um filme	**фильм гайта**	[fɪljm gajt]
pista (f) sonora	**аьзнийн дорожк**	[æznɪ:n dɔrɔʒk]
efeitos (m pl) especiais	**леррина эффекташ**	[lerrɪn ɛffektaʃ]
legendas (f pl)	**субтитраш**	[subtɪtraʃ]
crédito (m)	**титраш**	[tɪtraʃ]
tradução (f)	**гоч дар**	[gɔʧ dar]

151. Pintura

arte (f)	**исбаьхьалла**	[ɪsbæhall]
belas-artes (f pl)	**исбаьхьаллин говзалла**	[ɪsbæhallɪn gɔvzall]
galeria (f) de arte	**галерей**	[galerej]
exposição (f) de arte	**сурташ гайтар**	[surtaʃ gajtar]
pintura (f)	**суьрташ дахкар**	[sʉrtaʃ dahkar]
arte (f) gráfica	**графика**	[grafɪk]
arte (f) abstrata	**абстракционизм**	[abstraktsɪɔnɪzm]
impressionismo (m)	**импрессионизм**	[ɪmpressɪɔnɪzm]
pintura (f), quadro (m)	**суьрт**	[sʉrt]
desenho (m)	**сурт**	[surt]
cartaz, póster (m)	**плакат**	[plakat]
ilustração (f)	**иллюстраци**	[ɪllʉstratsɪ]
miniatura (f)	**миниатюра**	[mɪnɪatʉr]
cópia (f)	**копи**	[kɔpɪ]
reprodução (f)	**репродукци**	[reprɔduktsɪ]
mosaico (m)	**мозаика**	[mɔzaɪk]
vitral (m)	**витраж**	[wɪtraʒ]
fresco (m)	**фреска**	[fresk]
gravura (f)	**огана**	[ɔgan]
busto (m)	**бюст**	[bʉst]
escultura (f)	**скульптура**	[skuljptur]
estátua (f)	**статуя**	[statuj]
gesso (m)	**гипс**	[gɪps]
em gesso	**гипсехь**	[gɪpseh]
retrato (m)	**портрет**	[pɔrtret]
autorretrato (m)	**автопортрет**	[avtɔpɔrtret]
paisagem (f)	**сурт**	[surt]
natureza (f) morta	**натюрморт**	[natʉrmɔrt]
caricatura (f)	**карикатура**	[karɪkatur]
esboço (m)	**сурт**	[surt]
tinta (f)	**басар**	[basar]
aguarela (f)	**акварель**	[akvarelj]
óleo (m)	**даьтта**	[dætt]
lápis (m)	**къолам**	[qʔɔlam]
tinta da China (f)	**шекъа**	[ʃəqʔ]
carvão (m)	**кlора**	[k'ɔr]
desenhar (vt)	**сурт дилла**	[surt dɪll]
pintar (vt)	**сурт дилла**	[surt dɪll]
posar (vi)	**позе хlотта**	[pɔze h'ɔtt]
modelo (m)	**натурахо**	[naturaho]
modelo (f)	**натурахо**	[naturaho]
pintor (m)	**исбаьхьалча**	[ɪsbæhaltʃ]
obra (f)	**произведени**	[prɔɪzwedenɪ]
obra-prima (f)	**шедевр**	[ʃədevr]

estúdio (m)	**пхьалгIа**	[phalɣ]
tela (f)	**гата**	[gat]
cavalete (m)	**мольберт**	[mɔljbert]
paleta (f)	**палитра**	[palɪtr]
moldura (f)	**гур**	[gur]
restauração (f)	**реставраци**	[restavratsɪ]
restaurar (vt)	**реставраци ян**	[restavratsɪ jan]

152. Literatura & Poesia

literatura (f)	**литература**	[lɪteratur]
autor (m)	**автор**	[avtɔr]
pseudónimo (m)	**псевдоним**	[psevdɔnɪm]
livro (m)	**книшка**	[knɪʃk]
volume (m)	**том**	[tɔm]
índice (m)	**чулацам**	[ʧulatsam]
página (f)	**агIо**	['aɣɔ]
protagonista (m)	**коьрта турпалхо**	[kørt turpalho]
autógrafo (m)	**автограф**	[avtɔgraf]
conto (m)	**дийцар**	[dɪ:tsar]
novela (f)	**повесть**	[pɔwest']
romance (m)	**роман**	[rɔman]
obra (f)	**сочинени**	[sɔʧɪnenɪ]
fábula (m)	**басни**	[basnɪ]
romance (m) policial	**детектив**	[detektɪv]
poesia (obra)	**байт**	[bajt]
poesia (arte)	**поэзи**	[pɔɛzɪ]
poema (m)	**поэма**	[pɔɛm]
poeta (m)	**илланча**	[ɪllanʧ]
ficção (f)	**беллетристика**	[belletrɪstɪk]
ficção (f) científica	**Iилманан фантастика**	['ɪlmanan fantastɪk]
aventuras (f pl)	**хилларг**	[hɪllarg]
literatura (f) didática	**дешаран литература**	[deʃaran lɪteratur]
literatura (f) infantil	**берийн литература**	[berɪ:n lɪteratur]

153. Circo

circo (m)	**цирк**	[tsɪrk]
circo (m) ambulante	**цирк-шапито**	[tsɪrk ʃapɪtɔ]
programa (m)	**программа**	[prɔgramm]
apresentação (f)	**хьожийла**	[hɔʒɪ:l]
número (m)	**номер**	[nɔmer]
arena (f)	**майда**	[majd]
pantomima (f)	**пантомима**	[pantɔmɪm]
palhaço (m)	**жухарг**	[ʒuharg]

acrobata (m)	**пелхьо**	[pelhɔ]
acrobacia (f)	**пелхьолла**	[pelhɔll]
ginasta (m)	**гимнастхо**	[gɪmnastho]
ginástica (f)	**гимнастика**	[gɪmnastɪk]
salto (m) mortal	**сальто**	[saljtɔ]
homem forte (m)	**атлет**	[atlet]
domador (m)	**караlаморхо**	[kara'amɔrhɔ]
cavaleiro (m) equilibrista	**бере**	[bere]
assistente (m)	**ассистент**	[assɪstent]
truque (m)	**трюк**	[trʉk]
truque (m) de mágica	**бозбуунчалла**	[bɔzbu'unʧall]
mágico (m)	**бозбуунча**	[bɔzbu'unʧ]
malabarista (m)	**жонглёр**	[ʒɔnglʲor]
fazer malabarismos	**жонглировать дан**	[ʒɔnglɪrɔvatʲ dan]
domador (m)	**караlаморг**	[kara'amɔrg]
adestramento (m)	**караlамор**	[kara'amɔr]
adestrar (vt)	**караlамо**	[kara'amɔ]

154. Música. Música popular

música (f)	**музыка**	[muzɪk]
músico (m)	**музыкант**	[muzɪkant]
instrumento (m) musical	**музыкин гlирс**	[muzɪkɪn ɣɪrs]
tocar ...	**лакха**	[laq]
guitarra (f)	**гитара**	[gɪtar]
violino (m)	**чlондарг**	[ʧ'ɔndarg]
violoncelo (m)	**виолончель**	[wɪɔlɔnʧelj]
contrabaixo (m)	**контрабас**	[kɔntrabas]
harpa (f)	**арфа**	[arf]
piano (m)	**пианино**	[pɪanɪnɔ]
piano (m) de cauda	**рояль**	[rɔjalj]
órgão (m)	**орган**	[ɔrgan]
instrumentos (m pl) de sopro	**зурманийн гlирсаш**	[zurmanɪ:n ɣɪrsaʃ]
oboé (m)	**гобой**	[gɔbɔj]
saxofone (m)	**саксофон**	[saksɔfɔn]
clarinete (m)	**кларнет**	[klarnet]
flauta (f)	**флейта**	[flejt]
trompete (m)	**зурма**	[zurm]
acordeão (m)	**кехатпондар**	[kehatpɔndar]
tambor (m)	**вота**	[vɔt]
duo, dueto (m)	**дуэт**	[duɛt]
trio (m)	**трио**	[trɪɔ]
quarteto (m)	**квартет**	[kvartet]
coro (m)	**хор**	[hor]
orquestra (f)	**оркестр**	[ɔrkestr]
música (f) pop	**рок-музыка**	[rɔk muzɪk]

música (f) rock	**рок-музыка**	[rɔk muzɪk]
grupo (m) de rock	**рок-группа**	[rɔk grupp]
jazz (m)	**джаз**	[ʤɑz]
ídolo (m)	**цӀу**	[ʦ'u]
fã, admirador (m)	**ларамхо**	[lɑrɑmho]
concerto (m)	**концерт**	[kɔnʦert]
sinfonia (f)	**симфони**	[sɪmfɔnɪ]
composição (f)	**сочинени**	[sɔʧɪnenɪ]
compor (vt)	**кхолла**	[qɔll]
canto (m)	**лакхар**	[lɑqɑr]
canção (f)	**илли**	[ɪllɪ]
melodia (f)	**мукъам**	[muqʔɑm]
ritmo (m)	**ритм**	[rɪtm]
blues (m)	**блюз**	[blʉz]
notas (f pl)	**ноташ**	[nɔtɑʃ]
batuta (f)	**гӀаж**	[ɣɑʒ]
arco (m)	**чӀондаргӀа**	[ʧ'ɔndɑrɣ]
corda (f)	**мерз**	[merz]
estojo (m)	**ботт**	[bɔtt]

Descanso. Entretenimento. Viagens

155. Viagens

turismo (m)	**туризм**	[turɪzm]
turista (m)	**турист**	[turɪst]
viagem (f)	**араваьлла лелар**	[aravæll lelar]
aventura (f)	**хилларг**	[hɪllarg]
viagem (f)	**дахар**	[dahar]
férias (f pl)	**отпуск**	[ɔtpusk]
estar de férias	**отпускехь хилар**	[ɔtpuskeh hɪlar]
descanso (m)	**садаlар**	[sada'ar]
comboio (m)	**цlерпошт**	[ʦ'erpɔʃt]
de comboio (chegar ~)	**цlерпоштахь**	[ʦ'erpɔʃtah]
avião (m)	**кема**	[kem]
de avião	**кеманца**	[kemanʦ]
de carro	**машина тlехь**	[maʃɪn t'eh]
de navio	**кеманца**	[kemanʦ]
bagagem (f)	**кира**	[kɪr]
mala (f)	**чамда**	[ʧamd]
carrinho (m)	**киран гlудакх**	[kɪran ɣudaq]
passaporte (m)	**паспорт**	[paspɔrt]
visto (m)	**виза**	[wɪz]
bilhete (m)	**билет**	[bɪlet]
bilhete (m) de avião	**авиабилет**	[awɪabɪlet]
guia (m) de viagem	**некъгойтург**	[neqʔgɔjturg]
mapa (m)	**карта**	[kart]
local (m), area (f)	**меттиг**	[mettɪg]
lugar, sítio (m)	**меттиг**	[mettɪg]
exotismo (m)	**экзотика**	[ɛkzɔtɪk]
exótico	**экзотикин**	[ɛkzɔtɪkɪn]
surpreendente	**тамашена**	[tamaʃən]
grupo (m)	**группа**	[grupp]
excursão (f)	**экскурси**	[ɛkskursɪ]
guia (m)	**экскурсилелорхо**	[ɛkskursɪlelɔrhɔ]

156. Hotel

hotel (m)	**хьешийн цlа**	[heʃɪ:n ʦ'a]
motel (m)	**мотель**	[mɔtelj]
três estrelas	**кхо седа**	[qø sed]

cinco estrelas	**пхи седа**	[phɪ sed]
ficar (~ num hotel)	**саца**	[sats]
quarto (m)	**номер**	[nɔmer]
quarto (m) individual	**цхьа меттиг йолу номер**	[tsha mettɪg jolu nɔmer]
quarto (m) duplo	**шиъ меттиг йолу номер**	[ʃɪʔ mettɪg jolu nɔmer]
reservar um quarto	**номер бронь ян**	[nɔmer brɔnj jan]
meia pensão (f)	**полупансион**	[pɔlupansɪɔn]
pensão (f) completa	**йиззина пансион**	[jɪzzɪn pansɪɔn]
com banheira	**ваннер**	[vanner]
com duche	**душер**	[duʃər]
televisão (m) satélite	**спутникови телевидени**	[sputnɪkɔwɪ telewɪdenɪ]
ar (m) condicionado	**кондиционер**	[kɔndɪtsɪɔner]
toalha (f)	**гата**	[gat]
chave (f)	**догӏа**	[dɔɣ]
administrador (m)	**администратор**	[adminɪstratɔr]
camareira (f)	**хӏусамча**	[h'usamtʃ]
bagageiro (m)	**киранхо**	[kɪranho]
porteiro (m)	**портье**	[pɔrtje]
restaurante (m)	**ресторан**	[restɔran]
bar (m)	**бар**	[bar]
pequeno-almoço (m)	**марта**	[mart]
jantar (m)	**пхьор**	[phɔr]
buffet (m)	**шведийн стоьл**	[ʃwedɪ:n støl]
hall (m) de entrada	**вестибюль**	[westɪbʉlj]
elevador (m)	**лифт**	[lɪft]
NÃO PERTURBE	**МА ХЬЕВЕ**	[ma hewe]
PROIBIDO FUMAR!	**ЦИГАЬРКА ОЗА МЕГАШ ДАЦ!**	[tsɪgærk ɔz megaʃ dats]

157. Livros. Leitura

livro (m)	**книшка**	[knɪʃk]
autor (m)	**автор**	[avtɔr]
escritor (m)	**яздархо**	[jazdarhɔ]
escrever (vt)	**язъян**	[jazʔjan]
leitor (m)	**ешархо**	[eʃarhɔ]
ler (vt)	**еша**	[eʃ]
leitura (f)	**ешар**	[eʃar]
para si	**дагахь**	[dagah]
em voz alta	**хезаш**	[hezaʃ]
publicar (vt)	**арахеца**	[arahets]
publicação (f)	**арахецар**	[arahetsar]
editor (m)	**арахецархо**	[arahetsarhɔ]
editora (f)	**издательство**	[ɪzdateljstvɔ]

sair (vi)	**арадала**	[aradal]
lançamento (m)	**арадалар**	[aradalar]
tiragem (f)	**тираж**	[tɪraʒ]
livraria (f)	**книшкийн туька**	[knɪʃkɪ:n tʉk]
biblioteca (f)	**библиотека**	[bɪblɪɔtek]
novela (f)	**повесть**	[pɔwestʲ]
conto (m)	**дийцар**	[dɪ:ʦar]
romance (m)	**роман**	[rɔman]
romance (m) policial	**детектив**	[detektɪv]
memórias (f pl)	**мемуараш**	[memuaraʃ]
lenda (f)	**дийцар**	[dɪ:ʦar]
mito (m)	**миф**	[mɪf]
poesia (f)	**байташ**	[bajtaʃ]
autobiografia (f)	**автобиографи**	[avtɔbɪɔgrafɪ]
obras (f pl) escolhidas	**хаьржина**	[hærʒɪn]
ficção (f) científica	**фантастика**	[fantastɪk]
título (m)	**цIе**	[ʦ'e]
introdução (f)	**чудалор**	[ʧudalɔr]
folha (f) de rosto	**титулан агIо**	[tɪtulan aɣɔ]
capítulo (m)	**корта**	[kɔrt]
excerto (m)	**дакъа**	[daqʔ]
episódio (m)	**эпизод**	[ɛpɪzɔd]
tema (m)	**сюжет**	[sʉʒet]
conteúdo (m)	**чулацам**	[ʧulaʦam]
índice (m)	**чулацам**	[ʧulaʦam]
protagonista (m)	**коьрта турпалхо**	[kørt turpalho]
tomo, volume (m)	**том**	[tɔm]
capa (f)	**мужалт**	[muʒalt]
encadernação (f)	**мужалт яр**	[muʒalt jar]
marcador (m) de livro	**юкъаюьллург**	[juqʔajullurg]
página (f)	**агIо**	['aɣɔ]
folhear (vt)	**херца**	[herʦ]
margem (f)	**йистош**	[jɪstɔʃ]
anotação (f)	**билгало**	[bɪlgalɔ]
nota (f) de rodapé	**билгалдаккхар**	[bɪlgaldakqar]
texto (m)	**текст**	[tekst]
fonte (f)	**зорба**	[zɔrb]
gralha (f)	**гIалат кхетар**	[ɣalat qetar]
tradução (f)	**гоч**	[gɔʧ]
traduzir (vt)	**гочдинарг**	[gɔʧdɪnarg]
original (m)	**бакъдерг**	[baqʔderg]
famoso	**гIарадаьлла**	[ɣaradæll]
desconhecido	**девзаш доцу**	[devzaʃ dɔʦu]
interessante	**самукъане**	[samuqʔane]

best-seller (m)	**бестселлер**	[bestseller]
dicionário (m)	**дошам, словарь**	[dɔʃam], [slɔvarʲ]
manual (m) escolar	**учебник**	[uʧebnɪk]
enciclopédia (f)	**энциклопеди**	[ɛntsɪklɔpedɪ]

158. Caça. Pesca

caça (f)	**таллар**	[tallar]
caçar (vi)	**талла эха**	[tall ɛh]
caçador (m)	**таллархо**	[tallarhɔ]
atirar (vi)	**кхийса**	[qɪ:s]
caçadeira (f)	**топ**	[tɔp]
cartucho (m)	**патарма**	[patarm]
chumbo (m) de caça	**дробь**	[drɔbʲ]
armadilha (f)	**гура**	[gur]
armadilha (com corda)	**речIа**	[reʧ']
pôr a armadilha	**гура богIа**	[gur bɔɣ]
caçador (m) furtivo	**браконьер**	[brakɔnjer]
caça (f)	**экха**	[ɛq]
cão (m) de caça	**таллархойн жIаьла**	[tallarhɔjn ʒ'æl]
safári (m)	**сафари**	[safarɪ]
animal (m) empalhado	**мунда**	[mund]
pescador (m)	**чIерийлецархо**	[ʧ'erɪ:letsarhɔ]
pesca (f)	**чIерийлецар**	[ʧ'erɪ:letsar]
pescar (vt)	**чIерий леца**	[ʧ'erɪ: lets]
cana (f) de pesca	**мIара**	[m'ar]
linha (f) de pesca	**леска**	[lesk]
anzol (m)	**мIара**	[m'ar]
boia (f)	**тIус**	[t'us]
isca (f)	**кхоллург**	[qɔllurg]
lançar a linha	**къийдамаш бан**	[qʔɪ:damaʃ ban]
morder (vt)	**муьрг етта**	[mʉrg ett]
pesca (f)	**лецна**	[letsn]
buraco (m) no gelo	**Iуьрг**	['ʉrg]
rede (f)	**бой**	[bɔj]
barco (m)	**кема**	[kem]
pescar com rede	**бойца леца**	[bɔjts lets]
lançar a rede	**бой чукхосса**	[bɔj ʧuqɔss]
puxar a rede	**бой аратакхо**	[bɔj arataqɔ]
baleeiro (m)	**китобой**	[kɪtɔbɔj]
baleeira (f)	**китобойни кема**	[kɪtɔbɔjnɪ kem]
arpão (m)	**чаьнчакх**	[ʧænʧaq]

159. Jogos. Bilhar

bilhar (m)	**биллиард**	[bɪllɪard]
sala (f) de bilhar	**биллиардан**	[bɪllɪardan]
bola (f) de bilhar	**биллиардан шар**	[bɪllɪardan ʃar]
embolsar uma bola	**шар чутоха**	[ʃar ʧutɔh]
taco (m)	**кий**	[kɪ:]
bolsa (f)	**луза**	[luz]

160. Jogos. Jogar cartas

ouros (m pl)	**черо**	[ʧerɔ]
espadas (f pl)	**ІаьржбІаьрг**	['ærʒbærg]
copas (f pl)	**черви**	[ʧerwɪ]
paus (m pl)	**ІаьржабІаьргаш**	['ærʒabærgaʃ]
ás (m)	**тІуз**	[t'uz]
rei (m)	**паччахь**	[paʧah]
dama (f)	**йоІ**	[joʕ]
valete (m)	**салти**	[saltɪ]
carta (f) de jogar	**ловзо кехат**	[lɔvzɔ kehat]
cartas (f pl)	**кехаташ**	[kehataʃ]
trunfo (m)	**козар**	[kɔzar]
baralho (m)	**туп**	[tup]
dar, distribuir (vt)	**декъа**	[deqʔ]
embaralhar (vt)	**эдан**	[ɛdan]
vez, jogada (f)	**дахар**	[dahar]
batoteiro (m)	**хьарамча**	[haramʧ]

161. Casino. Roleta

casino (m)	**казино**	[kazɪnɔ]
roleta (f)	**рулетка**	[ruletk]
aposta (f)	**диллар**	[dɪllar]
apostar (vt)	**дилла**	[dɪll]
vermelho (m)	**цІен**	[ʦ'en]
preto (m)	**Іаьржа**	['ærʒ]
apostar no vermelho	**цІенчун тІе дилла**	[ʦ'enʧun t'e dɪll]
apostar no preto	**Іаьржчун тІе дилла**	['ærʒʧun t'e dɪll]
crupiê (m, f)	**крупье**	[krupje]
girar a roda	**бера хьийзо**	[ber hɪ:zɔ]
regras (f pl) do jogo	**ловзаран бакъонаш**	[lɔvzaran baqʔɔnaʃ]
ficha (f)	**фишка**	[fɪʃk]
ganhar (vi, vt)	**даккха**	[dakq]
ganho (m)	**даккхар**	[dakqar]

perder (dinheiro)	**эша**	[ɛʃ]
perda (f)	**эшар**	[ɛʃar]
jogador (m)	**ловзархо**	[lɔvzarhɔ]
blackjack (m)	**блэк джэк**	[blɛk ʤɛk]
jogo (m) de dados	**даьlахках ловзар**	[dæ'ahkah lɔvzar]
máquina (f) de jogo	**ловзо автомат**	[lɔvzɔ avtɔmat]

162. Descanso. Jogos. Diversos

passear (vi)	**доладала**	[dɔladal]
passeio (m)	**доладалар**	[dɔladalar]
viagem (f) de carro	**доладалар**	[dɔladalar]
aventura (f)	**хилларг**	[hɪllarg]
piquenique (m)	**пикник**	[pɪknɪk]
jogo (m)	**ловзар**	[lɔvzar]
jogador (m)	**ловзархо**	[lɔvzarhɔ]
partida (f)	**парти**	[partɪ]
colecionador (m)	**гулдархо**	[guldarhɔ]
colecionar (vt)	**гулъян**	[gulʔjan]
coleção (f)	**гулдар**	[guldar]
palavras (f pl) cruzadas	**кроссворд**	[krɔssvɔrd]
hipódromo (m)	**ипподром**	[ɪppɔdrɔm]
discoteca (f)	**дискотека**	[dɪskɔtek]
sauna (f)	**сауна**	[saun]
lotaria (f)	**лотерей**	[lɔterej]
campismo (m)	**поход**	[pɔhod]
acampamento (m)	**лагерь**	[lagerʲ]
tenda (f)	**четар**	[ʧetar]
bússola (f)	**къилба**	[qʔɪlb]
campista (m)	**турист**	[turɪst]
ver (vt), assistir à ...	**хьежа**	[heʒ]
telespectador (m)	**телехьажархо**	[telehaʒarhɔ]
programa (m) de TV	**телепередача**	[teleperedaʧ]

163. Fotografia

máquina (f) fotográfica	**фотоаппарат**	[fɔtɔapparat]
foto, fotografia (f)	**фото, сурт**	[fɔtɔ], [surt]
fotógrafo (m)	**суьрташдохург**	[sʉrtaʃdɔhurg]
estúdio (m) fotográfico	**фотостуди**	[fɔtɔstudɪ]
álbum (m) de fotografias	**фотоальбом**	[fɔtɔaljbɔm]
objetiva (f)	**объектив**	[ɔbʔektɪv]
teleobjetiva (f)	**телеобъектив**	[teleɔbʔektɪv]

filtro (m)	**фильтр**	[fɪljtr]
lente (f)	**линза**	[lɪnz]
ótica (f)	**оптика**	[ɔptɪk]
abertura (f)	**диафрагма**	[dɪafragm]
exposição (f)	**выдержка**	[vɪderʒk]
visor (m)	**видоискатель**	[wɪdɔɪskatelj]
câmara (f) digital	**цифрийн камера**	[ʦɪfrɪ:n kamer]
tripé (m)	**штатив**	[ʃtatɪv]
flash (m)	**эккхар**	[ɛkqar]
fotografar (vt)	**сурт даккха**	[surt dakq]
tirar fotos	**даккха**	[dakq]
fotografar-se	**сурт даккхийта**	[surt dakqɪ:t]
foco (m)	**резкость**	[rezkɔstʲ]
focar (vt)	**резкостан тӀедало**	[rezkɔstan t'edalɔ]
nítido	**чӀоарӀа**	[ʧ'ɔ'aɣ]
nitidez (f)	**чӀоарӀа хилар**	[ʧ'ɔ'aɣ hɪlar]
contraste (m)	**къастам**	[qʔastam]
contrastante	**къастаме**	[qʔastame]
retrato (m)	**сурт**	[surt]
negativo (m)	**негатив**	[negatɪv]
filme (m)	**фотоплёнка**	[fɔtəplʲonk]
fotograma (m)	**кадр**	[kadr]
imprimir (vt)	**зорба тоха**	[zɔrb tɔh]

164. Praia. Natação

praia (f)	**пляж**	[pljaʒ]
areia (f)	**гӀум**	[ɣum]
deserto	**гӀум-аренан**	[ɣum arenan]
bronzeado (m)	**кхарзавалар**	[qarzavalar]
bronzear-se (vr)	**вага**	[vag]
bronzeado	**маьлхо дагийна**	[mælho dagɪ:n]
protetor (m) solar	**кхарзваларан дуьхьал крем**	[qarzvalaran dʉhal krem]
biquíni (m)	**бикини**	[bɪkɪnɪ]
fato (m) de banho	**луьйчушъюхург**	[lʉjʧuʃʔʉhurg]
calção (m) de banho	**плавкаш**	[plavkaʃ]
piscina (f)	**бассейн**	[bassejn]
nadar (vi)	**нека дан**	[nek dan]
duche (m)	**душ**	[duʃ]
mudar de roupa	**бедар хийца**	[bedar hɪ:ʦ]
toalha (f)	**гата**	[gat]
barco (m)	**кема**	[kem]
lancha (f)	**катер**	[kater]

esqui (m) aquático	**хин лыжаш**	[hɪn lɪʒɑʃ]
barco (m) de pedais	**хин вилиспет**	[hɪn wɪlɪspet]
surf (m)	**серфинг**	[serfɪng]
surfista (m)	**серфингхо**	[serfɪnho]
scuba (m)	**акваланг**	[ɑkvɑlɑng]
barbatanas (f pl)	**пиллигаш**	[pɪllɪgɑʃ]
máscara (f)	**маска**	[mɑsk]
mergulhador (m)	**чулелхархо**	[ʧulelharhɔ]
mergulhar (vi)	**чулелха**	[ʧulelh]
debaixo d'água	**хин кlел**	[hɪn k'el]
guarda-sol (m)	**зонтик**	[zɔntɪk]
espreguiçadeira (f)	**шезлонг**	[ʃəzlɔng]
óculos (m pl) de sol	**куьзганаш**	[kʉzgɑnɑʃ]
colchão (m) de ar	**нека дан гоь**	[nek dɑn gø]
brincar (vi)	**ловза**	[lɔvz]
ir nadar	**лийча**	[lɪːʧ]
bola (f) de praia	**буьрка**	[bʉrk]
encher (vt)	**дуса**	[dus]
inflável, de ar	**дусу**	[dusu]
onda (f)	**тулгlе**	[tulɣe]
boia (f)	**буй**	[buj]
afogar-se (pessoa)	**бухадаха**	[buhadɑh]
salvar (vt)	**кlелхьардакхха**	[k'elhɑrdɑqh]
colete (m) salva-vidas	**кlелхьарвоккху жилет**	[k'elhɑrvɔkqu ʒɪlet]
observar (vt)	**тергам бан**	[tergɑm bɑn]
nadador-salvador (m)	**кlелхьардакххархо**	[k'elhɑrdɑqharhɔ]

EQUIPAMENTO TÉCNICO. TRANSPORTES

Equipamento técnico. Transportes

165. Computador

computador (m)	**компьютер**	[kɔmpjʉter]
portátil (m)	**ноутбук**	[nɔutbuk]
ligar (vt)	**лато**	[latɔ]
desligar (vt)	**дӀадайа**	[d'adaj]
teclado (m)	**клавиатура**	[klawɪatur]
tecla (f)	**пиллиг**	[pɪllɪg]
rato (m)	**мышь**	[mɪʃ]
tapete (m) de rato	**кузан цуьрг**	[kuzan ʦʉrg]
botão (m)	**кнопка**	[knɔpk]
cursor (m)	**курсор**	[kursɔr]
monitor (m)	**монитор**	[mɔnɪtɔr]
ecrã (m)	**экран**	[ɛkran]
disco (m) rígido	**жёстки диск**	[ʒostkɪ dɪsk]
capacidade (f) do disco rígido	**жестки дискан барам**	[ʒestkɪ dɪskan baram]
memória (f)	**эс**	[ɛs]
memória (f) operativa	**оперативни эс**	[ɔperatɪvnɪ ɛs]
ficheiro (m)	**файл**	[fajl]
pasta (f)	**папка**	[papk]
abrir (vt)	**схьаделла**	[shadell]
fechar (vt)	**дӀакъовла**	[d'aqʔɔvl]
guardar (vt)	**Ӏалашдан**	['alaʃdan]
apagar, eliminar (vt)	**дӀадаккха**	[d'adakq]
copiar (vt)	**копи яккха**	[kɔpɪ jakq]
ordenar (vt)	**сорташ дан**	[sɔrtaʃ dan]
copiar (vt)	**схьаяздан**	[shajazdan]
programa (m)	**программа**	[prɔgramm]
software (m)	**программни кхачам**	[prɔgrammnɪ qaʧam]
programador (m)	**программист**	[prɔgrammɪst]
programar (vt)	**программа хӀотто**	[prɔgramm h'ɔttɔ]
hacker (m)	**хакер**	[haker]
senha (f)	**пароль**	[parɔlj]
vírus (m)	**вирус**	[wɪrus]
detetar (vt)	**каро**	[karɔ]
byte (m)	**байт**	[bajt]

megabyte (m)	**мегабайт**	[megabajt]
dados (m pl)	**хаамаш**	[ha'amaʃ]
base (f) de dados	**хаамашан база**	[ha'amaʃan baz]
cabo (m)	**кабель**	[kabelj]
desconectar (vt)	**дӀадаккха**	[d'adakq]
conetar (vt)	**вовшахтаса**	[vɔvʃahtas]

166. Internet. E-mail

internet (f)	**интернет**	[ɪnternet]
browser (m)	**браузер**	[brauzer]
motor (m) de busca	**лехамийн ресурс**	[lehamɪ:n resurs]
provedor (m)	**провайдер**	[prɔvajder]
webmaster (m)	**веб-мастер**	[web master]
website, sítio web (m)	**веб-сайт**	[web sajt]
página (f) web	**веб-агӀо**	[web aɣɔ]
endereço (m)	**адрес**	[adres]
livro (m) de endereços	**адресийн книга**	[adresɪ:n knɪg]
caixa (f) de correio	**поштан яьшка**	[pɔʃtan jæʃk]
correio (m)	**пошт**	[pɔʃt]
mensagem (f)	**хаам**	[ha'am]
remetente (m)	**дӀадахьийтинарг**	[d'adahɪ:tɪnarg]
enviar (vt)	**дӀадахьийта**	[d'adahɪ:t]
envio (m)	**дӀадахьийтар**	[d'adahɪ:tar]
destinatário (m)	**схьаэцархо**	[shaəʦarhɔ]
receber (vt)	**схьаэца**	[zhaəʦ]
correspondência (f)	**кехаташ дӀасакхехьийтар**	[kehataʃ d'asaqehɪ:tar]
corresponder-se (vr)	**кехаташ дӀасакхехьийта**	[kehataʃ d'asaqehɪ:t]
ficheiro (m)	**файл**	[fajl]
fazer download, baixar	**чудаккха**	[ʧudakq]
criar (vt)	**кхолла**	[qɔll]
apagar, eliminar (vt)	**дӀадаккха**	[d'adakq]
eliminado	**дӀадаьккхнарг**	[d'adækqnarg]
ligação (f)	**дазар**	[dazar]
velocidade (f)	**сихалла**	[sɪhall]
modem (m)	**модем**	[mɔdem]
acesso (m)	**тӀекхочийла**	[t'eqɔʧɪ:l]
porta (f)	**порт**	[pɔrt]
conexão (f)	**дӀатасар**	[d'atasar]
conetar (vi)	**дӀатаса**	[d'atas]
escolher (vt)	**харжа**	[harʒ]
buscar (vt)	**леха**	[leh]

167. Eletricidade

eletricidade (f)	**электричество**	[ɛlektrɪʧestvɔ]
elétrico	**электрически**	[ɛlektrɪʧeskɪ]
central (f) elétrica	**электростанци**	[ɛlektrɔstanʦɪ]
energia (f)	**ницкъ**	[nɪʦqʔ]
energia (f) elétrica	**электроницкъ**	[ɛlektrɔnɪʦqʔ]
lâmpada (f)	**лампа**	[lamp]
lanterna (f)	**фонарик**	[fɔnarɪk]
poste (m) de iluminação	**фонарь**	[fɔnarʲ]
luz (f)	**серло**	[serlɔ]
ligar (vt)	**лато**	[latɔ]
desligar (vt)	**дӀадайа**	[d'adaj]
apagar a luz	**серло дӀаяйа**	[serlɔ d'ajaj]
fundir (vi)	**дага**	[dag]
curto-circuito (m)	**электрически серий вовшахкхетар**	[ɛlektrɪʧeskɪ serɪ: vɔvʃahqetar]
rutura (f)	**хадор**	[hadɔr]
contacto (m)	**хьакхадалар**	[haqadalar]
interruptor (m)	**дӀаяйоург**	[d'ajajourg]
tomada (f)	**розетка**	[rɔzetk]
ficha (f)	**мӀара**	[m'ar]
extensão (f)	**удлинитель**	[udlɪnɪtelj]
fusível (m)	**предохранитель**	[predɔhranɪtelj]
fio, cabo (m)	**сара**	[sar]
instalação (f) elétrica	**далор**	[dalɔr]
ampere (m)	**ампер**	[amper]
amperagem (f)	**токан ицкъ**	[tɔkan ɪʦqʔ]
volt (m)	**вольт**	[vɔljt]
voltagem (f)	**булам**	[bulam]
aparelho (m) elétrico	**электроприбор**	[ɛlektrɔprɪbɔr]
indicador (m)	**индикатор**	[ɪndɪkatɔr]
eletricista (m)	**электрик**	[ɛlektrɪk]
soldar (vt)	**лато**	[latɔ]
ferro (m) de soldar	**латорг**	[latɔrg]
corrente (f) elétrica	**ток**	[tɔk]

168. Ferramentas

ferramenta (f)	**гӀирс**	[ɣɪrs]
ferramentas (f pl)	**гӀирсаш**	[ɣɪrsaʃ]
equipamento (m)	**гӀирс хӀоттор**	[ɣɪrs hɔttɔr]
martelo (m)	**жӀов**	[ʒ'ɔv]
chave (f) de fendas	**сетал**	[setal]

machado (m)	**диг**	[dɪg]
serra (f)	**херх**	[herh]
serrar (vt)	**хьакха**	[haq]
plaina (f)	**воттан**	[vɔttan]
aplainar (vt)	**хьекха**	[heq]
ferro (m) de soldar	**латорг**	[latɔrg]
soldar (vt)	**лато**	[latɔ]
lima (f)	**ков**	[kɔv]
tenaz (f)	**морзах**	[mɔrzah]
alicate (m)	**чӀапморзах**	[ʧ'apmɔrzah]
formão (m)	**сто**	[stɔ]
broca (f)	**буру**	[buru]
berbequim (f)	**буру**	[buru]
furar (vt)	**буру хьовзо**	[buru hɔvzɔ]
faca (f)	**урс**	[urs]
lâmina (f)	**дитт**	[dɪtt]
afiado	**ира**	[ɪr]
cego	**аьрта**	[ært]
embotar-se (vr)	**аьртадала**	[ærtadal]
afiar, amolar (vt)	**ирдан**	[ɪrdan]
parafuso (m)	**болт**	[bɔlt]
porca (f)	**гайка**	[gajk]
rosca (f)	**агар**	[agar]
parafuso (m) para madeira	**шуруп**	[ʃurup]
prego (m)	**хьостам**	[hɔstam]
cabeça (f) do prego	**кӀуж**	[k'uʒ]
régua (f)	**линейка**	[lɪnejk]
fita (f) métrica	**рулетка**	[ruletk]
nível (m)	**тӀадам**	[t'adam]
lupa (f)	**бӀаьрг**	[b'ærg]
medidor (m)	**юсту прибор**	[justu prɪbɔr]
medir (vt)	**дуста**	[dust]
escala (f)	**шкала**	[ʃkal]
leitura (f)	**гайтам**	[gajtam]
compressor (m)	**компрессор**	[kɔmpressɔr]
microscópio (m)	**микроскоп**	[mɪkrɔskɔp]
bomba (f)	**насос**	[nasɔs]
robô (m)	**робот**	[rɔbɔt]
laser (m)	**лазер**	[lazer]
chave (f) de boca	**гайкин догӀа**	[gajkɪn dɔɣ]
fita (f) adesiva	**скоч**	[skɔʧ]
cola (f)	**клей**	[klej]
lixa (f)	**яллаpaн кехат**	[jalparan kehat]
mola (f)	**пружина**	[pruʒɪn]

íman (m)	**магнит**	[magnɪt]
luvas (f pl)	**карнаш**	[karnaʃ]
corda (f)	**чуха**	[ʧuh]
cordel (m)	**тӀийриг**	[t'ɪ:rɪg]
fio (m)	**сара**	[sar]
cabo (m)	**кабель**	[kabelj]
marreta (f)	**варзап**	[varzap]
pé de cabra (f)	**ваба**	[vab]
escada (f) de mão	**лами**	[lamɪ]
escadote (m)	**лами**	[lamɪ]
enroscar (vt)	**хьовзо**	[hɔvzɔ]
desenroscar (vt)	**схьахьовзо**	[shahɔvzɔ]
apertar (vt)	**юкъакъовла**	[juqʔaqʔɔvl]
colar (vt)	**тӀелато**	[t'elatɔ]
cortar (vt)	**хедо**	[hedɔ]
falha (mau funcionamento)	**доьхнарг**	[døhnarg]
conserto (m)	**тадар**	[tadar]
consertar, reparar (vt)	**тадан**	[tadan]
regular, ajustar (vt)	**нисдан**	[nɪsdan]
verificar (vt)	**хьажа**	[haʒ]
verificação (f)	**хьажар**	[haʒar]
leitura (f)	**гайтам**	[gajtam]
seguro	**тешаме**	[teʃame]
complicado	**чолхе**	[ʧɔlhe]
enferrujar (vi)	**мекхадола**	[meqadɔl]
enferrujado	**мекхадоьлла**	[meqadøll]
ferrugem (f)	**мекха**	[meq]

Transportes

169. Avião

avião (m)	**кема**	[kem]
bilhete (m) de avião	**авиабилет**	[awɪabɪlet]
companhia (f) aérea	**авиакомпани**	[awɪakɔmpanɪ]
aeroporto (m)	**аэропорт**	[aerɔpɔrt]
supersónico	**озал тӀехь**	[ɔzal t'eh]
comandante (m) do avião	**кеман командир**	[keman kɔmandɪr]
tripulação (f)	**экипаж**	[ɛkɪpaʒ]
piloto (m)	**кеманхо**	[kemanho]
hospedeira (f) de bordo	**стюардесса**	[stʉardess]
copiloto (m)	**штурман**	[ʃturman]
asas (f pl)	**тӀемаш**	[t'emaʃ]
cauda (f)	**цӀога**	[ʦ'ɔg]
cabine (f) de pilotagem	**кабина**	[kabɪn]
motor (m)	**двигатель**	[dwɪgatelj]
trem (m) de aterragem	**шасси**	[ʃassɪ]
turbina (f)	**бера**	[ber]
hélice (f)	**бера**	[ber]
caixa-preta (f)	**Ӏаьржа яьшка**	['ærʒ jæʃk]
coluna (f) de controlo	**штурвал**	[ʃturval]
combustível (m)	**ягорг**	[jagɔrg]
instruções (f pl) de segurança	**инструкци**	[ɪnstrukʦɪ]
máscara (f) de oxigénio	**кислородан маска**	[kɪslɔrɔdan mask]
uniforme (m)	**униформа**	[unɪfɔrm]
colete (m) salva-vidas	**кӀелхьарвоккху жилет**	[k'elharvɔkqu ʒɪlet]
paraquedas (m)	**четар**	[ʧetar]
descolagem (f)	**хьалагӀаттар**	[halaɣattar]
descolar (vi)	**хьалагӀатта**	[halaɣatt]
pista (f) de descolagem	**хьалагӀотту аса**	[halaɣɔttu as]
visibilidade (f)	**гуш хилар**	[guʃ hɪlar]
voo (m)	**дахар**	[dahar]
altura (f)	**лакхалла**	[laqall]
poço (m) de ar	**хӀаваъан ор**	[h'avaʔan ɔr]
assento (m)	**меттиг**	[mettɪg]
auscultadores (m pl)	**ладугӀургаш**	[laduɣurgaʃ]
mesa (f) rebatível	**цхьалха стол**	[ʦhalha stɔl]
vigia (f)	**иллюминатор**	[ɪllʉmɪnatɔr]
passagem (f)	**чекхдолийла**	[ʧeqdɔlɪ:l]

170. Comboio

comboio (m)	**цlерпошт**	[ʦ'erpɔʃt]
comboio (m) suburbano	**электричка**	[ɛlektrɪʧk]
comboio (m) rápido	**чехка цlерпошт**	[ʧehk ʦ'erpɔʃt]
locomotiva (f) diesel	**тепловоз**	[teplɔvɔz]
comboio (m) a vapor	**цlермашен**	[ʦ'ermaʃən]
carruagem (f)	**вагон**	[vagɔn]
carruagem restaurante (f)	**вагон-ресторан**	[vagɔn restɔran]
carris (m pl)	**рельсаш**	[reljsaʃ]
caminho de ferro (m)	**аьчка некъ**	['æʧk neqʔ]
travessa (f)	**шпала**	[ʃpal]
plataforma (f)	**платформа**	[platfɔrm]
linha (f)	**некъ**	[neqʔ]
semáforo (m)	**семафор**	[semafɔr]
estação (f)	**станци**	[stanʦɪ]
maquinista (m)	**машинхо**	[maʃɪnho]
bagageiro (m)	**киранхо**	[kɪranho]
hospedeiro, -a (da carruagem)	**проводник**	[prɔvɔdnɪk]
passageiro (m)	**пассажир**	[passaʒɪr]
revisor (m)	**контролёр**	[kɔntrɔlʲor]
corredor (m)	**уче**	[uʧe]
freio (m) de emergência	**стоп-кран**	[stɔp kran]
compartimento (m)	**купе**	[kupe]
cama (f)	**терхи**	[terhɪ]
cama (f) de cima	**лакхара терхи**	[laqar terhɪ]
cama (f) de baixo	**лахара терхи**	[lahar terhɪ]
roupa (f) de cama	**меттан лоччарш**	[mettan lɔʧarʃ]
bilhete (m)	**билет**	[bɪlet]
horário (m)	**расписани**	[raspɪsanɪ]
painel (m) de informação	**хаамийн у**	[ha:mɪ:n u]
partir (vt)	**дlадаха**	[d'adah]
partida (f)	**дlадахар**	[d'adahar]
chegar (vi)	**схьакхача**	[shaqaʧ]
chegada (f)	**схьакхачар**	[shaqaʧar]
chegar de comboio	**цlерпоштахь ван**	[ʦ'erpɔʃtah van]
apanhar o comboio	**цlерпошта тlе хаа**	[ʦ'erpɔʃt t'e ha'a]
sair do comboio	**цlерпошта тlера охьадосса**	[ʦ'erpɔʃt t'er ɔhadɔss]
acidente (m) ferroviário	**харцар**	[harʦar]
comboio (m) a vapor	**цlермашен**	[ʦ'ermaʃən]
fogueiro (m)	**кочегар**	[kɔʧegar]
fornalha (f)	**дагор**	[dagɔr]
carvão (m)	**кlора**	[k'ɔr]

171. Barco

navio (m)	**кема**	[kem]
embarcação (f)	**кема**	[kem]
vapor (m)	**цlеркема**	[ʦ'erkem]
navio (m)	**теплоход**	[teplɔhod]
transatlântico (m)	**лайнер**	[lɑjner]
cruzador (m)	**крейсер**	[krejser]
iate (m)	**яхта**	[jɑht]
rebocador (m)	**буксир**	[buksɪr]
barcaça (f)	**баржа**	[bɑrʒ]
ferry (m)	**бурам**	[burɑm]
veleiro (m)	**гатанан кема**	[gɑtɑnɑn kem]
bergantim (m)	**бригантина**	[brɪgɑntɪn]
quebra-gelo (m)	**ша-кема**	[ʃɑ kem]
submarino (m)	**хи бухахула лела кема**	[hɪ buhahul lel kem]
bote, barco (m)	**кема**	[kem]
bote, dingue (m)	**шлюпка**	[ʃlʉpk]
bote (m) salva-vidas	**кlелхьарвоккху шлюпка**	[k'elhɑrvɔkqu ʃlʉpk]
lancha (f)	**катер**	[kɑter]
capitão (m)	**капитан**	[kɑpɪtɑn]
marinheiro (m)	**хlордахо**	[h'ɔrdɑho]
marujo (m)	**хlордахо**	[h'ɔrdɑho]
tripulação (f)	**экипаж**	[ɛkɪpɑʒ]
contramestre (m)	**боцман**	[bɔʦmɑn]
grumete (m)	**юнга**	[jung]
cozinheiro (m) de bordo	**кок**	[kɔk]
médico (m) de bordo	**хи кеман лор**	[hɪ kemɑn lɔr]
convés (m)	**палуба**	[pɑlub]
mastro (m)	**мачта**	[mɑʧt]
vela (f)	**гата**	[gɑt]
porão (m)	**трюм**	[trʉm]
proa (f)	**кеман мара**	[kemɑn mɑr]
popa (f)	**кеман цlога**	[kemɑn ʦ'ɔg]
remo (m)	**пийсиг**	[pɪ:sɪg]
hélice (f)	**винт**	[wɪnt]
camarote (m)	**каюта**	[kɑjut]
sala (f) dos oficiais	**кают-компани**	[kɑjut kɔmpɑnɪ]
sala (f) das máquinas	**машинийн отделени**	[mɑʃɪnɪ:n ɔtdelenɪ]
ponte (m) de comando	**капитанан тlай**	[kɑpɪtɑnɑn t'ɑj]
sala (f) de comunicações	**радиотрубка**	[rɑdɪɔtrubk]
onda (f) de rádio	**тулгlе**	[tulɣe]
diário (m) de bordo	**кеман журнал**	[kemɑn ʒurnɑl]
luneta (f)	**турмал**	[turmɑl]
sino (m)	**горгал**	[gɔrgɑl]

bandeira (f)	**байракх**	[bajraq]
cabo (m)	**муш**	[muʃ]
nó (m)	**шад**	[ʃad]
corrimão (m)	**тӏам**	[t'am]
prancha (f) de embarque	**лами**	[lamɪ]
âncora (f)	**якорь**	[jakɔrʲ]
recolher a âncora	**якорь хьалаайа**	[jakɔrʲ hala'aj]
lançar a âncora	**якорь кхосса**	[jakɔrʲ qɔss]
amarra (f)	**якоран зӏе**	[jakɔran z'e]
porto (m)	**порт**	[pɔrt]
cais, amarradouro (m)	**дӏатосийла**	[d'atɔsɪ:l]
atracar (vi)	**йистедало**	[jɪstedalɔ]
desatracar (vi)	**дӏадаха**	[d'adah]
viagem (f)	**араваьлла лелар**	[aravæll lelar]
cruzeiro (m)	**круиз**	[kruɪz]
rumo (m), rota (f)	**курс**	[kurs]
itinerário (m)	**маршрут**	[marʃrut]
canal (m) navegável	**фарватер**	[farvater]
baixio (m)	**гомхалла**	[gɔmhall]
encalhar (vt)	**гӏамарла даха**	[ɣamarl dah]
tempestade (f)	**дарц**	[dartʃ]
sinal (m)	**сигнал**	[sɪgnal]
afundar-se (vr)	**бухадаха**	[buhadah]
SOS	**SOS**	[sɔs]
boia (f) salva-vidas	**кӏелхьарвоккху го**	[k'elharvɔkqu gɔ]

172. Aeroporto

aeroporto (m)	**аэропорт**	[aerɔpɔrt]
avião (m)	**кема**	[kem]
companhia (f) aérea	**авиакомпани**	[awɪakɔmpanɪ]
controlador (m) de tráfego aéreo	**диспетчер**	[dɪspetʃer]
partida (f)	**дӏадахар**	[d'adahar]
chegada (f)	**схьакхачар**	[shaqatʃar]
chegar (~ de avião)	**схьакхача**	[shaqatʃ]
hora (f) de partida	**гӏовтаран хан**	[ɣɔvtaran han]
hora (f) de chegada	**схьакхачаран хан**	[shaqatʃaran han]
estar atrasado	**хьедала**	[hedal]
atraso (m) de voo	**хьедар**	[hedar]
painel (m) de informação	**хаамийн табло**	[ha:mɪ:n tablɔ]
informação (f)	**хаам**	[ha'am]
anunciar (vt)	**кхайкхо**	[qajqɔ]
voo (m)	**рейс**	[rejs]

alfândega (f)	**таможни**	[tamɔʒnɪ]
funcionário (m) da alfândega	**таможхо**	[tamɔʒho]
declaração (f) alfandegária	**деклараци**	[deklaratsɪ]
preencher a declaração	**деклараци язъян**	[deklaratsɪ jazʔjan]
controlo (m) de passaportes	**пастпортан контроль**	[pastpɔrtan kɔntrɔlj]
bagagem (f)	**кира**	[kɪr]
bagagem (f) de mão	**куьйга леладен кира**	[kʉjg leladen kɪr]
carrinho (m)	**гӏудалкх**	[ɣudalq]
aterragem (f)	**охьахаар**	[ɔhaha'ar]
pista (f) de aterragem	**охьахааден аса**	[ɔhaha'aden as]
aterrar (vi)	**охьахаа**	[ɔhaha'a]
escada (f) de avião	**лами**	[lamɪ]
check-in (m)	**регистраци**	[regɪstratsɪ]
balcão (m) do check-in	**регистрацин гӏопаста**	[regɪstratsɪn ɣɔpast]
fazer o check-in	**регистраци ян**	[regɪstratsɪ jan]
cartão (m) de embarque	**тӏехааден талон**	[t'eha'aden talɔn]
porta (f) de embarque	**арадалар**	[aradalar]
trânsito (m)	**транзит**	[tranzɪt]
esperar (vi, vt)	**хьежа**	[heʒ]
sala (f) de espera	**хьежаран зал**	[heʒaran zal]
despedir-se de …	**новкъадаккха**	[nɔvqʔadakq]
despedir-se (vr)	**Ӏодика ян**	['ɔdɪk jan]

173. Bicicleta. Motocicleta

bicicleta (f)	**велиспет**	[welɪspet]
scotter, lambreta (f)	**мотороллер**	[mɔtɔrɔller]
mota (f)	**мотоцикл**	[mɔtɔtsɪkl]
ir de bicicleta	**велиспетехь ваха**	[welɪspeteh vah']
guiador (m)	**тӏам**	[t'am]
pedal (m)	**педаль**	[pedalj]
travões (m pl)	**тормозаш**	[tɔrmɔzaʃ]
selim (m)	**нуьйр**	[nʉjr]
bomba (f) de ar	**насос**	[nasɔs]
porta-bagagens (m)	**багажник**	[bagaʒnɪk]
lanterna (f)	**фонарь**	[fɔnar']
capacete (m)	**гӏем**	[ɣem]
roda (f)	**чкъург**	[ʧqʔurg]
guarda-lamas (m)	**тӏам**	[t'am]
aro (m)	**туре**	[ture]
raio (m)	**чӏу**	[ʧ'u]

Carros

174. Tipos de carros

carro, automóvel (m)	**автомобиль**	[avtɔmɔbɪlj]
carro (m) desportivo	**спортивни автомобиль**	[spɔrtɪvnɪ avtɔmɔbɪlj]
limusine (f)	**лимузин**	[lɪmuzɪn]
todo o terreno (m)	**внедорожник, джип**	[vnedɔrɔʒnɪk], [ʤɪp]
descapotável (m)	**кабриолет**	[kabrɪɔlet]
minibus (m)	**микроавтобус**	[mɪkrɔavtɔbus]
ambulância (f)	**сихонан гӀо**	[sɪhonan ɣɔ]
limpa-neve (m)	**ло дӀадоккху машина**	[lɔ d'adɔkqu maʃɪn]
camião (m)	**киранийн машина**	[kɪranɪ:n maʃɪn]
camião-cisterna (m)	**бензовоз**	[benzɔvɔz]
carrinha (f)	**хӀургон**	[h'urgɔn]
camião-trator (m)	**озорг**	[ɔzɔrg]
atrelado (m)	**тӀаьхьатосург**	[t'æhatɔsurg]
confortável	**комфорт йолу**	[kɔmfɔrt jolu]
usado	**лелийна**	[lelɪ:n]

175. Carros. Carroçaria

capô (m)	**капот**	[kapɔt]
guarda-lamas (m)	**тӀам**	[t'am]
tejadilho (m)	**тхов**	[thov]
para-brisa (m)	**хьалхара ангали**	[halhar angalɪ]
espelho (m) retrovisor	**тӀехьара сурт гайта ангали**	[t'ehar surt gajt angalɪ]
lavador (m)	**дилар**	[dɪlar]
limpa-para-brisas (m)	**ангалицӀандийригаш**	['angalɪʦ'andɪ:rɪgaʃ]
vidro (m) lateral	**агӀонгара ангали**	['aɣɔngar angalɪ]
elevador (m) do vidro	**ангалихьалаойург**	[angalɪhalaɔjurg]
antena (f)	**антенна**	[anten]
teto solar (m)	**люк**	[lʉk]
para-choques (m pl)	**бампер**	[bamper]
bagageira (f)	**багажник**	[bagaʒnɪk]
porta (f)	**неӀ**	[neʕ]
maçaneta (f)	**тӀам**	[t'am]
fechadura (f)	**догӀа**	[dɔɣ]
matrícula (f)	**номер**	[nɔmer]
silenciador (m)	**лагӀийирриг**	[laɣjɪ:rɪg]

tanque (m) de gasolina	**бензинан бак**	[benzɪnan bak]
tubo (m) de escape	**выхлопни турба**	[vɪhlɔpnɪ turb]
acelerador (m)	**газ**	[gaz]
pedal (m)	**педаль**	[pedalj]
pedal (m) do acelerador	**газан педаль**	[gazan pedalj]
travão (m)	**тормоз**	[tɔrmɔz]
pedal (m) do travão	**тормозан педаль**	[tɔrmɔzan pedalj]
travar (vt)	**тормоз таса**	[tɔrmɔz tas]
travão (m) de mão	**дlахlоттайойларан тормоз**	[d'ah'ɔttajojlaran tɔrmɔz]
embraiagem (f)	**вовшахтасар**	[vɔvʃahtasar]
pedal (m) da embraiagem	**вовшахтасаран педаль**	[vɔvʃahtasaran pedalj]
disco (m) de embraiagem	**вовшахтасаран диск**	[vɔvʃahtasaran dɪsk]
amortecedor (m)	**амортизатор**	[amɔrtɪzatɔr]
roda (f)	**чкъург**	[ʧq?urg]
pneu (m) sobresselente	**тlаьхьалонан чкъург**	[t'æhalɔnan ʧq?urg]
tampão (m) de roda	**кад**	[kad]
rodas (f pl) motrizes	**лело чкъургаш**	[lelɔ ʧq?urgaʃ]
de tração dianteira	**хьалхараприводан**	[halharaprɪvɔdan]
de tração traseira	**тlехьараприводан**	[t'eharaprɪvɔdan]
de tração às 4 rodas	**дуьззинаприводан**	[dʉzzɪnaprɪvɔdan]
caixa (f) de mudanças	**передачан гlутакх**	[peredaʧan ɣutaq]
automático	**автоматически**	[avtɔmatɪʧeskɪ]
mecânico	**механически**	[mehanɪʧeskɪ]
alavanca (f) das mudanças	**передачан гlутакхан зеразакъ**	[peredaʧan ɣutaqan zerazaq?]
farol (m)	**фара**	[far]
faróis, luzes	**фараш**	[faraʃ]
médios (m pl)	**гергара серло**	[gergar serlɔ]
máximos (m pl)	**генара серло**	[genar serlɔ]
luzes (f pl) de stop	**собар-хаам**	[sɔbar ha'am]
mínimos (m pl)	**габаритам серло**	[gabarɪtam serlɔ]
luzes (f pl) de emergência	**аварии серло**	[avarɪ: serlɔ]
faróis (m pl) antinevoeiro	**дахкарна дуьхьалара фараш**	[dahkarn dʉhalar faraʃ]
pisca-pisca (m)	**«поворотник»**	[pɔvɔrɔtnɪk]
luz (f) de marcha atrás	**юханехьа дахар**	[juhaneh dahar]

176. Carros. Habitáculo

interior (m) do carro	**салон**	[salɔn]
de couro, de pele	**тlаьрсиган**	[t'ærsɪgan]
de veludo	**велюран**	[welʉran]
estofos (m pl)	**тlетухург**	[t'etuhurg]
indicador (m)	**прибор**	[prɪbɔr]
painel (m) de instrumentos	**приборийн у**	[prɪbɔrɪ:n u]

velocímetro (m)	**спидометр**	[spɪdɔmetr]
ponteiro (m)	**цамза**	[ʦamz]
conta-quilómetros (m)	**лолург**	[lɔlurg]
sensor (m)	**гойтург**	[gɔjturg]
nível (m)	**барам**	[baram]
luz (f) avisadora	**лампа**	[lamp]
volante (m)	**тӀам, тӀоман чкъург**	[t'am], [t'ɔman ʧq?urg]
buzina (f)	**сигнал**	[sɪgnal]
botão (m)	**кнопка**	[knɔpk]
interruptor (m)	**лакъорг**	[laq?ɔrg]
assento (m)	**охьахоийла**	[ɔhahoɪ:l]
costas (f pl) do assento	**букъ**	[buq?]
cabeceira (f)	**гӀовла**	[ɣɔvl]
cinto (m) de segurança	**доьхка**	[døhk]
apertar o cinto	**доьхка тӀедолла**	[døhk t'edɔll]
regulação (f)	**нисдар**	[nɪsdar]
airbag (m)	**хӀаваан гӀайба**	[h'ava'an ɣajb]
ar (m) condicionado	**кондиционер**	[kɔndɪʦɪɔner]
rádio (m)	**радио**	[radɪɔ]
leitor (m) de CD	**CD-проигрыватель**	[sɪdɪ prɔɪgrɪvatelj]
ligar (vt)	**йолаялийта**	[jolajalɪ:t]
antena (f)	**антенна**	[anten]
porta-luvas (m)	**бардачок**	[bardaʧɔk]
cinzeiro (m)	**чимтосург**	[ʧɪmtɔsurg]

177. Carros. Motor

motor (m)	**двигатель**	[dwɪgatelj]
motor (m)	**мотор**	[mɔtɔr]
diesel	**дизелан**	[dɪzelan]
a gasolina	**бензинан**	[benzɪnan]
cilindrada (f)	**двигателан чухоам**	[dwɪgatelan ʧuhoam]
potência (f)	**нуьцкъалла**	[nʉʦq?all]
cavalo-vapor (m)	**говран ницкъ**	[gɔvran nɪʦq?]
pistão (m)	**поршень**	[pɔrʃənj]
cilindro (m)	**цилиндр**	[ʦɪlɪndr]
válvula (f)	**клапан**	[klapan]
injetor (m)	**инжектор**	[ɪnʒektɔr]
gerador (m)	**генератор**	[generatɔr]
carburador (m)	**карбюратор**	[karbʉratɔr]
óleo (m) para motor	**моторан даьтта**	[mɔtɔran dætt]
radiador (m)	**радиатор**	[radɪatɔr]
refrigerante (m)	**шело туху кочалла**	[ʃəlɔ tuhu kɔʧall]
ventilador (m)	**мохтухург**	[mɔhtuhurg]
bateria (f)	**аккумулятор**	[akkumuljatɔr]
dispositivo (m) de arranque	**стартер**	[starter]

ignição (f)	**зажигани**	[zaʒɪganɪ]
vela (f) de ignição	**латаен свеча**	[latajen swetʃ]
borne (m)	**клемма**	[klemm]
borne (m) positivo	**плюс**	[plʉs]
borne (m) negativo	**минус**	[mɪnus]
fusível (m)	**предохранитель**	[predɔhranɪtelj]
filtro (m) de ar	**хlаваан фильтр**	[h'ava'an fɪljtr]
filtro (m) de óleo	**даьттан фильтр**	[dættan fɪljtr]
filtro (m) de combustível	**ягоран фильтр**	[jagɔran fɪljtr]

178. Carros. Batidas. Reparação

acidente (m) de carro	**авари**	[avarɪ]
acidente (m) rodoviário	**некъан хилларг**	[neqʔan hɪllarg]
ir contra ...	**кхета**	[qet]
sofrer um acidente	**доха**	[dɔh]
danos (m pl)	**лазор**	[lazɔr]
intato	**могуш-маьрша**	[mɔguʃ mærʃ]
avariar (vi)	**доха**	[dɔh]
cabo (m) de reboque	**буксиран трос**	[buksɪran trɔs]
furo (m)	**чеккхдаккхар**	[tʃekqdakqar]
estar furado	**дассадала**	[dassadal]
encher (vt)	**дуса**	[dus]
pressão (f)	**таlам**	[ta'am]
verificar (vt)	**хьажа**	[haʒ]
reparação (f)	**таяр**	[tajar]
oficina (f) de reparação de carros	**таяран пхьалгlа**	[tajaran phalɣ]
peça (f) sobresselente	**запчасть**	[zaptʃastʲ]
peça (f)	**деталь**	[detalj]
parafuso (m)	**болт**	[bɔlt]
parafuso (m)	**винт**	[wɪnt]
porca (f)	**гайка**	[gajk]
anilha (f)	**шайба**	[ʃajb]
rolamento (m)	**подшипник**	[pɔdʃɪpnɪk]
tubo (m)	**турба**	[turb]
junta (f)	**прокладка**	[prɔkladk]
fio, cabo (m)	**сара**	[sar]
macaco (m)	**домкрат**	[dɔmkrat]
chave (f) de boca	**гайкин догlа**	[gajkɪn dɔɣ]
martelo (m)	**жlов**	[ʒ'ɔv]
bomba (f)	**насос**	[nasɔs]
chave (f) de fendas	**сетал**	[setal]
extintor (m)	**цlайойург**	[ʦ'ajojurg]
triângulo (m) de emergência	**аварии кхосаберг**	[avarɪ: qɔsaberg]

parar (vi) (motor)	**дlайов**	[d'ɑjov]
paragem (f)	**сацор**	[sɑtsɔr]
estar quebrado	**дохо**	[dɔho]
superaquecer-se (vr)	**тlех дохдала**	[t'eh dɔhdɑl]
entupir-se (vr)	**дукъадала**	[duqʔɑdɑl]
congelar (vi)	**гlоро**	[ɣɔrɔ]
rebentar (vi)	**эккха**	[ɛkq]
pressão (f)	**таlам**	[tɑ'ɑm]
nível (m)	**барам**	[bɑrɑm]
frouxo	**гlийла**	[ɣɪ:l]
mossa (f)	**ведйина меттиг**	[wedjɪn mettɪg]
ruído (m)	**тата**	[tɑt]
fissura (f)	**датlар**	[dɑt'ɑr]
aranhão (m)	**мацхар**	[mɑtshɑr]

179. Carros. Estrada

estrada (f)	**некъ**	[neqʔ]
autoestrada (f)	**автонекъ**	['ɑvtɔneqʔ]
rodovia (f)	**силам-некъ**	[sɪlɑm neqʔ]
direção (f)	**агlо, тlедерзор**	['ɑɣɔ], [t'ederzɔr]
distância (f)	**некъан бохалла**	[neqʔɑn bɔhɑll]
ponte (f)	**тlай**	[t'ɑj]
parque (m) de estacionamento	**паркинг**	[pɑrkɪng]
praça (f)	**майда**	[mɑjd]
nó (m) rodoviário	**гlонжагlа**	[ɣɔnʒɑɣ]
túnel (m)	**туннель**	[tunelj]
posto (m) de gasolina	**автозаправка**	[ɑvtɔzɑprɑvk]
parque (m) de estacionamento	**машинаш дlахlиттайойла**	[mɑʃɪnɑʃ d'ɑh'ɪttɑjojl]
bomba (f) de gasolina	**бензоколонка**	[benzɔkɔlɔnk]
oficina (f) de reparação de carros	**гараж**	[gɑrɑʒ]
abastecer (vi)	**дотта**	[dɔtt]
combustível (m)	**ягорг**	[jɑgɔrg]
bidão (m) de gasolina	**канистр**	[kɑnɪstr]
asfalto (m)	**асфальт**	[ɑsfɑljt]
marcação (f) de estradas	**билгало**	[bɪlgɑlɔ]
lancil (m)	**дийна дист**	[dɪ:n dɪst]
proteção (f) guard-rail	**керт**	[kert]
valeta (f)	**кювет**	[kʉwet]
berma (f) da estrada	**некъан йист**	[neqʔɑn jɪst]
poste (m) de luz	**богlам**	[bɔɣɑm]
conduzir, guiar (vt)	**лело**	[lelɔ]
virar (ex. ~ à direita)	**дlадерза**	[d'ɑderz]
dar retorno	**духадерзар**	[duhɑderzɑr]
marcha-atrás (f)	**юханехьа дахар**	[juhɑneh dɑhɑr]
buzinar (vi)	**сигнал етта**	[sɪgnɑl ett]

buzina (f)	**аьзнийн сигнал**	[æznɪ:n sɪgnɑl]
atolar-se (vr)	**диса**	[dɪs]
patinar (na lama)	**хьийзаш латта**	[hɪ:zɑʃ lɑtt]
desligar (vt)	**дӀадайа**	[d'ɑdɑj]
velocidade (f)	**сихалла**	[sɪhall]
exceder a velocidade	**сихалла тӀехьа йаккха**	[sɪhall t'eh jɑkq]
multar (vt)	**гӀуда тоха**	[ɣud tɔh]
semáforo (m)	**светофор**	[swetɔfɔr]
carta (f) de condução	**лелорхочун бакъонаш**	[lelɔrhɔʧun bɑqʔɔnɑʃ]
passagem (f) de nível	**дехьаволийла**	[dehɑvɔlɪ:l]
cruzamento (m)	**галморзе**	[gɑlmɔrze]
passadeira (f)	**гӀашлойн дехьаволийла**	[ɣɑʃlɔjn dehɑvɔlɪ:l]
curva (f)	**гола**	[gɔl]
zona (f) pedonal	**гӀашлойн зона**	[ɣɑʃlɔjn zɔn]

180. Sinais de trânsito

código (m) da estrada	**некъантӀехула леларан бакъонаш**	[neqʔant'ehul lelɑrɑn bɑqʔɔnɑʃ]
sinal (m) de trânsito	**билгало**	[bɪlgɑlɔ]
ultrapassagem (f)	**хьалхадалар**	[halhadalar]
curva (f)	**го**	[gɔ]
inversão (f) de marcha	**духадерзор**	[duhaderzɔr]
rotunda (f)	**хьинзаме болам**	[hɪnzame bɔlam]
sentido proibido	**чувар дихкина ду**	[ʧuvar dɪhkɪn du]
trânsito proibido	**лелар дихкина ду**	[lelar dɪhkɪn du]
proibição de ultrapassar	**хьалхадалар дихкина ду**	[halhadalar dɪhkɪn du]
estacionamento proibido	**дӀахӀуттийла дихкина ду**	[d'ah'uttɪ:l dɪhkɪn du]
paragem proibida	**социйла дихкина ду**	[sɔʦɪ:l dɪhkɪn du]
curva (f) perigosa	**цӀеххьашха дӀаверзар**	[ʦ'ehaʃha d'awerzar]
descida (f) perigosa	**цӀеххьашха басе**	[ʦ'ehaʃha base]
trânsito de sentido único	**цхьана агӀорхьа лелар**	[ʦhan aɣɔrh lelar]
passadeira (f)	**гӀашлойн дехьаволийла**	[ɣaʃlɔjn dehavɔlɪ:l]
pavimento (m) escorregadio	**шера некъ**	[ʃər neqʔ]
cedência de passagem	**некъ бита**	[neqʔ bɪt]

PESSOAS. EVENTOS

Eventos

181. Férias. Evento

festa (f)	**дезде**	[dezde]
festa (f) nacional	**къаьмнийн дезде**	[q?æmnɪ:n dezde]
feriado (m)	**деза де**	[dez de]
festejar (vt)	**даздан**	[dazdan]
evento (festa, etc.)	**хилларг**	[hɪllarg]
evento (banquete, etc.)	**мероприяти**	[merɔprɪjatɪ]
banquete (m)	**той**	[tɔj]
receção (f)	**тIеэцар**	[t'eɛʦar]
festim (m)	**той**	[tɔj]
aniversário (m)	**шо кхачар**	[ʃɔ qaʧar]
jubileu (m)	**юбилей**	[jubɪlej]
celebrar (vt)	**билгалдаккха**	[bɪlgaldakq]
Ano (m) Novo	**Керла шо**	[kerl ʃɔ]
Feliz Ano Novo!	**Керлачу шарца декъал дойла шу!**	[kerlaʧu ʃarʦ deq?al dɔjl ʃu]
Natal (m)	**Рождество**	[rɔʒdestvɔ]
Feliz Natal!	**Рождествоца декъал дойла шу!**	[rɔʒdestvɔʦ deq?al dɔjl ʃu]
árvore (f) de Natal	**керлачу шеран ёлка**	[kerlaʧu ʃeran jolk]
fogo (m) de artifício	**салют**	[salʉt]
boda (f)	**ловзар**	[lɔvzar]
noivo (m)	**зуда ехна стаг**	[zud ehn stag]
noiva (f)	**нускал**	[nuskal]
convidar (vt)	**схьакхайкха**	[shaqajq]
convite (m)	**кхайкхар**	[qajqar]
convidado (m)	**хьаша**	[haʃ]
visitar (vt)	**хьошалгIа ваха**	[hɔʃalɣ vah']
receber os hóspedes	**хьешашна дуьхьалваха**	[heʃaʃn dʉhalvah]
presente (m)	**совгIат**	[sɔvɣat]
oferecer (vt)	**совгIатна дала**	[sɔvɣatn dal]
receber presentes	**совгIаташ схьаэца**	[sɔvɣataʃ sha'ɛʦ]
ramo (m) de flores	**курс**	[kurs]
felicitações (f pl)	**декъалдар**	[deq?aldar]
felicitar (dar os parabéns)	**декъалдан**	[deq?aldan]

cartão (m) de parabéns	**декъалден открытка**	[deqʔalden ɔtkrɪtk]
enviar um postal	**открытка дӀадахьийта**	[ɔtkrɪtk d'adahɪ:t]
receber um postal	**открытка схьаэца**	[ɔtkrɪtk shaeʦ]
brinde (m)	**кад**	[kad]
oferecer (vt)	**дала**	[dal]
champanhe (m)	**шампански**	[ʃampanskɪ]
divertir-se (vr)	**сакъера**	[saqʔer]
diversão (f)	**сакъерар**	[saqʔerar]
alegria (f)	**хазахетар**	[hazahetar]
dança (f)	**хелхар**	[helhar]
dançar (vi)	**хелхадала**	[helhadal]
valsa (f)	**вальс**	[valjs]
tango (m)	**танго**	[tangɔ]

182. Funerais. Enterro

cemitério (m)	**кешнаш**	[keʃnaʃ]
sepultura (f), túmulo (m)	**каш**	[kaʃ]
lápide (f)	**чурт**	[ʧurt]
cerca (f)	**керт**	[kert]
capela (f)	**килс**	[kɪls]
morte (f)	**далар**	[dalar]
morrer (vi)	**дала**	[dal]
defunto (m)	**велларг**	[wellarg]
luto (m)	**Іаьржа**	['ærʒ]
enterrar, sepultar (vt)	**дӀадолла**	[d'adɔll]
agência (f) funerária	**велчан ламаста ден бюро**	[welʧan lamast den bʉrɔ]
funeral (m)	**тезет**	[tezet]
coroa (f) de flores	**кочар**	[kɔʧar]
caixão (m)	**гроб**	[grɔb]
carro (m) funerário	**катафалк**	[katafalk]
mortalha (f)	**марчо**	[marʧɔ]
urna (f) funerária	**урна**	[urn]
crematório (m)	**крематорий**	[krematɔrɪ]
obituário (m), necrologia (f)	**некролог**	[nekrɔlɔg]
chorar (vi)	**делха**	[delh]
soluçar (vi)	**делха**	[delh]

183. Guerra. Soldados

pelotão (m)	**завод**	[zavɔd]
companhia (f)	**рота**	[rɔt]
regimento (m)	**полк**	[pɔlk]

exército (m) | эскар | [ɛskar]
divisão (f) | дивизи | [dɪwɪzɪ]

destacamento (m) | тоба | [tɔb]
hoste (f) | эскар | [ɛskar]

soldado (m) | салти | [saltɪ]
oficial (m) | эпсар | [ɛpsar]

soldado (m) raso | моглара | [mɔɣarer]
sargento (m) | сержант | [serʒant]
tenente (m) | лейтенант | [lejtenant]
capitão (m) | капитан | [kapɪtan]
major (m) | майор | [major]

coronel (m) | полковник | [pɔlkɔvnɪk]
general (m) | инарла | [ɪnarl]

marujo (m) | хlордахо | [h'ɔrdaho]
capitão (m) | капитан | [kapɪtan]
contramestre (m) | боцман | [bɔtsman]

artilheiro (m) | артиллерист | [artɪllerɪst]
soldado (m) paraquedista | десантхо | [desantho]
piloto (m) | кеманхо | [kemanho]

navegador (m) | штурман | [ʃturman]
mecânico (m) | механик | [mehanɪk]

sapador (m) | сапёр | [sapʲor]
paraquedista (m) | парашютхо | [paraʃʉtho]

explorador (m) | талламхо | [tallamho]
franco-atirador (m) | иччархо | [ɪʧarhɔ]

patrulha (f) | патруль | [patrulj]
patrulhar (vt) | гlаролла дан | [ɣarɔll dan]
sentinela (f) | гlарол | [ɣarɔl]

guerreiro (m) | эскархо | [ɛskarhɔ]
patriota (m) | патриот | [patrɪɔt]

herói (m) | турпалхо | [turpalho]
heroína (f) | турпалхо | [turpalho]

traidor (m) | ямартхо | [jamartho]
desertor (m) | деддарг | [deddarg]
desertar (vt) | дада | [dad]

mercenário (m) | ялхо | [jalho]
recruta (m) | керла бlахо | [kerl b'aho]
voluntário (m) | лаамерниг | [la'amernɪg]

morto (m) | дийнарг | [dɪ:narg]
ferido (m) | чов хилла | [ʧɔv hɪll]
prisioneiro (m) de guerra | йийсархо | [jɪ:sarhɔ]

184. Guerra. Ações militares. Parte 1

guerra (f)	**тlом**	[t'ɔm]
guerrear (vt)	**тlом бан**	[t'ɔm ban]
guerra (f) civil	**граждански тlом**	[graʒdanskɪ t'ɔm]
perfidamente	**тешнабеххехь**	[teʃnabehkeh]
declaração (f) de guerra	**дlахьебан**	[d'aheban]
declarar (vt) guerra	**хьебан**	[heban]
agressão (f)	**агресси**	[agressɪ]
atacar (vt)	**тlелата**	[t'elat]
invadir (vt)	**дlалаца**	[d'alaʦ]
invasor (m)	**дlалецархо**	[d'aleʦarhɔ]
conquistador (m)	**даккхархо**	[dakqarhɔ]
defesa (f)	**дуьхьало, лардар**	[dʉhalɔ], [lardar]
defender (vt)	**дуьхьало ян, лардан**	[dʉhalɔ jan], [lardan]
defender-se (vr)	**дуьхьало ян**	[dʉhalɔ jan]
inimigo, adversário (m)	**мостагl**	[mɔstaɣ]
inimigo	**мостагlийн**	[mɔstaɣɪ:n]
estratégia (f)	**стратеги**	[strategɪ]
tática (f)	**тактика**	[taktɪk]
ordem (f)	**омра**	[ɔmr]
comando (m)	**буьйр**	[bʉjr]
ordenar (vt)	**омра дан**	[ɔmr dan]
missão (f)	**тlедиллар**	[t'edɪllar]
secreto	**къайлаха**	[qʔajlah]
batalha (f)	**латар**	[latar]
combate (m)	**тlом**	[t'ɔm]
ataque (m)	**атака**	[atak]
assalto (m)	**штурм**	[ʃturm]
assaltar (vt)	**штурм ян**	[ʃturm jan]
assédio, sítio (m)	**лацар**	[laʦar]
ofensiva (f)	**тlелатар**	[t'elatar]
passar à ofensiva	**тlелета**	[t'elet]
retirada (f)	**юхадалар**	[juhadalar]
retirar-se (vr)	**юхадала**	[juhadal]
cerco (m)	**го бар**	[gɔ bar]
cercar (vt)	**го бан**	[gɔ ban]
bombardeio (m)	**бомбанаш еттар**	[bɔmbanaʃ ettar]
lançar uma bomba	**бомб чукхосса**	[bɔmb ʧukqɔss]
bombardear (vt)	**бомбанаш етта**	[bɔmbanaʃ ett]
explosão (f)	**эккхар**	[ɛkqar]
tiro (m)	**ялар**	[jalar]
disparar um tiro	**кхосса**	[qɔss]

tiroteio (m)	**кхийсар**	[qɪ:sar]
apontar para …	**хьежо**	[heʒɔ]
apontar (vt)	**тӀехьажо**	[t'ehaʒɔ]
acertar (vt)	**кхета**	[qet]
afundar (um navio)	**хи бухадахийта**	[hɪ buhadahɪ:t]
brecha (f)	**Ӏуьрг**	['ʉrg]
afundar (vi)	**хи буха даха**	[hɪ buha dah]
frente (m)	**фронт**	[frɔnt]
evacuação (f)	**эвакуаци**	[ɛvakuaʦɪ]
evacuar (vt)	**эвакуаци ян**	[ɛvakuaʦɪ jan]
trincheira (f)	**окоп, траншей**	[ɔkɔp], [tranʃəj]
arame (m) farpado	**кӀохцал-сара**	[k'ɔhʦal sar]
obstáculo (m) anticarro	**дуьхьало**	[dʉhalɔ]
torre (f) de vigia	**чардакх**	[ʧardaq]
hospital (m)	**госпиталь**	[gɔspɪtalj]
ferir (vt)	**чов ян**	[ʧɔv jan]
ferida (f)	**чов**	[ʧɔv]
ferido (m)	**чов хилла**	[ʧɔv hɪll]
ficar ferido	**чов хила**	[ʧɔv hɪl]
grave (ferida ~)	**хала**	[hal]

185. Guerra. Ações militares. Parte 2

cativeiro (m)	**йийсарехь хилар**	[jɪ:sareh hɪlar]
capturar (vt)	**йийсар дан**	[jɪ:sar dan]
estar em cativeiro	**йийсарехь хила**	[jɪ:sareh hɪl]
ser aprisionado	**йийсарехь кхача**	[jɪ:sareh qaʧ]
campo (m) de concentração	**концлагерь**	[kɔnʦlager']
prisioneiro (m) de guerra	**йийсархо**	[jɪ:sarhɔ]
escapar (vi)	**дада**	[dad]
trair (vt)	**ямартдала**	[jamartdal]
traidor (m)	**ямартхо**	[jamartho]
traição (f)	**ямартло**	[jamartlɔ]
fuzilar, executar (vt)	**тоьпаш тоха**	[tøpaʃ tɔh]
fuzilamento (m)	**тоьпаш тохар**	[tøpaʃ tɔhar]
equipamento (m)	**духар**	[duhar]
platina (f)	**погон**	[pɔgɔn]
máscara (f) antigás	**противогаз**	[prɔtɪvɔgaz]
rádio (m)	**раци**	[raʦɪ]
cifra (f), código (m)	**шифр**	[ʃɪfr]
conspiração (f)	**конспираци**	[kɔnspɪraʦɪ]
senha (f)	**пароль**	[parɔlj]
mina (f)	**мина**	[mɪn]
minar (vt)	**минаш яхка**	[mɪnaʃ jahk]

campo (m) minado	**минийн аре**	[mɪnɪ:n are]
alarme (m) aéreo	**хӀаваан орца**	[h'ava'an ɔrʦ]
alarme (m)	**орца**	[ɔrʦ]
sinal (m)	**сигнал**	[sɪgnal]
sinalizador (m)	**хааман ракета**	[ha'aman raket]
estado-maior (m)	**штаб**	[ʃtab]
reconhecimento (m)	**разведка**	[razwedk]
situação (f)	**хьал**	[hal]
relatório (m)	**рапорт**	[rapɔrt]
emboscada (f)	**кӀело**	[k'elɔ]
reforço (m)	**гӀо**	[ɣɔ]
alvo (m)	**гӀакх**	[ɣaq]
campo (m) de tiro	**полигон**	[pɔlɪgɔn]
manobras (f pl)	**манёвраш**	[manʲovraʃ]
pânico (m)	**дохар**	[dɔhar]
devastação (f)	**бохор**	[bɔhor]
ruínas (f pl)	**дохор**	[dɔhor]
destruir (vt)	**дохо**	[dɔho]
sobreviver (vi)	**дийна диса**	[dɪ:n dɪs]
desarmar (vt)	**герз схьадаккха**	[gerz shadakq]
manusear (vt)	**лело**	[lelɔ]
Firmes!	**Тийна!**	[tɪ:n]
Descansar!	**ПаргӀат!**	[parɣat]
façanha (f)	**хьуьнар**	[hʉnar]
juramento (m)	**дуй**	[duj]
jurar (vi)	**дуй баа**	[duj ba'a]
condecoração (f)	**совгӀат**	[sɔvɣat]
condecorar (vt)	**совгӀат дала**	[sɔvɣat dal]
medalha (f)	**мидал**	[mɪdal]
ordem (f)	**орден**	[ɔrden]
vitória (f)	**толам**	[tɔlam]
derrota (f)	**эшар**	[ɛʃar]
armistício (m)	**маслаӀат**	[masla'at]
bandeira (f)	**байракх**	[bajraq]
glória (f)	**гӀардалар**	[ɣardalar]
desfile (m) militar	**парад**	[parad]
marchar (vi)	**марш-болар дан**	[marʃ bɔlar dan]

186. Armas

arma (f)	**герз**	[gerz]
arma (f) de fogo	**долу герз**	[dɔlu gerz]
arma (f) branca	**шийла герз**	[ʃɪ:l gerz]
arma (f) química	**химически герз**	[hɪmɪʧeskɪ gerz]
nuclear	**ядеран**	[jaderan]

arma (f) nuclear	**ядеран герз**	[jaderan gerz]
bomba (f)	**бомба**	[bɔmb]
bomba (f) atómica	**атоман бомба**	[atɔman bɔmb]
pistola (f)	**тапча**	[taptʃ]
caçadeira (f)	**топ**	[tɔp]
pistola-metralhadora (f)	**автомат**	[avtɔmat]
metralhadora (f)	**пулемёт**	[pulemʲot]
boca (f)	**Iуьрг**	['ʉrg]
cano (m)	**чIижаргIа**	[tʃ'ɪʒarɣ]
calibre (m)	**калибр**	[kalɪbr]
gatilho (m)	**лаг**	[lag]
mira (f)	**Iалашо**	['alaʃɔ]
carregador (m)	**гIутакх**	[ɣutaq]
coronha (f)	**хен**	[hen]
granada (f) de mão	**гранат**	[granat]
explosivo (m)	**оьккхург**	[økqurg]
bala (f)	**даьндарг**	[dændarg]
cartucho (m)	**патарма**	[patarm]
carga (f)	**бустам**	[bustam]
munições (f pl)	**тIеман гIирс**	[t'eman ɣɪrs]
bombardeiro (m)	**бомбардировщик**	[bɔmbardɪrɔvɕɪk]
avião (m) de caça	**истребитель**	[ɪstrebɪtelj]
helicóptero (m)	**вертолёт**	[wertɔlʲot]
canhão (m) antiaéreo	**зенитка**	[zenɪtk]
tanque (m)	**танк**	[tank]
canhão (de um tanque)	**йоккха топ**	[jokq tɔp]
artilharia (f)	**артиллери**	[artɪllerɪ]
fazer a pontaria	**тIехьажо**	[t'ehaʒɔ]
obus (m)	**снаряд**	[snarʲad]
granada (f) de morteiro	**мина**	[mɪn]
morteiro (m)	**миномёт**	[mɪnɔmʲot]
estilhaço (m)	**гериг**	[gerɪg]
submarino (m)	**хи буха лела кема**	[hɪ buha lel kem]
torpedo (m)	**торпеда**	[tɔrped]
míssil (m)	**ракета**	[raket]
carregar (uma arma)	**дуза**	[duz]
atirar, disparar (vi)	**кхийса**	[qɪ:s]
apontar para ...	**хьежо**	[heʒɔ]
baioneta (f)	**цхьамза**	[ʦhamz]
espada (f)	**шпага**	[ʃpag]
sabre (m)	**тур**	[tur]
lança (f)	**гоьмукъ**	[gømuqʔ]
arco (m)	**секха Iад**	[seq 'ad]
flecha (f)	**пха**	[ph]

mosquete (m)	**мушкет**	[muʃket]
besta (f)	**арбалет**	[arbalet]

187. Povos da antiguidade

primitivo	**духхьарлера**	[duharler]
pré-histórico	**историл хьалхара**	[ɪstɔrɪl halhar]
antigo	**мацахлера**	[matsahler]
Idade (f) da Pedra	**Тӏулган оьмар**	[t'ulgan ømar]
Idade (f) do Bronze	**бронзанан оьмар**	[brɔnzanan ømar]
período (m) glacial	**шен зама**	[ʃən zam]
tribo (f)	**тукхам**	[tuqam]
canibal (m)	**нахбуург**	[nahbu'urg]
caçador (m)	**таллархо**	[tallarhɔ]
caçar (vi)	**талла эха**	[tall ɛh]
mamute (m)	**мамонт**	[mamɔnt]
caverna (f)	**хьех**	[heh]
fogo (m)	**цӏе**	[ʦ'e]
fogueira (f)	**цӏе**	[ʦ'e]
pintura (f) rupestre	**тархаш тӏера суьрташ**	[tarhaʃ t'er sʉrtaʃ]
ferramenta (f)	**къинхьегаман гӏирс**	[qʔɪnhegaman ɣɪrs]
lança (f)	**гоьмукъ**	[gømuqʔ]
machado (m) de pedra	**тӏулгийн диг**	[t'ulgɪ:n dɪg]
guerrear (vt)	**тӏом бан**	[t'ɔm ban]
domesticar (vt)	**караӏамо**	[kara'amɔ]
ídolo (m)	**цӏу**	[ʦ'u]
adorar, venerar (vt)	**текъа**	[teqʔ]
superstição (f)	**доьгӏначух тешар**	[døɣnaʧuh teʃar]
ritual (m)	**ӏадат**	['adat]
evolução (f)	**эволюци**	[ɛvɔlʉʦɪ]
desenvolvimento (m)	**кхиам**	[qɪam]
desaparecimento (m)	**дӏадалар**	[d'adalar]
adaptar-se (vr)	**дӏадола**	[d'adɔl]
arqueologia (f)	**археологи**	[arheolɔgɪ]
arqueólogo (m)	**археолог**	[arheolɔg]
arqueológico	**археологин**	[arheolɔgɪn]
local (m) das escavações	**ахкар**	[ahkar]
escavações (f pl)	**ахкар**	[ahkar]
achado (m)	**карийнарг**	[karɪ:narg]
fragmento (m)	**дакъа**	[daqʔ]

188. Idade média

povo (m)	**халкъ**	[halqʔ]
povos (m pl)	**адамаш**	[adamaʃ]

tribo (f)	**тукхам**	[tuqam]
tribos (f pl)	**тукхамаш**	[tuqamaʃ]
bárbaros (m pl)	**варварш**	[varvarʃ]
gauleses (m pl)	**галлаш**	[gallaʃ]
godos (m pl)	**готаш**	[gɔtaʃ]
eslavos (m pl)	**славянаш**	[slavʲanaʃ]
víquingues (m pl)	**викинг**	[wɪkɪng]
romanos (m pl)	**римлянаш**	[rɪmljanaʃ]
romano	**римски**	[rɪmskɪ]
bizantinos (m pl)	**византийцаш**	[wɪzantɪ:ʦaʃ]
Bizâncio	**Византи**	[wɪzantɪ]
bizantino	**византийн**	[wɪzantɪ:n]
imperador (m)	**император**	[ɪmperatɔr]
líder (m)	**баьчча**	[bæʧ]
poderoso	**нуьцкъала**	[nʉʦqʔal]
rei (m)	**паччахь**	[paʧah]
governante (m)	**урхалча**	[urhalʧ]
cavaleiro (m)	**къонах**	[qʔɔnah]
senhor feudal (m)	**феодал**	[feɔdal]
feudal	**феодалийн**	[feɔdalɪ:n]
vassalo (m)	**вассал**	[vassal]
duque (m)	**герцог**	[gerʦɔg]
conde (m)	**граф**	[graf]
barão (m)	**барон**	[barɔn]
bispo (m)	**епископ**	[epɪskɔp]
armadura (f)	**гlагl**	[ɣaɣ]
escudo (m)	**турс**	[turs]
espada (f)	**гlалакх**	[ɣalaq]
viseira (f)	**цхар**	[ʦhar]
cota (f) de malha	**гlагl**	[ɣaɣ]
cruzada (f)	**жlаран тlом**	[ʒ'aran t'ɔm]
cruzado (m)	**жlархо**	[ʒ'arhɔ]
território (m)	**латта**	[latt]
atacar (vt)	**тlелата**	[t'elat]
conquistar (vt)	**даккха**	[dakq]
ocupar, invadir (vt)	**дlалаца**	[d'alaʦ]
assédio, sítio (m)	**лацар**	[laʦar]
sitiado	**лаьцна**	[læʦn]
assediar, sitiar (vt)	**лаца**	[laʦ]
inquisição (f)	**lазап латтор**	['azap lattɔr]
inquisidor (m)	**lазап латторхо**	['azap lattɔrhɔ]
tortura (f)	**lазап**	['azap]
cruel	**къиза**	[qʔɪz]
herege (m)	**мунепакъ**	[munepaqʔ]
heresia (f)	**мунепакъ-lилма**	[munepaqʔ 'ɪlm]

navegação (f) marítima	**хикема лелор**	[hɪkem lelɔr]
pirata (m)	**пират**	[pɪrat]
pirataria (f)	**пираталла**	[pɪratall]
abordagem (f)	**абордаж**	[abɔrdaʒ]
saque (m), pulhagem (f)	**хIонц**	[h'ɔnʦ]
tesouros (m pl)	**хазна**	[hazn]
descobrimento (m)	**гучудаккхар**	[guʧudakqar]
descobrir (novas terras)	**гучудаккха**	[guʧudakq]
expedição (f)	**экспедици**	[ɛkspedɪʦɪ]
mosqueteiro (m)	**мушкетёр**	[muʃketʲor]
cardeal (m)	**кардинал**	[kardɪnal]
heráldica (f)	**геральдика**	[geraljdɪk]
heráldico	**геральдически**	[geraljdɪʧeskɪ]

189. Líder. Chefe. Autoridades

rei (m)	**паччахь**	[paʧah]
rainha (f)	**зуда-паччахь**	[zud paʧah]
real	**паччахьан**	[paʧahan]
reino (m)	**паччахьалла**	[paʧahall]
príncipe (m)	**принц**	[prɪnʦ]
princesa (f)	**принцесса**	[prɪnʦess]
presidente (m)	**президент**	[paʧah]
vice-presidente (m)	**вице-президент**	[wɪʦe prezɪdent]
senador (m)	**сенатхо**	[senatho]
monarca (m)	**монарх**	[mɔnarh]
governante (m)	**урхалча**	[urhalʧ]
ditador (m)	**диктатор**	[dɪktatɔr]
tirano (m)	**lазапхо**	['azapho]
magnata (m)	**магнат**	[magnat]
diretor (m)	**директор**	[dɪrektɔr]
chefe (m)	**куьйгалхо**	[kʉjgalho]
dirigente (m)	**урхалхо**	[urhalho]
patrão (m)	**хьаькам**	[hækam]
dono (m)	**да**	[d]
chefe (~ de delegação)	**куьйгалхо**	[kʉjgalho]
autoridades (f pl)	**хьаькамаш**	[hækamaʃ]
superiores (m pl)	**хьаькамаш**	[hækamaʃ]
governador (m)	**губернатор**	[gubernatɔr]
cônsul (m)	**консул**	[kɔnsul]
diplomata (m)	**дипломат**	[dɪplɔmat]
prefeito (m)	**мэр**	[mɛr]
xerife (m)	**шериф**	[ʃərɪf]
imperador (m)	**император**	[ɪmperatɔr]
czar (m)	**паччахь**	[paʧah]

faraó (m)	**пирIон**	[pɪr'ɔn]
cã (m)	**хан**	[han]

190. Estrada. Caminho. Direções

estrada (f)	**некъ**	[neqʔ]
caminho (m)	**некъ**	[neqʔ]
rodovia (f)	**силам-некъ**	[sɪlɑm neqʔ]
autoestrada (f)	**автонекъ**	['ɑvtɔneqʔ]
estrada (f) nacional	**къаьмнийн некъ**	[qʔæmnɪ:n neqʔ]
estrada (f) principal	**коьрта некъ**	[kørt neqʔ]
caminho (m) de terra batida	**ворданан некъ**	[vɔrdɑnɑn neqʔ]
trilha (f)	**тача**	[tɑʧ]
vereda (f)	**тача**	[tɑʧ]
Onde?	**Мичахь?**	[mɪʧɑh]
Para onde?	**Мича?**	[mɪʧ]
De onde?	**Мичара?**	[mɪʧɑr]
direção (f)	**агIо, тIедерзор**	['ɑɣɔ], [t'ederzɔr]
indicar (orientar)	**гайта**	[gɑjt]
para esquerda	**аьрру агIор**	[ærru ɑɣɔr]
para direita	**аьтту агIор**	[ættu ɑɣɔr]
em frente	**дуьххьал дIа**	[dʉhɑl d'ɑ]
para trás	**юха**	[juh]
curva (f)	**гола**	[gɔl]
virar (ex. ~ à direita)	**дIадерза**	[d'ɑderz]
dar retorno	**духадерзар**	[duhɑderzɑr]
estar visível	**гуш хила**	[guʃ hɪl]
aparecer (vi)	**гучудала**	[guʧudɑl]
paragem (pausa)	**сацор**	[sɑʦɔr]
descansar (vi)	**садаIа**	[sɑdɑ']
descanso (m)	**садаIар**	[sɑdɑ'ɑr]
perder-se (vr)	**тила**	[tɪl]
conduzir (caminho)	**дига**	[dɪg]
chegar a ...	**арадала**	[ɑrɑdɑl]
trecho (m)	**дакъа**	[dɑqʔ]
asfalto (m)	**асфальт**	[ɑsfɑljt]
lancil (m)	**дийна дист**	[dɪ:n dɪst]
valeta (f)	**саьнгар**	[sæŋgɑr]
tampa (f) de esgoto	**люк**	[lʉk]
berma (f) da estrada	**некъан йист**	[neqʔɑn jɪst]
buraco (m)	**ор**	[ɔr]
ir (a pé)	**даха**	[dɑh]
ultrapassar (vt)	**хьалхадала**	[hɑlhɑdɑl]

passo (m)	**гӀулч**	[ɣulʧ]
a pé	**гӀаш**	[ɣaʃ]
bloquear (vt)	**юкъарло ян**	[juqʔarlɔ jan]
cancela (f)	**шлагбаум**	[ʃlagbaum]
beco (m) sem saída	**кӀажбухе**	[k'aʒbuhe]

191. Viloação da lei. Criminosos. Parte 1

bandido (m)	**талорхо**	[talɔrhɔ]
crime (m)	**зулам**	[zulam]
criminoso (m)	**зуламхо**	[zulamho]
ladrão (m)	**къу**	[qʔu]
furto, roubo (m)	**къола**	[qʔɔl]
raptar (ex. ~ uma criança)	**лачкъо**	[laʧqʔɔ]
rapto (m)	**лачкъор**	[laʧqʔɔr]
raptor (m)	**лачкъийнарг**	[laʧqʔɪ:narg]
resgate (m)	**мах**	[mah]
pedir resgate	**мехах схьаэцар**	[mehah shaəʦar]
roubar (vt)	**талор дан**	[talɔr dan]
assalto, roubo (m)	**талор, талор дар**	[talɔr], [talɔr dar]
assaltante (m)	**талорхо**	[talɔrhɔ]
extorquir (vt)	**нуьцкъала даккха**	[nʉʦqʔal dakq]
extorsionário (m)	**даккха гӀертарг**	[dakq ɣertarg]
extorsão (f)	**нуьцкъала даккхар**	[nʉʦqʔal dakqar]
matar, assassinar (vt)	**ден**	[den]
homicídio (m)	**дер**	[der]
homicida, assassino (m)	**дийнарг**	[dɪ:narg]
tiro (m)	**ялар**	[jalar]
dar um tiro	**кхосса**	[qɔss]
matar a tiro	**тоьпаца ден**	[tøpaʦ den]
atirar, disparar (vi)	**кхийса**	[qɪ:s]
tiroteio (m)	**кхийсар**	[qɪ:sar]
acontecimento (m)	**хилларг**	[hɪllarg]
porrada (f)	**вовшахлатар**	[vɔvʃahlatar]
Socorro!	**ГӀо дан кхайкха! Орца дала!**	[ɣɔ dan qajqa!], [ɔrʦ dal]
vítima (f)	**хӀаллакъхилларг**	[h'allaqʔɪllarg]
danificar (vt)	**зен дан**	[zen dan]
dano (m)	**зен**	[zen]
cadáver (m)	**дакъа**	[daqʔ]
grave	**доккха**	[dɔkq]
atacar (vt)	**тӀелата**	[t'elat]
bater (espancar)	**етта**	[ett]

espancar (vt)	**етта**	[ett]
tirar, roubar (dinheiro)	**дӀадаккха**	[d'adakq]
esfaquear (vt)	**урс хьакха**	[urs haq]
mutilar (vt)	**заьӀап дан**	[zæ'ap dan]
ferir (vt)	**чов ян**	[ʧɔv jan]
chantagem (f)	**шантаж**	[ʃantaʒ]
chantagear (vt)	**шантаж ян**	[ʃantaʒ jan]
chantagista (m)	**шантажхо**	[ʃantaʒho]
extorsão (em troca de proteção)	**рэкет**	[rɛket]
extorsionário (m)	**рэкитхо**	[rɛkɪtho]
gângster (m)	**гангстер**	[gangster]
máfia (f)	**мафи**	[mafɪ]
carteirista (m)	**кисанан курхалча**	[kɪsanan kurhalʧ]
assaltante, ladrão (m)	**къу**	[qʔu]
contrabando (m)	**контрабанда**	[kɔntraband]
contrabandista (m)	**контрабандхо**	[kɔntrabandho]
falsificação (f)	**харц хӀума дар**	[harʦ h'um dar]
falsificar (vt)	**тардан**	[tardan]
falsificado	**харц**	[harʦ]

192. Viloação da lei. Criminosos. Parte 2

violação (f)	**хьийзор**	[hɪ:zɔr]
violar (vt)	**хьийзо**	[hɪ:zɔ]
violador (m)	**ницкъбархо**	[nɪʦqʔbarhɔ]
maníaco (m)	**маньяк**	[manjak]
prostituta (f)	**кхахьпа**	[qahp]
prostituição (f)	**кхахьпалла**	[qahpall]
chulo (m)	**сутенёр**	[sutenʲor]
toxicodependente (m)	**наркоман**	[narkɔman]
traficante (m)	**наркотикаш йохкархо**	[narkɔtɪkaʃ johkarhɔ]
explodir (vt)	**эккхийта**	[ɛkqɪ:t]
explosão (f)	**эккхар**	[ɛkqar]
incendiar (vt)	**лато**	[latɔ]
incendiário (m)	**цӀетасархо**	[ʦ'etasarhɔ]
terrorismo (m)	**терроризм**	[terrɔrɪzm]
terrorista (m)	**террорхо**	[terrɔrhɔ]
refém (m)	**закъалт**	[zaqʔalt]
enganar (vt)	**Ӏехо**	['eho]
engano (m)	**Ӏехор**	['ehor]
vigarista (m)	**хӀилланча**	[h'ɪllanʧ]
subornar (vt)	**эца**	[ɛʦ]
suborno (atividade)	**эцар**	[ɛʦar]

suborno (dinheiro)	**кхаъ**	[qaʔ]
veneno (m)	**дIовш**	[d'ɔvʃ]
envenenar (vt)	**дIовш мало**	[d'ɔvʃ malɔ]
envenenar-se (vr)	**дIовш мала**	[d'ɔvʃ mal]
suicídio (m)	**ша-шен дар**	[ʃa ʃən dar]
suicida (m)	**ша-шен дийнарг**	[ʃa ʃən dɪ:narg]
ameaçar (vt)	**кхерам тийса**	[qeram tɪ:s]
ameaça (f)	**кхерор**	[qerɔr]
atentar contra a vida de …	**гIерта**	[ɣert]
atentado (m)	**гIортар**	[ɣɔrtar]
roubar (o carro)	**дIадига**	[d'adɪg]
desviar (o avião)	**дIадига**	[d'adɪg]
vingança (f)	**чIир**	[ʧ'ɪr]
vingar (vt)	**бекхам бан**	[beqam ban]
torturar (vt)	**Iазап дан**	['azap dan]
tortura (f)	**Iазап**	['azap]
atormentar (vt)	**Iазап далло**	['azap dallɔ]
pirata (m)	**пират**	[pɪrat]
desordeiro (m)	**хулиган**	[hulɪgan]
armado	**герзан**	[gerzan]
violência (f)	**ницкъ бар**	[nɪʦqʔ bar]
espionagem (f)	**шпионаж**	[ʃpɪɔnaʒ]
espionar (vi)	**зен**	[zen]

193. Polícia. Lei. Parte 1

justiça (f)	**дов хаттар**	[dɔv hattar]
tribunal (m)	**суд**	[sud]
juiz (m)	**суьдхо**	[sʉdho]
jurados (m pl)	**векалш**	[wekalʃ]
tribunal (m) do júri	**векалашан суьд**	[wekalaʃan sʉd]
julgar (vt)	**суд ян**	[sud jan]
advogado (m)	**хьехамча**	[hehamʧ]
réu (m)	**суьдерниг**	[sʉdernɪg]
banco (m) dos réus	**суьдерниган гIант**	[sʉdernɪgan ɣant]
acusação (f)	**бехкедар**	[behkedar]
acusado (m)	**бехкевийриг**	[behkevɪ:rɪg]
sentença (f)	**кхел**	[qel]
sentenciar (vt)	**кхел ян**	[qel jan]
culpado (m)	**бехкениг**	[behkenɪg]
punir (vt)	**таIзар дан**	[ta'zar dan]
punição (f)	**таIзар**	[ta'zar]

multa (f)	**гlуда**	[ɣud]
prisão (f) perpétua	**валлалц чуволлар**	[vallalʦ ʧuvɔllar]
pena (f) de morte	**ден суд ян**	[den sud jan]
cadeira (f) elétrica	**электрически гlант**	[ɛlektrɪʧeskɪ ɣant]
forca (f)	**тангlалкх**	[tanɣalq]
executar (vt)	**ден**	[den]
execução (f)	**ден суд яр**	[den sud jar]
prisão (f)	**набахте**	[nabahte]
cela (f) de prisão	**камера**	[kamer]
escolta (f)	**кано**	[kanɔ]
guarda (m) prisional	**тlехьожург**	[t'ehɔʒurg]
preso (m)	**лаьцна стаг**	[læʦn stag]
algemas (f pl)	**гlоьмаш**	[ɣømaʃ]
algemar (vt)	**гlоьмаш йохка**	[ɣømaʃ johk]
fuga, evasão (f)	**дадар**	[dadar]
fugir (vi)	**дада**	[dad]
desaparecer (vi)	**къайладала**	[qʔajladal]
soltar, libertar (vt)	**мукъадаккха**	[muqʔadakq]
amnistia (f)	**амнисти**	[amnɪstɪ]
polícia (instituição)	**полици**	[pɔlɪʦɪ]
polícia (m)	**полици**	[pɔlɪʦɪ]
esquadra (f) de polícia	**полицин дакъа**	[pɔlɪʦɪn daqʔ]
cassetete (m)	**резинин чхьонкар**	[rezɪnɪn ʧhɔnkar]
megafone (m)	**рупор**	[rupɔr]
carro (m) de patrulha	**патрулан машина**	[patrulan maʃɪn]
sirene (f)	**сирена**	[sɪren]
ligar a sirene	**сирена лато**	[sɪren latɔ]
toque (m) da sirene	**угlар**	[uɣar]
cena (f) do crime	**хилла меттиг**	[hɪll mettɪg]
testemunha (f)	**теш**	[teʃ]
liberdade (f)	**паргlато**	[parɣatɔ]
cúmplice (m)	**декъахо**	[deqʔaho]
escapar (vi)	**къайладала**	[qʔajladal]
traço (não deixar ~s)	**лар**	[lar]

194. Polícia. Lei. Parte 2

procura (f)	**лахар**	[lahar]
procurar (vt)	**леха**	[leh]
suspeita (f)	**шекьхилар**	[ʃəkʲhɪlar]
suspeito	**шеконан**	[ʃəkɔnan]
parar (vt)	**сацо**	[saʦɔ]
deter (vt)	**сацо**	[saʦɔ]
caso (criminal)	**дов**	[dɔv]
investigação (f)	**таллам**	[tallam]

detetive (m)	**детектив, лахарча**	[detektɪv], [lahartʃ]
investigador (m)	**талламхо**	[tallamho]
versão (f)	**верси**	[wersɪ]
motivo (m)	**бахьана**	[bahan]
interrogatório (m)	**ледар**	[ledar]
interrogar (vt)	**ледан**	[ledan]
questionar (vt)	**ледан**	[ledan]
verificação (f)	**хьажар**	[haʒar]
rusga (f)	**го бар**	[gɔ bar]
busca (f)	**хьажар**	[haʒar]
perseguição (f)	**тӀаьхьадалар**	[t'æhadalar]
perseguir (vt)	**тӀаьхьадаьлла лела**	[t'æhadæll lel]
seguir (vt)	**хьежа**	[heʒ]
prisão (f)	**лацар**	[latsar]
prender (vt)	**лаца**	[lats]
pegar, capturar (vt)	**схьалаца**	[shalats]
documento (m)	**документ**	[dɔkument]
prova (f)	**тешам**	[teʃam]
provar (vt)	**тешо**	[teʃɔ]
pegada (f)	**лар**	[lar]
impressões (f pl) digitais	**тӀелгийн таммагӀанаш**	[t'elgɪ:n tammaɣanaʃ]
prova (f)	**бахьана**	[bahan]
álibi (m)	**алиби**	[alɪbɪ]
inocente	**бехке доцу**	[behke dɔtsu]
injustiça (f)	**нийсо цахилар**	[nɪ:sɔ tsahɪlar]
injusto	**нийса доцу**	[nɪ:s dɔtsu]
criminal	**криминалан**	[krɪmɪnalan]
confiscar (vt)	**пачхьалкхдаккха**	[patʃhalqdakq]
droga (f)	**наркотик**	[narkɔtɪk]
arma (f)	**герз**	[gerz]
desarmar (vt)	**герз схьадаккха**	[gerz shadakq]
ordenar (vt)	**омра дан**	[ɔmr dan]
desaparecer (vi)	**къайладала**	[q?ajladal]
lei (f)	**закон**	[zakɔn]
legal	**законехь**	[zakɔneh]
ilegal	**законехь доцу**	[zakɔneh dɔtsu]
responsabilidade (f)	**жоьпалла**	[ʒøpall]
responsável	**жоьпаллин**	[ʒøpallɪn]

NATUREZA

A Terra. Parte 1

195. Espaço sideral

cosmos (m)	**космос**	[kɔsmɔs]
cósmico	**космосан**	[kɔsmɔsan]
espaço (m) cósmico	**космосан меттиг**	[kɔsmɔsan mettɪg]
mundo (m)	**дуьне**	[dʉne]
universo (m)	**Iалам**	['alam]
galáxia (f)	**галактика**	[galaktɪk]
estrela (f)	**седа**	[sed]
constelação (f)	**седарчий гулам**	[sedartʃɪ: gulam]
planeta (m)	**дуьне**	[dʉne]
satélite (m)	**спутник**	[sputnɪk]
meteorito (m)	**метеорит**	[meteɔrɪt]
cometa (m)	**комета**	[kɔmet]
asteroide (m)	**астероид**	[asterɔɪd]
órbita (f)	**орбита**	[ɔrbɪt]
girar (vi)	**хьийза**	[hɪ:z]
atmosfera (f)	**хIаваъ**	[h'avaʔ]
Sol (m)	**Малх**	[malh]
Sistema (m) Solar	**Маьлхан система**	[mælhan sɪstem]
eclipse (m) solar	**малх лацар**	[malh latsar]
Terra (f)	**Латта**	[latt]
Lua (f)	**Бутт**	[butt]
Marte (m)	**Марс**	[mars]
Vénus (m)	**Венера**	[wener]
Júpiter (m)	**Юпитер**	[jupɪter]
Saturno (m)	**Сатурн**	[saturn]
Mercúrio (m)	**Меркурий**	[merkurɪ:]
Urano (m)	**Уран**	[uran]
Neptuno (m)	**Нептун**	[neptun]
Plutão (m)	**Плутон**	[plutɔn]
Via Láctea (f)	**Ча такхийна Тача**	[tʃa taqɪ:n tatʃ]
Ursa Maior (f)	**Ворх1 вешин ворх1 седа**	[vɔrh weʃɪn vɔrh sed]
Estrela Polar (f)	**Къилбаседа**	[qʔɪlbased]
marciano (m)	**марсианин**	[marsɪanɪn]
extraterrestre (m)	**инопланетянин**	[ɪnɔplanet'anɪn]

alienígena (m)	**пришелец**	[prɪʃəlets]
disco (m) voador	**хIаваэхула лела тарелка**	[h'avaɛhul lel tarelk]
nave (f) espacial	**космосан кема**	[kɔsmɔsan kem]
estação (f) orbital	**орбитин станци**	[ɔrbɪtɪn stantsɪ]
lançamento (m)	**старт**	[start]
motor (m)	**двигатель**	[dwɪgatelj]
bocal (m)	**сопло**	[sɔplɔ]
combustível (m)	**ягорг**	[jagɔrg]
cabine (f)	**кабина**	[kabɪn]
antena (f)	**антенна**	[anten]
vigia (f)	**иллюминатор**	[ɪllʉmɪnatɔr]
bateria (f) solar	**маьлхан батарей**	[mælhan batarej]
traje (m) espacial	**скафандр**	[skafandr]
imponderabilidade (f)	**йозалла яр**	[jozall jar]
oxigénio (m)	**кислород**	[kɪslɔrɔd]
acoplagem (f)	**вовшахтасар**	[vɔvʃahtasar]
fazer uma acoplagem	**вовшахтасса**	[vɔvʃahtass]
observatório (m)	**обсерватори**	[ɔbservatɔrɪ]
telescópio (m)	**телескоп**	[teleskɔp]
observar (vt)	**тергам бан**	[tergam ban]
explorar (vt)	**талла**	[tall]

196. A Terra

Terra (f)	**Латта**	[latt]
globo terrestre (Terra)	**дуьне**	[dʉne]
planeta (m)	**дуьне, планета**	[dʉne], [planet]
atmosfera (f)	**атмосфера**	[atmɔsfer]
geografia (f)	**географи**	[geɔgrafɪ]
natureza (f)	**Iалам**	['alam]
globo (mapa esférico)	**глобус**	[glɔbus]
mapa (m)	**карта**	[kart]
atlas (m)	**атлас**	[atlas]
Europa (f)	**Европа**	[evrɔp]
Ásia (f)	**Ази**	[azɪ]
África (f)	**Африка**	[afrɪk]
Austrália (f)	**Австрали**	[avstralɪ]
América (f)	**Америка**	[amerɪk]
América (f) do Norte	**Къилбаседан Америка**	[qʔɪlbasedan amerɪk]
América (f) do Sul	**Къилбера Америка**	[qʔɪlber amerɪk]
Antártida (f)	**Антарктида**	[antarktɪd]
Ártico (m)	**Арктика**	[arktɪk]

197. Pontos cardeais

norte (m)	**къилбаседа**	[qʔɪlbased]
para norte	**къилбаседехьа**	[qʔɪlbasedeh]
no norte	**къилбаседехь**	[qʔɪlbasedeh]
do norte	**къилбаседан**	[qʔɪlbasedan]
sul (m)	**къилбе**	[qʔɪlbe]
para sul	**къилбехьа**	[qʔɪlbeh]
no sul	**къилбехь**	[qʔɪlbeh]
do sul	**къилбера**	[qʔɪlber]
oeste, ocidente (m)	**малхбузе**	[malhbuze]
para oeste	**малхбузехьа**	[malhbuzeh]
no oeste	**малхбузехь**	[malhbuzeh]
ocidental	**малхбузера**	[malhbuzer]
leste, oriente (m)	**малхбале**	[malhbale]
para leste	**малхбалехьа**	[malhbaleh]
no leste	**малхбалехь**	[malhbaleh]
oriental	**малхбалехьара**	[malhbalehar]

198. Mar. Oceano

mar (m)	**хIорд**	[h'ɔrd]
oceano (m)	**хIорд, океан**	[h'ɔrd], [ɔkean]
golfo (m)	**айма**	[ajm]
estreito (m)	**хидоькъе**	[hɪdøqʔe]
terra (f) firme	**латта**	[latt]
continente (m)	**материк**	[materɪk]
ilha (f)	**гIайре**	[ɣajre]
península (f)	**ахгIайре**	['ahɣajre]
arquipélago (m)	**архипелаг**	[arhɪpelag]
baía (f)	**бухта**	[buht]
porto (m)	**гавань**	[gavanj]
lagoa (f)	**лагуна**	[lagun]
cabo (m)	**мара**	[mar]
atol (m)	**атолл**	[atɔll]
recife (m)	**риф**	[rɪf]
coral (m)	**маржак**	[marʒak]
recife (m) de coral	**маржанийн риф**	[marʒanɪ:n rɪf]
profundo	**кIоарга**	[k'ɔarg]
profundidade (f)	**кIоргалла**	[k'ɔrgall]
abismo (m)	**бух боцу Iин**	[buh bɔtsu 'ɪn]
fossa (f) oceânica	**кIаг**	[k'ag]
corrente (f)	**дIаэхар**	[d'aəhar]
banhar (vt)	**го баьккхина хи хила**	[gɔ bækqɪn hɪ hɪl]
litoral (m)	**хийист**	[hɪ:ɪst]

costa (f)	**йист**	[jɪst]
maré (f) alta	**хlорд тlекхетар**	[h'ɔrd t'eqetɑr]
maré (f) baixa	**хlорд чубожа боьлла**	[h'ɔrd ʧubɔʒ bøll]
restinga (f)	**гомхе**	[gɔmhe]
fundo (m)	**бух**	[buh]
onda (f)	**тулгlе**	[tulɣe]
crista (f) da onda	**тулгlийн дукъ**	[tulɣɪ:n duqʔ]
espuma (f)	**чопа**	[ʧɔp]
tempestade (f)	**дарц**	[dɑrʦ]
furacão (m)	**мох балар**	[mɔh bɑlɑr]
tsunami (m)	**цунами**	[ʦunɑmɪ]
calmaria (f)	**штиль**	[ʃtɪlj]
calmo	**тийна**	[tɪ:n]
polo (m)	**полюс**	[pɔlʉs]
polar	**полюсан**	[pɔlʉsɑn]
latitude (f)	**шоралла**	[ʃɔrɑll]
longitude (f)	**дохалла**	[dɔhɑll]
paralela (f)	**параллель**	[pɑrɑllelj]
equador (m)	**экватор**	[ɛkvɑtɔr]
céu (m)	**дуьне**	[dʉne]
horizonte (m)	**ана**	[ɑn]
ar (m)	**хlаваъ**	[h'ɑvɑʔ]
farol (m)	**маяк**	[mɑjɑk]
mergulhar (vi)	**чулелха**	[ʧulelh]
afundar-se (vr)	**бухадаха**	[buhɑdɑh]
tesouros (m pl)	**хазна**	[hɑzn]

199. Nomes de Mares e Oceanos

Oceano (m) Atlântico	**Атлантически хlорд**	['ɑtlɑntɪʧeskɪ h'ɔrd]
Oceano (m) Índico	**Индихойн хlорд**	[ɪndɪhojn h'ɔrd]
Oceano (m) Pacífico	**Тийна хlорд**	[tɪ:n h'ɔrd]
Oceano (m) Ártico	**Къилбаседанан Шен хlорд**	[qʔɪlbɑsedɑnɑn ʃɛn h'ɔrd]
Mar (m) Negro	**lаьржа хlорд**	['æɾʒ hɔrd]
Mar (m) Vermelho	**Цlен хlорд**	[ʦ'en h'ɔrd]
Mar (m) Amarelo	**Можа хlорд**	[mɔʒ h'ɔrd]
Mar (m) Branco	**Клайн хlорд**	[k'ɑjn h'ɔrd]
Mar (m) Cáspio	**Каспи хlорд**	[kɑspɪ h'ɔrd]
Mar (m) Morto	**Са доцу хlорд**	[sɑ dɔʦu h'ɔrd]
Mar (m) Mediterrâneo	**Средиземни хlорд**	[sredɪzemnɪ h'ɔrd]
Mar (m) Egeu	**Эгейски хlорд**	[ɛgejskɪ h'ɔrd]
Mar (m) Adriático	**Адреатически хlорд**	['ɑdreɑtɪʧeskɪ hɔrd]
Mar (m) Arábico	**Аравийски хlорд**	['ɑrɑvɪ:skɪ h'ɔrd]
Mar (m) do Japão	**Японийн хlорд**	[jɑpɔnɪ:n h'ɔrd]

Mar (m) de Bering	**Берингово хlорд**	[berɪngɔvɔ h'ɔrd]
Mar (m) da China Meridional	**Къилба-Китайн хlорд**	[qʔɪlb kɪtajn h'ɔrd]
Mar (m) de Coral	**Маржанийн хlорд**	[marʒanɪ:n h'ɔrd]
Mar (m) de Tasman	**Тасманово хlорд**	[tasmanɔvɔ h'ɔrd]
Mar (m) do Caribe	**Карибски хlорд**	[karɪbskɪ h'ɔrd]
Mar (m) de Barents	**Баренцово хlорд**	[barentsɔvɔ h'ɔrd]
Mar (m) de Kara	**Карски хlорд**	[karskɪ h'ɔrd]
Mar (m) do Norte	**Къилбаседан хlорд**	[qʔɪlbasedan h'ɔrd]
Mar (m) Báltico	**Балтийски хlорд**	[baltɪ:skɪ h'ɔrd]
Mar (m) da Noruega	**Норвержски хlорд**	[nɔrwerʒskɪ h'ɔrd]

200. Montanhas

montanha (f)	**лам**	[lam]
cordilheira (f)	**ламнийн моrla**	[lamnɪ:n mɔɣ]
serra (f)	**ламанан дукъ**	[lamanan duqʔ]
cume (m)	**бохь**	[bɔh]
pico (m)	**бохь**	[bɔh]
sopé (m)	**кlажа**	[k'aʒ]
declive (m)	**басе**	[base]
vulcão (m)	**тlаплам**	[t'aplam]
vulcão (m) ativo	**тlепинг**	[t'epɪng]
vulcão (m) extinto	**байна тlаплам**	[bajn t'aplam]
erupção (f)	**хьалатохар**	[halatɔhar]
cratera (f)	**кратер**	[krater]
magma (m)	**магма**	[magm]
lava (f)	**лава**	[lav]
fundido (lava ~a)	**цlийдина**	[ts'ɪ:dɪn]
desfiladeiro (m)	**lин**	['ɪn]
garganta (f)	**чlож**	[ʧ'ɔʒ]
fenda (f)	**чlаж**	[ʧ'aʒ]
passo, colo (m)	**ламанан дукъ**	[lamanan duqʔ]
planalto (m)	**акъари**	['aqʔarɪ]
falésia (f)	**тарх**	[tarh]
colina (f)	**гу**	[gu]
glaciar (m)	**ша-ор**	[ʃa ɔr]
queda (f) d'água	**чухчари**	[ʧuhʧarɪ]
géiser (m)	**гейзер**	[gejzer]
lago (m)	**lам**	['am]
planície (f)	**аре**	[are]
paisagem (f)	**пейзаж**	[pejzaʒ]
eco (m)	**йилбазмохь**	[jɪlbazmɔh]
alpinista (m)	**алтпинист**	[altpɪnɪst]
escalador (m)	**тархашхо**	[tarhaʃho]

conquistar (vt)	**карадало**	[karadalɔ]
subida, escalada (f)	**тlедалар**	[t'edalar]

201. Nomes de montanhas

Alpes (m pl)	**Альпаш**	[aljpaʃ]
monte Branco (m)	**Монблан**	[mɔnblan]
Pirineus (m pl)	**Пиренеи**	[pɪreneɪ]
Cárpatos (m pl)	**Карпаташ**	[karpataʃ]
montes (m pl) Urais	**Уралан лаьмнаш**	[uralan læmnaʃ]
Cáucaso (m)	**Кавказ**	[kavkaz]
Elbrus (m)	**Эльбрус**	[ɛljbrus]
Altai (m)	**Алтай**	[altaj]
Tian Shan (m)	**Тянь-Шань**	[t'anj ʃanj]
Pamir (m)	**Памир**	[pamɪr]
Himalaias (m pl)	**Гималаи**	[gɪmalaɪ]
monte (m) Everest	**Эверест**	[ɛwerest]
Cordilheira (f) dos Andes	**Анднаш**	[andnaʃ]
Kilimanjaro (m)	**Килиманджаро**	[kɪlɪmandʒarɔ]

202. Rios

rio (m)	**доьду хи**	[dødu hɪ]
fonte, nascente (f)	**хьост, шовда**	[hɔst], [ʃɔvd]
leito (m) do rio	**харш**	[harʃ]
bacia (f)	**бассейн**	[bassejn]
desaguar no ...	**кхета**	[qet]
afluente (m)	**га**	[g]
margem (do rio)	**хийист**	[hɪ:ɪst]
corrente (f)	**дlаэхар**	[d'aehar]
rio abaixo	**хица охьа**	[hɪʦ ɔh]
rio acima	**хица хьала**	[hɪʦ hal]
inundação (f)	**хи тlедалар**	[hɪ t'edalar]
cheia (f)	**дестар**	[destar]
transbordar (vi)	**деста**	[dest]
inundar (vt)	**дlахьулдан**	[d'ahuldan]
baixio (m)	**гомхалла**	[gɔmhall]
rápidos (m pl)	**тарх**	[tarh]
barragem (f)	**сунт**	[sunt]
canal (m)	**татол**	[tatɔl]
reservatório (m) de água	**латтийла**	[lattɪ:l]
eclusa (f)	**шлюз**	[ʃlʉz]
corpo (m) de água	**lам**	['am]
pântano (m)	**уьшал**	[ʉʃal]

tremedal (m)	**уьшал**	[ʉʃal]
remoinho (m)	**айма**	[ajm]
arroio, regato (m)	**татол**	[tatɔl]
potável	**молу**	[mɔlu]
doce (água)	**теза**	[tez]
gelo (m)	**ша**	[ʃ]
congelar-se (vr)	**ша бан**	[ʃa ban]

203. Nomes de rios

rio Sena (m)	**Сена**	[sen]
rio Loire (m)	**Луара**	[luar]
rio Tamisa (m)	**Темза**	[temz]
rio Reno (m)	**Рейн**	[rejn]
rio Danúbio (m)	**Дунай**	[dunaj]
rio Volga (m)	**Волга**	[vɔlg]
rio Don (m)	**Дон**	[dɔn]
rio Lena (m)	**Лена**	[len]
rio Amarelo (m)	**Хуанхэ**	[huanhɛ]
rio Yangtzé (m)	**Янцзы**	[jantszɪ]
rio Mekong (m)	**Меконг**	[mekɔng]
rio Ganges (m)	**Ганг**	[gang]
rio Nilo (m)	**Нил**	[nɪl]
rio Congo (m)	**Конго**	[kɔngɔ]
rio Cubango (m)	**Окаванго**	[ɔkavangɔ]
rio Zambeze (m)	**Замбези**	[zambezɪ]
rio Limpopo (m)	**Лимпопо**	[lɪmpɔpɔ]
rio Mississípi (m)	**Миссисипи**	[mɪssɪsɪpɪ]

204. Floresta

floresta (f), bosque (m)	**хьун**	[hun]
florestal	**хьунан**	[hunan]
mata (f) cerrada	**варш**	[varʃ]
arvoredo (m)	**боьлак**	[bølak]
clareira (f)	**ирзу**	[ɪrzu]
matagal (f)	**коьллаш**	[køllaʃ]
mato (m)	**колл**	[kɔll]
vereda (f)	**тача**	[tatʃ]
ravina (f)	**боьра**	[bør]
árvore (f)	**дитт**	[dɪtt]
folha (f)	**гӏа**	[ɣa]

folhagem (f)	**гӀаш**	[ɣaʃ]
queda (f) das folha	**гӀа дожар**	[ɣa dɔʒar]
cair (vi)	**охьа дожа**	[ɔh dɔʒ]
topo (m)	**бохь**	[bɔh]
ramo (m)	**га**	[g]
galho (m)	**га**	[g]
botão, rebento (m)	**патар**	[patar]
agulha (f)	**кӀохцалг**	[k'ɔhʦalg]
pinha (f)	**бӀар**	[b'ar]
buraco (m) de árvore	**хара**	[har]
ninho (m)	**бен**	[ben]
toca (f)	**Ӏуьрг**	['ʉrg]
tronco (m)	**гӀад**	[ɣad]
raiz (f)	**орам**	[ɔram]
casca (f) de árvore	**кевстиг**	[kevstɪg]
musgo (m)	**корсам**	[kɔrsam]
arrancar pela raiz	**бухдаккха**	[buhdakq]
cortar (vt)	**хьакха**	[haq]
desflorestar (vt)	**хьакха**	[haq]
toco, cepo (m)	**юьхк**	[juhk]
fogueira (f)	**цӀе**	[ʦ'e]
incêndio (m) florestal	**цӀе**	[ʦ'e]
apagar (vt)	**дӀадайа**	[d'adaj]
guarda-florestal (m)	**хьуьнхо**	[hʉnho]
proteção (f)	**лардар**	[lardar]
proteger (a natureza)	**лардан**	[lardan]
caçador (m) furtivo	**браконьер**	[brakɔnjer]
armadilha (f)	**гура**	[gur]
colher (cogumelos, bagas)	**лахьо**	[lahɔ]
perder-se (vr)	**тила**	[tɪl]

205. Recursos naturais

recursos (m pl) naturais	**Ӏаламан тӀаьхьалонаш**	['alaman t'æhalɔnaʃ]
minerais (m pl)	**пайде маьӀданаш**	[pajde mæ'danaʃ]
depósitos (m pl)	**маьӀданаш**	[mæ'danaʃ]
jazida (f)	**маьӀданаш дохку**	[mæ'danaʃ dɔhku]
extrair (vt)	**даккха**	[dakq]
extração (f)	**даккхар**	[dakqar]
minério (m)	**маьӀда**	[mæ'd]
mina (f)	**маьӀда доккхийла, шахта**	[mæ'd dɔkqɪ:l], [ʃaht]
poço (m) de mina	**шахта**	[ʃaht]
mineiro (m)	**кӀорабаккхархо**	[k'ɔrabakqarhɔ]
gás (m)	**газ**	[gaz]
gasoduto (m)	**газъюьгург**	[gaz?ʉgurg]

petróleo (m)	**нефть**	[neft^j]
oleoduto (m)	**нефтьузург**	[neft^{j}uzurg]
poço (m) de petróleo	**нефтан чардакх**	[neftɑn ʧɑrdɑq]
torre (f) petrolífera	**буру туху вышка**	[buru tuhu vɪʃk]
petroleiro (m)	**танкер**	[tɑnker]

areia (f)	**гӀум**	[ɣum]
calcário (m)	**кир-маьӀда**	[kɪr mæ'd]
cascalho (m)	**жагӀа**	[ʒɑɣ]
turfa (f)	**Ӏеха**	['eh]
argila (f)	**поппар**	[pɔppɑr]
carvão (m)	**кӀора**	[k'ɔr]

ferro (m)	**эчиг**	[ɛʧɪg]
ouro (m)	**деши**	[deʃɪ]
prata (f)	**дети**	[detɪ]
níquel (m)	**никель**	[nɪkelj]
cobre (m)	**цӀаста**	[ʦ'ɑst]

zinco (m)	**цинк**	[ʦɪnk]
manganês (m)	**марганец**	[mɑrgɑneʦ]
mercúrio (m)	**гинсу**	[gɪnsu]
chumbo (m)	**даш**	[dɑʃ]

mineral (m)	**минерал**	[mɪnerɑl]
cristal (m)	**кристалл**	[krɪstɑll]
mármore (m)	**шагатӀулг**	[ʃɑgɑt'ulg]
urânio (m)	**уран**	[urɑn]

A Terra. Parte 2

206. Tempo

tempo (m)	**хенан хIоттам**	[henɑn h'ɔttɑm]
previsão (f) do tempo	**хенан хIоттаман прогноз**	[henɑn h'ɔttɑmɑn prɔgnɔz]
temperatura (f)	**температура**	[temperɑtur]
termómetro (m)	**термометр**	[termɔmetr]
barómetro (m)	**барометр**	[bɑrɔmetr]
humidade (f)	**тIуьнан**	[t'ʉnɑn]
calor (m)	**йовхо**	[jovho]
cálido	**довха**	[dɔvh]
está muito calor	**йовха**	[jovh]
está calor	**йовха**	[jovh]
quente	**довха**	[dɔvh]
está frio	**шийла**	[ʃɪ:l]
frio	**шийла**	[ʃɪ:l]
sol (m)	**малх**	[mɑlh]
brilhar (vi)	**кхета**	[qet]
de sol, ensolarado	**маьлхан**	[mælhɑn]
nascer (vi)	**схьакхета**	[shɑqet]
pôr-se (vr)	**чубуза**	[ʧubuz]
nuvem (f)	**марха**	[mɑrh]
nublado	**мархаш йолу**	[mɑrhɑʃ jolu]
nuvem (f) preta	**марха**	[mɑrh]
escuro, cinzento	**кхоьлина**	[qølɪn]
chuva (f)	**догIа**	[dɔɣ]
está a chover	**догIа догIу**	[dɔɣ dɔɣu]
chuvoso	**догIане**	[dɔɣɑne]
chuviscar (vi)	**серса**	[sers]
chuva (f) torrencial	**кхевсина догIа**	[qevsɪn dɔɣ]
chuvada (f)	**догIа**	[dɔɣ]
forte (chuva)	**чIогIа**	[ʧ'ɔɣ]
poça (f)	**Iам**	['ɑm]
molhar-se (vr)	**тIадо**	[t'ɑdɔ]
nevoeiro (m)	**дохк**	[dɔhk]
de nevoeiro	**дохк долу**	[dɔhk dɔlu]
neve (f)	**ло**	[lɔ]
está a nevar	**ло догIу**	[lɔ dɔɣu]

207. Tempo extremo. Catástrofes naturais

trovoada (f)	**йочана**	[jotʃan]
relâmpago (m)	**ткъес**	[tqʔes]
relampejar (vi)	**стега**	[steg]
trovão (m)	**стигал къовкъар**	[stɪgal qʔɔvqʔar]
trovejar (vi)	**къекъа**	[qʔeqʔ]
está a trovejar	**стигал къекъа**	[stɪgal qʔeqʔ]
granizo (m)	**къора**	[qʔɔr]
está a cair granizo	**къора йоrlу**	[qʔɔr joɣu]
inundar (vt)	**дlахьулдан**	[d'ahuldan]
inundação (f)	**хи тlедалар**	[hɪ t'edalar]
terremoto (m)	**мохк бегор**	[mɔhk begɔr]
abalo, tremor (m)	**дегар**	[degar]
epicentro (m)	**эпицентр**	[ɛpɪtsentr]
erupção (f)	**хьалатохар**	[halatɔhar]
lava (f)	**лава**	[lav]
turbilhão (m)	**йилбазмох**	[jɪlbazmɔh]
tornado (m)	**торнадо**	[tɔrnadɔ]
tufão (m)	**тайфун**	[tajfun]
furacão (m)	**мох балар**	[mɔh balar]
tempestade (f)	**дарц**	[darts]
tsunami (m)	**цунами**	[tsunamɪ]
ciclone (m)	**дарц**	[darts]
mau tempo (m)	**йочана**	[jotʃan]
incêndio (m)	**цlе**	[ts'e]
catástrofe (f)	**катастрофа**	[katastrɔf]
meteorito (m)	**метеорит**	[meteɔrɪt]
avalanche (f)	**хьаьтт**	[hætt]
deslizamento (f) de neve	**чухарцар**	[tʃuhartsar]
nevasca (f)	**дарц**	[darts]
tempestade (f) de neve	**дарц**	[darts]

208. Ruídos. Sons

silêncio (m)	**тийналла**	[tajnall]
som (m)	**аз**	[az]
ruído, barulho (m)	**rlовrlа**	[ɣɔvɣ]
fazer barulho	**rlовrlа ян**	[ɣɔvɣ jan]
ruidoso, barulhento	**rlовrlа йолу**	[ɣɔvɣ jolu]
alto (adv)	**чlоrlа**	[tʃ'ɔɣ]
alto (adj)	**чlоrlа**	[tʃ'ɔɣ]
constante (ruído, etc.)	**хаддаза**	[haddaz]

grito (m)	**мохь**	[mɔh]
gritar (vi)	**мохь бетта**	[mɔh bett]
sussurro (m)	**шабар-шибар**	[ʃabar ʃɪbar]
sussurrar (vt)	**шабар-шибар дан**	[ʃabar ʃɪbar dan]
latido (m)	**гlалх**	[ɣalh]
latir (vi)	**гlалх дан**	[ɣalh dan]
gemido (m)	**узар**	[uzar]
gemer (vi)	**узарш дан**	[uzarʃ dan]
tosse (f)	**йовхарш**	[jovharʃ]
tossir (vi)	**йовхарш етта**	[jovharʃ ett]
assobio (m)	**шок**	[ʃɔk]
assobiar (vi)	**шок етта**	[ʃɔk ett]
batida (f)	**тlак**	[t'ak]
bater (vi)	**детта**	[dett]
estalar (vi)	**лелха**	[lelh]
estalido (m)	**къарс**	[qʔars]
sirene (f)	**сирена**	[sɪren]
apito (m)	**мохь**	[mɔh]
apitar (vi)	**дека**	[dek]
buzina (f)	**сигнал**	[sɪgnal]
buzinar (vi)	**сигнал етта**	[sɪgnal ett]

209. Inverno

inverno (m)	**lа**	['a]
de inverno	**lаьнан**	['ænan]
no inverno	**lай**	['aj]
neve (f)	**ло**	[lɔ]
está a nevar	**ло догlу**	[lɔ dɔɣu]
queda (f) de neve	**ло диллар**	[lɔ dɪllar]
amontoado (m) de neve	**оьла**	[øl]
floco (m) de neve	**лайн чим**	[lajn ʧɪm]
bola (f) de neve	**ло**	[lɔ]
boneco (m) de neve	**снеговик**	[snegɔwɪk]
sincelo (m)	**кхазарг**	[qazarg]
dezembro (m)	**декабрь**	[dekabrʲ]
janeiro (m)	**январь**	[janvarʲ]
fevereiro (m)	**февраль**	[fevralj]
gelo (m)	**шело**	[ʃəlɔ]
gelado, glacial	**шийла**	[ʃɪ:l]
abaixo de zero	**нолал лохаха**	[nɔlal lɔhah]
geada (f)	**йис**	[jɪs]
geada (f) branca	**йис**	[jɪs]
frio (m)	**шело**	[ʃəlɔ]

está frio	**шийла**	[ʃɪ:l]
casaco (m) de peles	**кетар**	[ketɑr]
mitenes (f pl)	**каранаш**	[kɑrɑnɑʃ]
adoecer (vi)	**цамгар кхета**	[ʦɑmgɑr qet]
constipação (f)	**шелдалар**	[ʃəldɑlɑr]
constipar-se (vr)	**шелдала**	[ʃəldɑl]
gelo (m)	**ша**	[ʃ]
gelo (m) na estrada	**ша**	[ʃ]
congelar-se (vr)	**ша бан**	[ʃɑ bɑn]
bloco (m) de gelo	**окъам**	[ɔqʔɑm]
esqui (m)	**когсалазаш**	[kɔgsɑlɑzɑʃ]
esquiador (m)	**лыжашхо**	[lɪʒɑʃho]
esquiar (vi)	**когсалазаш хехка**	[kɔgsɑlɑzɑʃ hehk]
patinar (vi)	**конькаш хехка**	[kɔnjkɑʃ hehk]

Fauna

210. Mamíferos. Predadores

predador (m)	**гlира экха**	[ɣɪr ɛq]
tigre (m)	**цlоькъалом**	[ʦ'øqʔalɔm]
leão (m)	**лом**	[lɔm]
lobo (m)	**борз**	[bɔrz]
raposa (f)	**цхьогал**	[ʦhɔgal]
jaguar (m)	**ягуар**	[jaguar]
leopardo (m)	**леопард**	[leɔpard]
chita (f)	**гепард**	[gepard]
pantera (f)	**пантера**	[panter]
puma (m)	**пума**	[pum]
leopardo-das-neves (m)	**лайн цlокъ**	[lajn ʦ'ɔqʔ]
lince (m)	**акха цициг**	[aq ʦɪʦɪg]
coiote (m)	**койот**	[kɔjot]
chacal (m)	**чаг1алкх**	[ʧaɣalq]
hiena (f)	**чаг1алкх**	[ʧaɣalq]

211. Animais selvagens

animal (m)	**дийнат**	[dɪ:nat]
besta (f)	**экха**	[ɛq]
esquilo (m)	**тарсал**	[tarsal]
ouriço (m)	**зу**	[zu]
lebre (f)	**пхьагал**	[phagal]
coelho (m)	**кролик**	[krɔlɪk]
texugo (m)	**дalам**	[da'am]
guaxinim (m)	**акха жlаьла**	['aq ʒ'æl]
hamster (m)	**оьпа**	[øp]
marmota (f)	**дlам**	[d'am]
toupeira (f)	**боьлкъазар**	[bølqʔazar]
rato (m)	**дахка**	[dahk]
ratazana (f)	**мукадахка**	[mukadahk]
morcego (m)	**бирдолаг**	[bɪrdɔlag]
arminho (m)	**горностай**	[gɔrnɔstaj]
zibelina (f)	**салор**	[salɔr]
marta (f)	**салор**	[salɔr]
doninha (f)	**дингад**	[dɪngad]
vison (m)	**норка**	[nɔrk]

castor (m)	**бобр**	[bɔbr]
lontra (f)	**хешт**	[heʃt]
cavalo (m)	**говр**	[gɔvr]
alce (m) americano	**боккха сай**	[bɔkq saj]
veado (m)	**сай**	[saj]
camelo (m)	**эмкал**	[ɛmkal]
bisão (m)	**бизон**	[bɪzɔn]
auroque (m)	**була**	[bul]
búfalo (m)	**гомаш-буга**	[gɔmaʃ bug]
zebra (f)	**зебр**	[zebr]
antílope (m)	**антилопа**	[antɪlɔp]
corça (f)	**лу**	[lu]
gamo (m)	**шоьккари**	[ʃøkkarɪ]
camurça (f)	**масар**	[masar]
javali (m)	**нал**	[nal]
baleia (f)	**кит**	[kɪt]
foca (f)	**тюлень**	[tʉlenj]
morsa (f)	**морж**	[mɔrʒ]
urso-marinho (m)	**котик**	[kɔtɪk]
golfinho (m)	**дельфин**	[deljfɪn]
urso (m)	**ча**	[ʧ]
urso (m) branco	**кlайн ча**	[k'ajn ʧa]
panda (m)	**панда**	[pand]
macaco (em geral)	**маймал**	[majmal]
chimpanzé (m)	**шимпанзе**	[ʃɪmpanze]
orangotango (m)	**орангутанг**	[ɔrangutang]
gorila (m)	**горилла**	[gɔrɪll]
macaco (m)	**макака**	[makak]
gibão (m)	**гиббон**	[gɪbbɔn]
elefante (m)	**пийл**	[pɪ:l]
rinoceronte (m)	**мермаlа**	[merma']
girafa (f)	**жираф**	[ʒɪraf]
hipopótamo (m)	**бегемот**	[begemɔt]
canguru (m)	**кенгуру**	[kenguru]
coala (m)	**коала**	[kɔal]
mangusto (m)	**мангуст**	[mangust]
chinchila (f)	**шиншилла**	[ʃɪnʃɪll]
doninha-fedorenta (f)	**скунс**	[skuns]
porco-espinho (m)	**дикобраз**	[dɪkɔbraz]

212. Animais domésticos

gata (f)	**цициг**	[ʦɪʦɪg]
gato (m) macho	**цициг**	[ʦɪʦɪg]
cavalo (m)	**говр**	[gɔvr]

garanhão (m)	**айгlар**	['ajɣar]
égua (f)	**кхела**	[qel]
vaca (f)	**етта**	[ett]
touro (m)	**сту**	[stu]
boi (m)	**сту**	[stu]
ovelha (f)	**жий**	[ʒɪ:]
carneiro (m)	**уьстагl**	[ʉstaɣ]
cabra (f)	**газа**	[gaz]
bode (m)	**бож**	[bɔʒ]
burro (m)	**вир**	[wɪr]
mula (f)	**бlарза**	[b'arz]
porco (m)	**хьакха**	[haq]
porquinho (m)	**хуьрсик**	[hʉrsɪk]
coelho (m)	**кролик**	[krɔlɪk]
galinha (f)	**котам**	[kɔtam]
galo (m)	**боргlал**	[bɔrɣal]
pato (m), pata (f)	**бад**	[bad]
pato (macho)	**нlаьна-бад**	[n'æn bad]
ganso (m)	**гlаз**	[ɣaz]
peru (m)	**москал-нlаьна**	[mɔskal n'æn]
perua (f)	**москал-котам**	[mɔskal kɔtam]
animais (m pl) domésticos	**цlера дийнаташ**	[ʦ'er dɪ:nataʃ]
domesticado	**караlамийна**	[kara'amɪ:n]
domesticar (vt)	**караlамо**	[kara'amɔ]
criar (vt)	**лело**	[lelɔ]
quinta (f)	**ферма**	[ferm]
aves (f pl) domésticas	**зlакардаьхний**	[z'akardæhnɪ:]
gado (m)	**хьайбанаш**	[hajbanaʃ]
rebanho (m), manada (f)	**бажа**	[baʒ]
estábulo (m)	**божал**	[bɔʒal]
pocilga (f)	**хьакхарчийн божал**	[haqarʧɪ:n bɔʒal]
estábulo (m)	**божал**	[bɔʒal]
coelheira (f)	**кроликийн бун**	[krɔlɪkɪ:n bun]
galinheiro (m)	**котаман бун**	[kɔtaman bun]

213. Cães. Raças de cães

cão (m)	**жlаьла**	[ʒ'æl]
cão pastor (m)	**жен жlаьла**	[ʒen ʒ'æl]
caniche (m)	**пудель**	[pudelj]
teckel (m)	**такса**	[taks]
buldogue (m)	**бульдог**	[buljdɔg]
boxer (m)	**боксёр**	[bɔksʲor]

mastim (m)	**мастиф**	[mastɪf]
rottweiler (m)	**ротвейлер**	[rɔtwejler]
dobermann (m)	**доберман**	[dɔberman]
basset (m)	**бассет**	[basset]
pastor inglês (m)	**бобтейл**	[bɔbtejl]
dálmata (m)	**далматинец**	[dalmatɪnets]
cocker spaniel (m)	**кокер-спаниель**	[kɔker spanɪelj]
terra-nova (m)	**ньюфаундленд**	[njʉfaundlend]
são-bernardo (m)	**сенбернар**	[senbernar]
husky (m)	**хаски**	[haskɪ]
Chow-chow (m)	**чау-чау**	[ʧau ʧau]
spitz alemão (m)	**кlезалг**	[k'ezalg]
carlindogue (m)	**мопс**	[mɔps]

214. Sons produzidos pelos animais

latido (m)	**гlалх**	[ɣalh]
latir (vi)	**гlалх дан**	[ɣalh dan]
miar (vi)	**lаха**	['ah]
ronronar (vi)	**мур дан**	[mur dan]
mugir (vaca)	**lexa**	['eh]
bramir (touro)	**lexa**	['eh]
rosnar (vi)	**гlигl дан**	[ɣɪɣ dan]
uivo (m)	**угlар**	[uɣar]
uivar (vi)	**угlа**	[uɣ]
ganir (vi)	**цlовза**	[ts'ɔvz]
balir (vi)	**lexa**	['eh]
grunhir (porco)	**хур-хур дан**	[hur hur dan]
guinchar (vi)	**цlовза**	[ts'ɔvz]
coaxar (sapo)	**вакъ-вакъ баха**	[vaqʔ vaqʔ bah]
zumbir (inseto)	**зуз дан**	[zuz dan]
estridular, ziziar (vi)	**чlа-чlа дан**	[ʧ'a ʧ'a dan]

215. Animais jovens

cria (f), filhote (m)	**кlорни**	[k'ɔrnɪ]
gatinho (m)	**цициган кlорни**	[tsɪtsɪgan k'ɔrnɪ]
ratinho (m)	**дехкан кlорни**	[dehkan k'ɔrnɪ]
cãozinho (m)	**кlеза**	[k'ez]
filhote (m) de lebre	**пхьагалан кlорни**	[phagalan k'ɔrnɪ]
coelhinho (m)	**кроликан кlорни**	[krɔlɪkan k'ɔrnɪ]
lobinho (m)	**берзан кlеза**	[berzan k'ez]
raposinho (m)	**цхьогалан кlорни**	[tshɔgalan k'ɔrnɪ]
ursinho (m)	**чайтаl**	[ʧajtaʕ]

leãozinho (m)	**лоьман кlорни**	[løman k'ɔrnɪ]
filhote (m) de tigre	**цlоькъалоьман кlорни**	[ʦ'øqʔaløman k'ɔrnɪ]
filhote (m) de elefante	**пийлан кlорни**	[pɪ:lan k'ɔrnɪ]
porquinho (m)	**хуьрсик**	[hʉrsɪk]
bezerro (m)	**эса**	[ɛs]
cabrito (m)	**буьхьиг**	[bʉhɪg]
cordeiro (m)	**lахар**	['ahar]
cria (f) de veado	**сен бекъа**	[sen beqʔ]
cria (f) de camelo	**эмкалан бекъа**	[ɛmkalan beqʔ]
filhote (m) de serpente	**лаьхьанан кlорни**	[læhanan k'ɔrnɪ]
cria (f) de rã	**пхьидан кlорни**	[phɪdan k'ɔrnɪ]
cria (f) de ave	**чантал**	[ʧantal]
pinto (m)	**кlорни**	[k'ɔrnɪ]
patinho (m)	**бедан кlорни**	[bedan k'ɔrnɪ]

216. Pássaros

pássaro, ave (m)	**олхазар**	[ɔlhazar]
pombo (m)	**кхокха**	[qɔq]
pardal (m)	**хьоза**	[hɔz]
chapim-real (m)	**цlирцlирхьоза**	[ʦ'ɪrʦ'ɪrhɔz]
pega-rabuda (f)	**къорза къиг**	[qʔɔrz qʔɪg]
corvo (m)	**хьаргlа**	[harɣ]
gralha (f) cinzenta	**къиг**	[qʔɪg]
gralha-de-nuca-cinzenta (f)	**жаглжагlа**	[ʒaɣʒaɣ]
gralha-calva (f)	**човка**	[ʧɔvk]
pato (m)	**бад**	[bad]
ganso (m)	**глаз**	[ɣaz]
faisão (m)	**акха котам**	[aq kɔtam]
águia (f)	**аьрзу**	[ærzu]
açor (m)	**куьйра**	[kʉjr]
falcão (m)	**леча**	[leʧ]
abutre (m)	**ломъаьрзу**	[lɔmʔærzu]
condor (m)	**кондор**	[kɔndɔr]
cisne (m)	**глургlаз**	[ɣurɣaz]
grou (m)	**гlаргlули**	[ɣarɣulɪ]
cegonha (f)	**чlерийдохург**	[ʧ'erɪ:dɔhurg]
papagaio (m)	**тоти**	[tɔtɪ]
beija-flor (m)	**колибри**	[kɔlɪbrɪ]
pavão (m)	**тlаус**	[t'aus]
avestruz (f)	**страус**	[straus]
garça (f)	**чlерийлоьцург**	[ʧ'erɪ:løʦurg]
flamingo (m)	**фламинго**	[flamɪngɔ]
pelicano (m)	**пеликан**	[pelɪkan]
rouxinol (m)	**зарзар**	[zarzar]

andorinha (f)	**чlегlардиг**	[ʧ'eɣardɪg]
tordo-zornal (m)	**шоршал**	[ʃɔrʃal]
tordo-músico (m)	**дека шоршал**	[dek ʃɔrʃal]
melro-preto (m)	**lаьржа шоршал**	['ærʒ ʃɔrʃal]
andorinhão (m)	**мерцхалдиг**	[merʦhaldɪg]
cotovia (f)	**нlаьвла**	[n'ævl]
codorna (f)	**лекъ**	[leqʔ]
pica-pau (m)	**хенакlур**	[henak'ur]
cuco (m)	**хlуттут**	[h'uttut]
coruja (f)	**бухlа**	[buh']
corujão, bufo (m)	**соька**	[søk]
tetraz-grande (m)	**къоракуота**	[qʔɔrakuɔt]
tetraz-lira (m)	**акха котам**	[aq kɔtam]
perdiz-cinzenta (f)	**моша**	[mɔʃ]
estorninho (m)	**алкханч**	[alqanʧ]
canário (m)	**можа хьоза**	[mɔʒ hɔz]
galinha-do-mato (f)	**акха котам**	[aq kɔtam]
tentilhão (m)	**хьуьнан хьоза**	[hʉnan hɔz]
dom-fafe (m)	**лайн хьоза**	[lajn hɔz]
gaivota (f)	**чайка**	[ʧajk]
albatroz (m)	**альбатрос**	[aljbatrɔs]
pinguim (m)	**пингвин**	[pɪngwɪn]

217. Pássaros. Canto e sons

cantar (vi)	**дека**	[dek]
gritar (vi)	**мохь бетта**	[mɔh bett]
cantar (o galo)	**кхайкха**	[qajq]
cocorocó (m)	**lуьl lаре-lуь**	['ʉʕ 'are 'ʉ]
cacarejar (vi)	**кlа-кlа дан**	[k'a k'a dan]
crocitar (vi)	**къа-къа дан**	[qʔa qʔa dan]
grasnar (vi)	**вакъ-вакъ баха**	[vaqʔ vaqʔ bah]
piar (vi)	**цlийза**	[ʦ'ɪ:z]
chilrear, gorjear (vi)	**гlир-гlир дан**	[ɣɪr ɣɪr dan]

218. Peixes. Animais marinhos

brema (f)	**чабакх-чlара**	[ʧabaq ʧ'ar]
carpa (f)	**карп**	[karp]
perca (f)	**окунь**	[ɔkunj]
siluro (m)	**яй**	[jaj]
lúcio (m)	**гlазкхийн чlара**	[ɣazqɪ:n ʧ'ar]
salmão (m)	**лосось**	[lɔsɔsʲ]
esturjão (m)	**цlен чlара**	[ʦ'en ʧ'ar]
arenque (m)	**сельдь**	[seljdʲ]
salmão (m)	**сёмга**	[sʲomg]

cavala, sarda (f)	**скумбри**	[skumbrɪ]
solha (f)	**камбала**	[kambal]
lúcio perca (m)	**судак**	[sudak]
bacalhau (m)	**треска**	[tresk]
atum (m)	**тунец**	[tunets]
truta (f)	**бакъ чlара**	[baqʔ tʃ'ar]
enguia (f)	**жlаьлин чlара**	[ʒ'ælɪn tʃ'ar]
raia elétrica (f)	**электрически скат**	[ɛlektrɪtʃeskɪ skat]
moreia (f)	**мурена**	[muren]
piranha (f)	**пиранья**	[pɪranj]
tubarão (m)	**гlоркхма**	[ɣɔrqm]
golfinho (m)	**дельфин**	[deljfɪn]
baleia (f)	**кит**	[kɪt]
caranguejo (m)	**краб**	[krab]
medusa, alforreca (f)	**медуза**	[meduz]
polvo (m)	**бархlкогберг**	[barh'kɔgberg]
estrela-do-mar (f)	**хlордан седа**	[h'ɔrdan sed]
ouriço-do-mar (m)	**хlордан зу**	[h'ɔrdan zu]
cavalo-marinho (m)	**хlордан говр**	[h'ɔrdan gɔvr]
ostra (f)	**устрица**	[ustrɪts]
camarão (m)	**креветка**	[krewetk]
lavagante (m)	**омар**	[ɔmar]
lagosta (f)	**лангуст**	[langust]

219. Amfíbios. Répteis

serpente, cobra (f)	**лаьхьа**	[læh]
venenoso	**дlаьвше**	[d'ævʃ]
víbora (f)	**лаьхьа**	[læh]
cobra-capelo, naja (f)	**кобра**	[kɔbr]
pitão (m)	**питон**	[pɪtɔn]
jiboia (f)	**саьрмикъ**	[særmɪqʔ]
cobra-de-água (f)	**вотангар**	[vɔtangar]
cascavel (f)	**шов ден лаьхьа**	[ʃɔv den læh]
anaconda (f)	**анаконда**	[anakɔnd]
lagarto (m)	**моьлкъа**	[mølqʔ]
iguana (f)	**игуана**	[ɪguan]
varano (m)	**варан**	[varan]
salamandra (f)	**саламандра**	[salamandr]
camaleão (m)	**хамелион**	[hamelɪɔn]
escorpião (m)	**скорпион**	[skɔrpɪɔn]
tartaruga (f)	**уьнтlапхьид**	[ʉnt'aphɪd]
rã (f)	**пхьид**	[phɪd]
sapo (m)	**бецан пхьид**	[betsan phɪd]
crocodilo (m)	**саьрмикъ**	[særmɪqʔ]

220. Insetos

inseto (m)	**сагалмат**	[sagalmat]
borboleta (f)	**полла**	[pɔll]
formiga (f)	**зингат**	[zɪngat]
mosca (f)	**моза**	[mɔz]
mosquito (m)	**чуьрк**	[ʧʉrk]
escaravelho (m)	**чхьаьвриг**	[ʧhævrɪg]
vespa (f)	**зlуга**	[z'ug]
abelha (f)	**накхармоза**	[naqarmɔz]
zangão (m)	**бумбари**	[bumbarɪ]
moscardo (m)	**тlод**	[t'ɔd]
aranha (f)	**гезг**	[gezg]
teia (f) de aranha	**гезгмаша**	[gezgmaʃ]
libélula (f)	**шайтlанан дин**	[ʃajt'anan dɪn]
gafanhoto-do-campo (m)	**цlаьпцалг**	[ʦ'æpʦalg]
traça (f)	**полла**	[pɔll]
barata (f)	**чхьаьвриг**	[ʧhævrɪg]
carraça (f)	**веччалг**	[weʧʧalg]
pulga (f)	**сагал**	[sagal]
borrachudo (m)	**пхьажбуург**	[phaʒbu'urg]
gafanhoto (m)	**цlоз**	[ʦ'ɔz]
caracol (m)	**этмаьlиг**	[ɛtmæ'ɪg]
grilo (m)	**цаьпцалг**	[ʦæpʦalg]
pirilampo (m)	**бумбари**	[bumbarɪ]
joaninha (f)	**дедо**	[dedɔ]
besouro (m)	**бумбари**	[bumbarɪ]
sanguessuga (f)	**цlубдар**	[ʦ'ubdar]
lagarta (f)	**нlаьвцициг**	[n'ævʦɪʦɪg]
minhoca (f)	**нlаьна**	[n'æn]
larva (f)	**нlаьна**	[n'æn]

221. Animais. Partes do corpo

bico (m)	**зlок**	[z'ɔk]
asas (f pl)	**тlемаш**	[t'emaʃ]
pata (f)	**ког**	[kɔg]
plumagem (f)	**мас ялар**	[mas jalar]
pena, pluma (f)	**пелаг**	[pelag]
crista (f)	**жима кlужал**	[ʒɪm k'uʒal]
brânquias, guelras (f pl)	**жlараш**	[ʒ'araʃ]
ovas (f pl)	**зирх**	[zɪrh]
larva (f)	**нlаьвцициг**	[n'ævʦɪʦɪg]
barbatana (f)	**пелаг**	[pelag]
escama (f)	**пелаг**	[pelag]
canino (m)	**пхьарцерг**	[pharʦerg]

pata (f)	**тlод**	[t'ɔd]
focinho (m)	**муцlар**	[muʦ'ɑr]
boca (f)	**бага**	[bɑg]
cauda (f), rabo (m)	**цlога**	[ʦ'ɔg]
bigodes (m pl)	**мекхаш**	[meqɑʃ]
casco (m)	**берг**	[berg]
corno (m)	**маlа**	[mɑ']
carapaça (f)	**у**	[u]
concha (f)	**лахьорч**	[lɑhɔrʧ]
casca (f) de ovo	**чкъуьйриг**	[ʧq?ʉjrɪg]
pelo (m)	**тlаргlа**	[t'ɑrɣ]
pele (f), couro (m)	**цlока**	[ʦ'ɔk]

222. Ações dos animais

voar (vi)	**лела**	[lel]
dar voltas	**хьийза**	[hɪ:z]
voar (para longe)	**дlадаха**	[d'ɑdɑh]
bater as asas	**лесто**	[lestɔ]
bicar (vi)	**зlок етта**	[z'ɔk ett]
incubar (vt)	**тевна даккха**	[tevn dɑkq]
sair do ovo	**даха**	[dɑh]
fazer o ninho	**даlа**	[dɑ'ɑ]
rastejar (vi)	**текха**	[teq]
picar (vt)	**ю тоха**	[ju tɔh]
morder (vt)	**леца**	[leʦ]
cheirar (vt)	**хьожа яха**	[hɔʒ jɑh]
latir (vi)	**гlалх дан**	[ɣɑlh dɑn]
silvar (vi)	**хиш-ш дан**	[hɪʃ ʃ dɑn]
assustar (vt)	**кхеро**	[qerɔ]
atacar (vt)	**тlелата**	[t'elɑt]
roer (vt)	**lийша**	['ɪ:ʃ]
arranhar (vt)	**сизаш дан**	[sɪzɑʃ dɑn]
esconder-se (vr)	**дlалечкъа**	[d'ɑleʧq?]
brincar (vi)	**ловза**	[lɔvz]
caçar (vi)	**талла эха**	[tɑll ɛh]
hibernar (vi)	**дlадижан хила**	[d'ɑdɪʒɑn hɪl]
extinguir-se (vr)	**хlу дан**	[h'u dɑn]

223. Animais. Habitats

habitat (m)	**дахаран хьал**	[dɑhɑrɑn hɑl]
migração (f)	**миграци**	[mɪgrɑʦɪ]
montanha (f)	**лам**	[lɑm]

recife (m)	**риф**	[rɪf]
falésia (f)	**тарх**	[tarh]
floresta (f)	**хьун**	[hun]
selva (f)	**джунглеш**	[ʤungleʃ]
savana (f)	**саванна**	[savan]
tundra (f)	**тундра**	[tundr]
estepe (f)	**аре**	[are]
deserto (m)	**гӀум-аре**	[ɣum are]
oásis (m)	**оазис**	[ɔazɪs]
mar (m)	**хӀорд**	[h'ɔrd]
lago (m)	**Ӏам**	['am]
oceano (m)	**хӀорд, океан**	[h'ɔrd], [ɔkean]
pântano (m)	**уьшал**	[ʉʃal]
de água doce	**тезачу хин**	[tezaʧu hɪn]
lagoa (f)	**Ӏам**	['am]
rio (m)	**доьду хи**	[dødu hɪ]
toca (f) do urso	**чен бен**	[ʧen ben]
ninho (m)	**бен**	[ben]
buraco (m) de árvore	**хара**	[har]
toca (f)	**Ӏуьрг**	['ʉrg]
formigueiro (m)	**туьйлиг**	[tʉjlɪg]

224. Cuidados com os animais

jardim (m) zoológico	**дийнатийн парк**	[dɪ:natɪ:n park]
reserva (f) natural	**заповедник**	[zapɔwednɪk]
viveiro (m)	**питомник**	[pɪtɔmnɪk]
jaula (f) de ar livre	**вольер**	[vɔljer]
jaula, gaiola (f)	**ога**	[ɔg]
casinha (f) de cão	**перги**	[pergɪ]
pombal (m)	**кхокхийн бун**	[qɔqɪ:n bun]
aquário (m)	**аквариум**	[akvarɪum]
delfinário (m)	**дельфинари**	[deljfɪnarɪ]
criar (vt)	**доло**	[dɔlɔ]
ninhada (f)	**тӀаьхье**	[t'æhe]
domesticar (vt)	**караӀамо**	[kara'amɔ]
adestrar (vt)	**караӀамо**	[kara'amɔ]
ração (f)	**докъар**	[dɔqʔar]
alimentar (vt)	**хӀума яла**	[h'um jal]
loja (f) de animais	**зоотуька**	[zo'otʉk]
açaime (m)	**бетахъюллург**	[betahʔʉllurg]
coleira (f)	**кочатосург**	[kɔʧatɔsurg]
nome (do animal)	**яхна цӀе**	[jahn ʦ'e]
pedigree (m)	**тайпа**	[tajp]

225. Animais. Diversos

alcateia (f)	**арданг**	[ardang]
bando (pássaros)	**жlуга**	[ʒ'ug]
cardume (peixes)	**жlуга**	[ʒ'ug]
manada (cavalos)	**рема**	[rem]
macho (m)	**боьрша хlума**	[børʃ h'um]
fêmea (f)	**стен хlума**	[sten h'um]
faminto	**меца**	[meʦ]
selvagem	**акха**	[aq]
perigoso	**кхераме**	[qerame]

226. Cavalos

raça (f)	**тайпа**	[tajp]
potro (m)	**бекъа**	[beqʔ]
égua (f)	**кхела**	[qel]
mustangue (m)	**мустанг**	[mustang]
pónei (m)	**пони**	[pɔnɪ]
cavalo (m) de tiro	**дезчу киранийн говр**	[dezʧu kɪranɪ:n gɔvr]
crina (f)	**кхес**	[qes]
cauda (f)	**цlога**	[ʦ'ɔg]
casco (m)	**берг**	[berg]
ferradura (f)	**лан**	[lan]
ferrar (vt)	**лан тоха**	[lan tɔh]
ferreiro (m)	**аьчкан пхьар**	[æʧkan phar]
sela (f)	**нуьйр**	[nʉjr]
estribo (m)	**луьйта**	[lʉjt]
brida (f)	**дирста**	[dɪrst]
rédeas (f pl)	**архаш**	[arhaʃ]
chicote (m)	**шед**	[ʃəd]
cavaleiro (m)	**бере**	[bere]
colocar sela	**нуьйр тилла**	[nʉjr tɪll]
montar no cavalo	**нуьйра хаа**	[nʉjr ha'a]
galope (m)	**юм**	[jum]
galopar (vi)	**кхийсалуш ядар**	[qɪ:saluʃ jadar]
trote (m)	**чабол**	[ʧabɔl]
a trote	**чаболехь**	[ʧabɔleh]
cavalo (m) de corrida	**хохку говр**	[hohku gɔvr]
corridas (f pl)	**хахкар**	[hahkar]
estábulo (m)	**божал**	[bɔʒal]
alimentar (vt)	**хlума яла**	[h'um jal]
feno (m)	**йол**	[jol]

dar água	**мийло**	[mɪ:lɔ]
limpar (vt)	**цӀандан**	[ʦ'ɑndɑn]
carroça (f)	**ворда**	[vɔrd]
pastar (vi)	**дажа**	[dɑʒ]
relinchar (vi)	**терса**	[ters]
dar um coice	**мийра тоха**	[mɪ:r tɔh]

Flora

227. Árvores

árvore (f)	**дитт**	[dɪtt]
decídua	**гӀаш долу**	[ɣaʃ dɔlu]
conífera	**баганан**	[baganan]
perene	**гуттар сийна**	[guttar sɪːn]
macieira (f)	**Ӏаж**	['aʒ]
pereira (f)	**кхор**	[qɔr]
cerejeira, ginjeira (f)	**балл**	[ball]
ameixeira (f)	**хьач**	[hatʃ]
bétula (f)	**дакх**	[daq]
carvalho (m)	**наж**	[naʒ]
tília (f)	**хьех**	[heh]
choupo-tremedor (m)	**мах**	[mah]
bordo (m)	**къахк**	[qʔahk]
espruce-europeu (m)	**база**	[baz]
pinheiro (m)	**зез**	[zez]
alerce, lariço (m)	**бага**	[bag]
abeto (m)	**пихта**	[pɪht]
cedro (m)	**кедр**	[kedr]
choupo, álamo (m)	**талл**	[tall]
tramazeira (f)	**датта**	[datt]
salgueiro (m)	**дак**	[dak]
amieiro (m)	**маъ**	[maʔ]
faia (f)	**поп**	[pɔp]
ulmeiro (m)	**муьшдечиг**	[mʉʃdetʃɪg]
freixo (m)	**къахьашту**	[qʔahaʃtu]
castanheiro (m)	**каштан**	[kaʃtan]
magnólia (f)	**магноли**	[magnɔlɪ]
palmeira (f)	**пальма**	[paljm]
cipreste (m)	**кипарис**	[kɪparɪs]
mangue (m)	**мангрови дитт**	[mangrɔwɪ dɪtt]
embondeiro, baobá (m)	**баобаб**	[baɔbab]
eucalipto (m)	**эквалипт**	[ɛkvalɪpt]
sequoia (f)	**секвойя**	[sekvɔj]

228. Arbustos

arbusto (m)	**колл**	[kɔll]
arbusto (m), moita (f)	**колл**	[kɔll]

videira (f)	**кемсаш**	[kemsaʃ]
vinhedo (m)	**кемсийн беш**	[kemsɪ:n beʃ]
framboeseira (f)	**цlен комар**	[ʦ'en kɔmar]
groselheira-vermelha (f)	**цlен кхезарш**	[ʦ'en qezarʃ]
groselheira (f) espinhosa	**кlудалгаш**	[k'udalgaʃ]
acácia (f)	**акаци**	[akaʦɪ]
bérberis (f)	**муьстарг**	[mʉstarg]
jasmim (m)	**жасмин**	[ʒasmɪn]
junípero (m)	**жlолам**	[ʒ'ɔlam]
roseira (f)	**розанийн кол**	[rɔzanɪ:n kɔl]
roseira (f) brava	**хьармак**	[harmak]

229. Cogumelos

cogumelo (m)	**жlаьлин нускал**	[ʒ'ælɪn nuskal]
cogumelo (m) comestível	**даа мегаш долу жlаьлин нускал**	[da'a megaʃ dɔlu ʒ'ælɪn nuskal]
cogumelo (m) venenoso	**дlовше жlаьлин нускал**	[d'ɔvʃ ʒælɪn nuskal]
chapéu (m)	**жlаьлин нускалан корта**	[ʒ'ælɪn nuskalan kɔrt]
pé, caule (m)	**жlаьлин нускалан кога**	[ʒ'ælɪn nuskalan kɔg]
cepe-de-bordéus (m)	**кlайн жlаьлин нускал**	[k'ajn ʒ'ælɪn nuskal]
boleto (m) áspero	**подосиновик**	[pɔdɔsɪnɔwɪk]
boleto (m) castanho	**подберёзовик**	[pɔdberʲozɔwɪk]
cantarelo (m)	**лисичка**	[lɪsɪʧk]
rússula (f)	**буьйдалг**	[bʉjdalg]
morchela (f)	**сморчок**	[smɔrʧɔk]
agário-das-moscas (m)	**мухомор**	[muhomɔr]
cicuta (f) verde	**поганка**	[pɔgank]

230. Frutos. Bagas

fruta (f)	**стом**	[stɔm]
frutas (f pl)	**стоьмаш**	[stømaʃ]
maçã (f)	**lаж**	['aʒ]
pera (f)	**кхор**	[qɔr]
ameixa (f)	**хьач**	[haʧ]
morango (m)	**цlазам**	[ʦ'azam]
ginja, cereja (f)	**балл**	[ball]
uva (f)	**кемсаш**	[kemsaʃ]
framboesa (f)	**цlен комар**	[ʦ'en kɔmar]
groselha (f) preta	**lаьржа кхезарш**	['ærʒ qezarʃ]
groselha (f) vermelha	**цlен кхезарш**	[ʦ'en qezarʃ]
groselha (f) espinhosa	**кlудалгаш**	[k'udalgaʃ]
oxicoco (m)	**клюква**	[klʉkv]
laranja (f)	**апельсин**	[apeljsɪn]

tangerina (f)	**мандарин**	[mandarɪn]
ananás (m)	**ананас**	[ananas]
banana (f)	**банан**	[banan]
tâmara (f)	**хурма**	[hurm]
limão (m)	**лимон**	[lɪmɔn]
damasco (m)	**туьрк**	[tʉrk]
pêssego (m)	**гӀаммагӀа**	[ɣammaɣ]
kiwi (m)	**киви**	[kɪwɪ]
toranja (f)	**грейпфрут**	[grejpfrut]
baga (f)	**цӀазам**	[ʦ'azam]
bagas (f pl)	**цӀазамаш**	[ʦ'azamaʃ]
arando (m) vermelho	**брусника**	[brusnɪk]
morango-silvestre (m)	**пхьагал-цӀазам**	[phagal ʦ'azam]
mirtilo (m)	**Ӏаьржа балл**	['ærʒ ball]

231. Flores. Plantas

flor (f)	**зезаг**	[zezag]
ramo (m) de flores	**курс**	[kurs]
rosa (f)	**роза**	[rɔz]
tulipa (f)	**алцӀензӀам**	['alʦ'enz'am]
cravo (m)	**гвоздика**	[gvɔzdɪk]
gladíolo (m)	**гладиолус**	[gladɪɔlus]
centáurea (f)	**сендарг**	[sendarg]
campânula (f)	**тухтати**	[tuhtatɪ]
dente-de-leão (m)	**баппа**	[bapp]
camomila (f)	**кӀайдарг**	[k'ajdarg]
aloé (m)	**алоэ**	[alɔɛ]
cato (m)	**кактус**	[kaktus]
fícus (m)	**фикус**	[fɪkus]
lírio (m)	**лили**	[lɪlɪ]
gerânio (m)	**герань**	[geranj]
jacinto (m)	**гиацинт**	[gɪaʦɪnt]
mimosa (f)	**мимоза**	[mɪmɔz]
narciso (m)	**нарцисс**	[narʦɪss]
capuchinha (f)	**настурция**	[nasturʦɪ]
orquídea (f)	**орхидей**	[ɔrhɪdej]
peónia (f)	**цӀен лерг**	[ʦ'en lerg]
violeta (f)	**тобалкх**	[tɔbalq]
amor-perfeito (m)	**анютийн бӀаьргаш**	['anʉtɪ:n b'ærgaʃ]
não-me-esqueças (m)	**незабудка**	[nezabudk]
margarida (f)	**маргаритка**	[margarɪtk]
papoula (f)	**петӀамат**	[pet'amat]
cânhamo (m)	**кӀомал**	[k'ɔmal]

hortelã (f)	**Іаждарбуц**	['aʒdarbuʦ]
lírio-do-vale (m)	**чІегІардиган кІа**	[ʧ'eɣardɪgan k'a]
campânula-branca (f)	**лайн зезаг**	[lajn zezag]
urtiga (f)	**нитташ**	[nɪttaʃ]
azeda (f)	**муьстарг**	[mʉstarg]
nenúfar (m)	**кувшинка**	[kuvʃɪnk]
feto (m), samambaia (f)	**чураш**	[ʧuraʃ]
líquen (m)	**корсам**	[kɔrsam]
estufa (f)	**оранжерей**	[ɔranʒerej]
relvado (m)	**бешмайда**	[beʃmajd]
canteiro (m) de flores	**хас**	[has]
planta (f)	**орамат**	[ɔramat]
erva (f)	**буц**	[buʦ]
folha (f) de erva	**бецан хелиг**	[beʦan helɪg]
folha (f)	**гІа**	[ɣa]
pétala (f)	**жаз**	[ʒaz]
talo (m)	**гІодам**	[ɣɔdam]
tubérculo (m)	**орамстом**	[ɔramstɔm]
broto, rebento (m)	**зІийдиг**	[z'ɪ:dɪg]
espinho (m)	**кІохцал**	[k'ɔhʦal]
florescer (vi)	**заза даккха**	[zaz dakq]
murchar (vi)	**маргІалдола**	[marɣaldɔl]
cheiro (m)	**хьожа**	[hɔʒ]
cortar (flores)	**дІахадо**	[d'ahadɔ]
colher (uma flor)	**схьадаккха**	[shadakq]

232. Cereais, grãos

grão (m)	**буьртиг**	[bʉrtɪg]
cereais (plantas)	**буьртиган ораматаш**	[bʉrtɪgan ɔramataʃ]
espiga (f)	**кан**	[kan]
trigo (m)	**кІа**	[k'a]
centeio (m)	**божан**	[bɔʒan]
aveia (f)	**сула**	[sul]
milho-miúdo (m)	**борц**	[bɔrʦ]
cevada (f)	**мукх**	[muq]
milho (m)	**хьаьжкІа**	[hæʒk']
arroz (m)	**дуга**	[dug]
trigo-sarraceno (m)	**цІен дуга**	[ʦ'en dug]
ervilha (f)	**кхоьш**	[qøʃ]
feijão (m)	**кхоь**	[qø]
soja (f)	**кхоь**	[qø]
lentilha (f)	**хьоьзийн кхоьш**	[høzɪ:n qøʃ]
fava (f)	**кхоьш**	[qøʃ]

233. Vegetais. Verduras

legumes (m pl)	**хасстоьмаш**	[hasstømaʃ]
verduras (f pl)	**гӀабуц**	[ɣabuʦ]
tomate (m)	**помидор**	[pɔmɪdɔr]
pepino (m)	**наьрс**	[nærs]
cenoura (f)	**жӀонка**	[ʒ'ɔnk]
batata (f)	**картол**	[kartɔl]
cebola (f)	**хох**	[hoh]
alho (m)	**саьрмасекх**	[særmaseq]
couve (f)	**копаста**	[kɔpast]
couve-flor (f)	**къорза копаста**	[qʔɔrz kɔpast]
couve-de-bruxelas (f)	**брюссельски копаста**	[brʉsseljskɪ kɔpast]
beterraba (f)	**бурак**	[burak]
beringela (f)	**баклажан**	[baklaʒan]
curgete (f)	**кабачок**	[kabaʧɔk]
abóbora (f)	**гӀабакх**	[ɣabaq]
nabo (m)	**хорсам**	[horsam]
salsa (f)	**чам-буц**	[ʧam buʦ]
funcho, endro (m)	**оччам**	[ɔʧam]
alface (f)	**салат**	[salat]
aipo (m)	**сельдерей**	[seljderej]
espargo (m)	**спаржа**	[sparʒ]
espinafre (m)	**шпинат**	[ʃpɪnat]
ervilha (f)	**кхоьш**	[qøʃ]
fava (f)	**кхоьш**	[qøʃ]
milho (m)	**хьаьжкӀа**	[hæʒk']
feijão (m)	**кхоь**	[qø]
pimentão (m)	**бурч**	[burʧ]
rabanete (m)	**цӀен хорсам**	[ʦ'en horsam]
alcachofra (f)	**артишок**	[artɪʃɔk]

GEOGRAFIA REGIONAL

Países. Nacionalidades

234. Europa Ocidental

Europa (f)	**Европа**	[evrɔp]
União (f) Europeia	**Европин Союз**	[evrɔpɪn sɔjuz]
europeu (m)	**европахо**	[evrɔpaho]
europeu	**европин**	[evrɔpɪn]
Áustria (f)	**Австри**	[avstrɪ]
austríaco (m)	**австрихо**	[avstrɪho]
austríaca (f)	**австрихо**	[avstrɪho]
austríaco	**австрихойн**	[avstrɪhojn]
Grã-Bretanha (f)	**Великобритани**	[welɪkɔbrɪtanɪ]
Inglaterra (f)	**Ингалс**	[ɪngals]
inglês (m)	**ингалсхо**	[ɪngalsho]
inglesa (f)	**ингалсхо**	[ɪngalsho]
inglês	**ингалсан**	[ɪngalsan]
Bélgica (f)	**Бельги**	[beljgɪ]
belga (m)	**бельгихо**	[beljgɪho]
belga (f)	**бельгихо**	[beljgɪho]
belga	**бельгин**	[beljgɪn]
Alemanha (f)	**Германи**	[germanɪ]
alemão (m)	**немцой**	[nemʦɔj]
alemã (f)	**немцой**	[nemʦɔj]
alemão	**немцойн**	[nemʦɔjn]
Países (m pl) Baixos	**Нидерланды**	[nɪderlandı]
Holanda (f)	**Голланди**	[gɔllandɪ]
holandês (m)	**голландхо**	[gɔllandho]
holandesa (f)	**голландхо**	[gɔllandho]
holandês	**голландхойн**	[gɔllandhojn]
Grécia (f)	**Греци**	[greʦɪ]
grego (m)	**грек**	[grek]
grega (f)	**грек**	[grek]
grego	**грекийн**	[grekɪ:n]
Dinamarca (f)	**Дани**	[danɪ]
dinamarquês (m)	**датхо**	[datho]
dinamarquesa (f)	**датхо**	[datho]
dinamarquês	**датхойн**	[dathojn]
Irlanda (f)	**Ирланди**	[ɪrlandɪ]
irlandês (m)	**ирландхо**	[ɪrlandho]

irlandesa (f)	**ирландхо**	[ɪrlandho]
irlandês	**ирландхойн**	[ɪrlandhojn]
Islândia (f)	**Исланди**	[ɪslandɪ]
islandês (m)	**исландхо**	[ɪslandho]
islandesa (f)	**исландхо**	[ɪslandho]
islandês	**исландхойн**	[ɪslandhojn]
Espanha (f)	**Испани**	[ɪspanɪ]
espanhol (m)	**испанхо**	[ɪspanho]
espanhola (f)	**испанхо**	[ɪspanho]
espanhol	**испанхойн**	[ɪspanhojn]
Itália (f)	**Итали**	[ɪtalɪ]
italiano (m)	**итальян**	[ɪtaljan]
italiana (f)	**итальян**	[ɪtaljan]
italiano	**итальянийн**	[ɪtaljanɪ:n]
Chipre (m)	**Кипр**	[kɪpr]
cipriota (m)	**кипрхо**	[kɪprhɔ]
cipriota (f)	**кипрхо**	[kɪprhɔ]
cipriota	**кипрхойн**	[kɪprhɔjn]
Malta (f)	**Мальта**	[maljt]
maltês (m)	**мальтахо**	[maljtaho]
maltesa (f)	**мальтахо**	[maljtaho]
maltês	**мальтахойн**	[maljtahojn]
Noruega (f)	**Норвеги**	[nɔrwegɪ]
norueguês (m)	**норвег**	[nɔrweg]
norueguesa (f)	**норвег**	[nɔrweg]
norueguês	**норвегийн**	[nɔrwegɪ:n]
Portugal (m)	**Португали**	[pɔrtugalɪ]
português (m)	**португалихо**	[pɔrtugalɪho]
portuguesa (f)	**португалихо**	[pɔrtugalɪho]
português	**португалихойн**	[pɔrtugalɪhojn]
Finlândia (f)	**Финлянди**	[fɪnljandɪ]
finlandês (m)	**финн**	[fɪn]
finlandesa (f)	**финн**	[fɪn]
finlandês	**финнийн**	[fɪnnɪ:n]
França (f)	**Франци**	[frantsɪ]
francês (m)	**француз**	[frantsuz]
francesa (f)	**француз**	[frantsuz]
francês	**французийн**	[frantsuzɪ:n]
Suécia (f)	**Швеци**	[ʃwetsɪ]
sueco (m)	**швед**	[ʃwed]
sueca (f)	**швед**	[ʃwed]
sueco	**шведийн**	[ʃwedɪ:n]
Suíça (f)	**Швейцари**	[ʃwejtsarɪ]
suíço (m)	**швейцар**	[ʃwejtsar]
suíça (f)	**швейцар**	[ʃwejtsar]

suíço	**швейцарин**	[ʃwejtsarɪn]
Escócia (f)	**Шотланди**	[ʃɔtlandɪ]
escocês (m)	**шотланди**	[ʃɔtlandɪ]
escocesa (f)	**шотланди**	[ʃɔtlandɪ]
escocês	**шотландийн**	[ʃɔtlandɪ:n]
Vaticano (m)	**Ватикан**	[vatɪkan]
Liechtenstein (m)	**Лихтенштейн**	[lɪhtenʃtejn]
Luxemburgo (m)	**Люксембург**	[lʉksemburg]
Mónaco (m)	**Монако**	[mɔnakɔ]

235. Europa Central e de Leste

Albânia (f)	**Албани**	[albanɪ]
albanês (m)	**албанихо**	[albanɪho]
albanesa (f)	**албанихо**	[albanɪho]
albanês	**албанихойн**	[albanɪhojn]
Bulgária (f)	**Болгари**	[bɔlgarɪ]
búlgaro (m)	**болгар**	[bɔlgar]
búlgara (f)	**болгар**	[bɔlgar]
búlgaro	**болгарийн**	[bɔlgarɪ:n]
Hungria (f)	**Венгри**	[wengrɪ]
húngaro (m)	**венгр**	[wengr]
húngara (f)	**венгр**	[wengr]
húngaro	**венгрийн**	[wengrɪ:n]
Letónia (f)	**Латви**	[latwɪ]
letão (m)	**латыш**	[latɪʃ]
letã (f)	**латыш**	[latɪʃ]
letão	**латвийн**	[latvɪ:n]
Lituânia (f)	**Литва**	[lɪtv]
lituano (m)	**литвахо**	[lɪtvaho]
lituana (f)	**литвахо**	[lɪtvaho]
lituano	**литвахойн**	[lɪtvahojn]
Polónia (f)	**Польша**	[pɔljʃ]
polaco (m)	**поляк**	[pɔljak]
polaca (f)	**поляк**	[pɔljak]
polaco	**полякийн**	[pɔljakɪ:n]
Roménia (f)	**Румыни**	[rumɪnɪ]
romeno (m)	**румын**	[rumɪn]
romena (f)	**румын**	[rumɪn]
romeno	**румынийн**	[rumɪnɪ:n]
Sérvia (f)	**Серби**	[serbɪ]
sérvio (m)	**серб**	[serb]
sérvia (f)	**серб**	[serb]
sérvio	**сербийн**	[serbɪ:n]
Eslováquia (f)	**Словаки**	[slɔvakɪ]
eslovaco (m)	**словак**	[slɔvak]

eslovaca (f)	**словак**	[slɔvak]
eslovaco	**словакийн**	[slɔvakɪ:n]
Croácia (f)	**Хорвати**	[horvatɪ]
croata (m)	**хорват**	[horvat]
croata (f)	**хорват**	[horvat]
croata	**хорватийн**	[horvatɪ:n]
República (f) Checa	**Чехи**	[ʧehɪ]
checo (m)	**чех**	[ʧeh]
checa (f)	**чех**	[ʧeh]
checo	**чехийн**	[ʧehɪ:n]
Estónia (f)	**Эстони**	[ɛstɔnɪ]
estónio (m)	**эстон**	[ɛstɔn]
estónia (f)	**эстон**	[ɛstɔn]
estónio	**эсонийн**	[ɛsɔnɪ:n]
Bósnia e Herzegovina (f)	**Босни е Герцоговина е**	[bɔsnɪ e gerʦɔgɔwɪnə 2e]
Macedónia (f)	**Македони**	[makedɔnɪ]
Eslovénia (f)	**Словени**	[slɔwenɪ]
Montenegro (m)	**Черногори**	[ʧernɔgɔrɪ]

236. Países da ex-URSS

Azerbaijão (m)	**Азербайджан**	[azerbajʤan]
azeri (m)	**азербайджанхо**	[azerbajʤanho]
azeri (f)	**азербайджанхо**	[azerbajʤanho]
azeri, azerbaijano	**азербайджанхойн**	[azerbajʤanhojn]
Arménia (f)	**Армени**	[armenɪ]
arménio (m)	**эрмало**	[ɛrmalɔ]
arménia (f)	**эрмало**	[ɛrmalɔ]
arménio	**эрмалойн**	[ɛrmalɔjn]
Bielorrússia (f)	**Беларусь**	[belarusʲ]
bielorrusso (m)	**белорусхо**	[belɔrusho]
bielorrussa (f)	**белорусхо**	[belɔrusho]
bielorrusso	**белорусхойн**	[belɔrushojn]
Geórgia (f)	**Грузи**	[gruzɪ]
georgiano (m)	**гуьржи**	[gʉrʒɪ]
georgiana (f)	**гуьржи**	[gʉrʒɪ]
georgiano	**гуьржийн**	[gʉrʒɪ:n]
Cazaquistão (m)	**Казахстан**	[kazahstan]
cazaque (m)	**казах**	[kazah]
cazaque (f)	**казах**	[kazah]
cazaque	**казахийн**	[kazahɪ:n]
Quirguistão (m)	**Кыргызстан**	[kırgızstan]
quirguiz (m)	**киргиз**	[kɪrgɪz]
quirguiz (f)	**киргиз**	[kɪrgɪz]
quirguiz	**киргизийн**	[kɪrgɪzɪ:n]

Moldávia (f)	**Молдова**	[mɔldɔv]
moldavo (m)	**молдован**	[mɔldɔvɑn]
moldava (f)	**молдован**	[mɔldɔvɑn]
moldavo	**молдованийн**	[mɔldɔvɑnɪ:n]
Rússia (f)	**Росси**	[rɔssɪ]
russo (m)	**оьрси**	[ørsɪ]
russa (f)	**оьрси**	[ørsɪ]
russo	**оьрсийн**	[ørsɪ:n]
Tajiquistão (m)	**Таджикистан**	[tɑʤɪkɪstɑn]
tajique (m)	**таджик**	[tɑʤɪk]
tajique (f)	**таджик**	[tɑʤɪk]
tajique	**таджикийн**	[tɑʤɪkɪ:n]
Turquemenistão (m)	**Туркменистан**	[turkmenɪstɑn]
turcomeno (m)	**туркмен**	[turkmen]
turcomena (f)	**туркмен**	[turkmen]
turcomeno	**туркменийн**	[turkmenɪ:n]
Uzbequistão (f)	**Узбекистан**	[uzbekɪstɑn]
uzbeque (m)	**узбек**	[uzbek]
uzbeque (f)	**узбек**	[uzbek]
uzbeque	**узбекийн**	[uzbekɪ:n]
Ucrânia (f)	**Украина**	[ukrɑɪn]
ucraniano (m)	**украин**	[ukrɑɪn]
ucraniana (f)	**украин**	[ukrɑɪn]
ucraniano	**украинийн**	[ukrɑɪnɪ:n]

237. Asia

Ásia (f)	**Ази**	[ɑzɪ]
asiático	**азиатский**	[ɑzɪɑʦkɪ:]
Vietname (m)	**Вьетнам**	[vjetnɑm]
vietnamita (m)	**вьетнамхо**	[vjetnɑmho]
vietnamita (f)	**вьетнамхо**	[vjetnɑmho]
vietnamita	**вьетнамхойн**	[vjetnɑmhojn]
Índia (f)	**Инди**	[ɪndɪ]
indiano (m)	**индус**	[ɪndus]
indiana (f)	**индус**	[ɪndus]
indiano, hindu	**индихойн**	[ɪndɪhojn]
Israel (m)	**Израиль**	[ɪzrɑɪlj]
israelita (m)	**израильхо**	[ɪzrɑɪljho]
israelita (f)	**израильхо**	[ɪzrɑɪljho]
israelita	**израильхойн**	[ɪzrɑɪljhojn]
judeu (m)	**жуьгти**	[ʒʉgtɪ]
judia (f)	**жуьгти**	[ʒʉgtɪ]
judeu	**жуьгтийн**	[ʒʉgtɪ:n]
China (f)	**Китай**	[kɪtɑj]

chinês (m)	**китай**	[kɪtaj]
chinesa (f)	**китай**	[kɪtaj]
chinês	**китайн**	[kɪtajn]
coreano (m)	**корей**	[kɔrej]
coreana (f)	**корей**	[kɔrej]
coreano	**корейн**	[kɔrejn]
Líbano (m)	**Ливан**	[lɪvan]
libanês (m)	**ливан**	[lɪvan]
libanesa (f)	**ливан**	[lɪvan]
libanês	**ливанийн**	[lɪvanɪ:n]
Mongólia (f)	**Монголи**	[mɔngɔlɪ]
mongol (m)	**монгол**	[mɔngɔl]
mongol (f)	**монгол**	[mɔngɔl]
mongol	**монголийн**	[mɔngɔlɪ:n]
Malásia (f)	**Малази**	[malazɪ]
malaio (m)	**малаец**	[malajets]
malaia (f)	**малаец**	[malajets]
malaio	**малаецан**	[malajetsan]
Paquistão (m)	**Пакистан**	[pakɪstan]
paquistanês (m)	**пакистанхо**	[pakɪstanho]
paquistanesa (f)	**пакистанхо**	[pakɪstanho]
paquistanês	**пакистанхойн**	[pakɪstanhojn]
Arábia (f) Saudita	**Саудовски Арави**	[saudɔvskɪ arawɪ]
árabe (m)	**Іаьрби**	['ærbɪ]
árabe (f)	**Іаьрби**	['ærbɪ]
árabe	**Іаьрбийн**	['ærbɪ:n]
Tailândia (f)	**Таиланд**	[taɪland]
tailandês (m)	**тайландхо**	[tajlandho]
tailandesa (f)	**тайландхо**	[tajlandho]
tailandês	**тайландхойн**	[tajlandhojn]
Taiwan (m)	**Тайвань**	[tajvanj]
taiwanês (m)	**тайваньхо**	[tajvanjho]
taiwanesa (f)	**тайваньхо**	[tajvanjho]
taiwanês	**тайваньхойн**	[tajvanjhojn]
Turquia (f)	**Турци**	[turtsɪ]
turco (m)	**турко**	[turkɔ]
turca (f)	**турко**	[turkɔ]
turco	**туркойн**	[turkɔjn]
Japão (m)	**Япони**	[japɔnɪ]
japonês (m)	**япон**	[japɔn]
japonesa (f)	**япон**	[japɔn]
japonês	**японийн**	[japɔnɪ:n]
Afeganistão (m)	**Афганистан**	[afganɪstan]
Bangladesh (m)	**Бангладеш**	[bangladeʃ]
Indonésia (f)	**Индонези**	[ɪndɔnezɪ]

Jordânia (f)	**Иордани**	[ɪɔrdanɪ]
Iraque (m)	**Ирак**	[ɪrak]
Irão (m)	**Иран**	[ɪran]
Camboja (f)	**Камбоджа**	[kambɔʤ]
Kuwait (m)	**Кувейт**	[kuvejt]
Laos (m)	**Лаос**	[laɔs]
Myanmar (m), Birmânia (f)	**Мьянма**	[mjanm]
Nepal (m)	**Непал**	[nepal]
Emirados Árabes Unidos	**Цхьаьнакхеттачу Iаьрбийн Эмираташ**	[ʦhænaqettaʧu 'ærbɪ:n ɛmɪrataʃ]
Síria (f)	**Сири**	[sɪrɪ]
Palestina (f)	**Палестина**	[palestɪn]
Coreia do Sul (f)	**Къилбера Корея**	[qʔɪlber kɔrej]
Coreia do Norte (f)	**Къилбаседера Корея**	[qʔɪlbaseder kɔrej]

238. America do Norte

Estados Unidos da América	**Америкин Цхьаьнакхетта Штаташ**	[amerɪkɪn ʦhænaqett ʃtataʃ]
americano (m)	**америкахо**	[amerɪkaho]
americana (f)	**америкахо**	[amerɪkaho]
americano	**америкин**	[amerɪkɪn]
Canadá (m)	**Канада**	[kanad]
canadiano (m)	**канадхо**	[kanadho]
canadiana (f)	**канадхо**	[kanadho]
canadiano	**канадин**	[kanadɪn]
México (m)	**Мексика**	[meksɪk]
mexicano (m)	**мексикахо**	[meksɪkaho]
mexicana (f)	**мексикахо**	[meksɪkaho]
mexicano	**мексикахойн**	[meksɪkahojn]

239. America Centrale do Sul

Argentina (f)	**Аргентина**	[argentɪn]
argentino (m)	**аргентинахо**	[argentɪnaho]
argentina (f)	**аргентинахо**	[argentɪnaho]
argentino	**аргентинахойн**	[argentɪnahojn]
Brasil (m)	**Бразили**	[brazɪlɪ]
brasileiro (m)	**бразилихо**	[brazɪlɪho]
brasileira (f)	**бразилихо**	[brazɪlɪho]
brasileiro	**бразилихойн**	[brazɪlɪhojn]
Colômbia (f)	**Колумби**	[kɔlumbɪ]
colombiano (m)	**колумбихо**	[kɔlumbɪho]
colombiana (f)	**колумбихо**	[kɔlumbɪho]
colombiano	**колумбихойн**	[kɔlumbɪhojn]
Cuba (f)	**Куба**	[kub]

cubano (m)	**кубахо**	[kubaho]
cubana (f)	**кубахо**	[kubaho]
cubano	**кубахойн**	[kubahojn]
Chile (m)	**Чили**	[ʧɪlɪ]
chileno (m)	**чилихо**	[ʧɪlɪho]
chilena (f)	**чилихо**	[ʧɪlɪho]
chileno	**чилихойн**	[ʧɪlɪhojn]
Bolívia (f)	**Боливи**	[bɔlɪwɪ]
Venezuela (f)	**Венесуэла**	[wenesuɛl]
Paraguai (m)	**Парагвай**	[paragvaj]
Peru (m)	**Перу**	[peru]
Suriname (m)	**Суринам**	[surɪnam]
Uruguai (m)	**Уругвай**	[urugvaj]
Equador (m)	**Эквадор**	[ɛkvadɔr]
Bahamas (f pl)	**Багамахойн гӀайренаш**	[bagamahojn ɣajrenaʃ]
Haiti (m)	**Гаити**	[gaɪtɪ]
República (f) Dominicana	**Доминиканхойн республика**	[dɔmɪnɪkanhojn respublɪk]
Panamá (m)	**Панама**	[panam]
Jamaica (f)	**Ямайка**	[jamajk]

240. Africa

Egito (m)	**Мисар**	[mɪsar]
egípcio (m)	**мисархо**	[mɪsarhɔ]
egípcia (f)	**мисархо**	[mɪsarhɔ]
egípcio	**мисаран**	[mɪsaran]
Marrocos	**Марокко**	[marɔkkɔ]
marroquino (m)	**мароккохо**	[marɔkkɔho]
marroquina (f)	**мароккохо**	[marɔkkɔho]
marroquino	**мароккохойн**	[marɔkkɔhojn]
Tunísia (f)	**Тунис**	[tunɪs]
tunisino (m)	**тунисахо**	[tunɪsaho]
tunisina (f)	**тунисахо**	[tunɪsaho]
tunisino	**тунисахойн**	[tunɪsahojn]
Gana (f)	**Гана**	[gan]
Zanzibar (m)	**Занзибар**	[zanzɪbar]
Quénia (f)	**Кени**	[kenɪ]
Líbia (f)	**Ливи**	[lɪwɪ]
Madagáscar (m)	**Мадагаскар**	[madagaskar]
Namíbia (f)	**Намиби**	[namɪbɪ]
Senegal (m)	**Сенегал**	[senegal]
Tanzânia (f)	**Танзани**	[tanzanɪ]
África do Sul (f)	**ЮАР**	[juar]
africano (m)	**африкахо**	[afrɪkaho]
africana (f)	**африкахо**	[afrɪkaho]
africano	**африкахойн**	[afrɪkahojn]

241. Australia. Oceania

Austrália (f)	**Австрали**	[avstralɪ]
australiano (m)	**австралихо**	[avstralɪho]
australiana (f)	**австралихо**	[avstralɪho]
australiano	**австралихойн**	[avstralɪhojn]
Nova Zelândia (f)	**Керла Зеланди**	[kerl zelandɪ]
neozelandês (m)	**керлазеландихо**	[kerlazelandɪho]
neozelandesa (f)	**керлазеландихо**	[kerlazelandɪho]
neozelandês	**керлазеландихойн**	[kerlazelandɪhojn]
Tasmânia (f)	**Тасмани**	[tasmanɪ]
Polinésia Francesa (f)	**Французийн Полинези**	[frantsuzɪ:n pɔlɪnezɪ]

242. Cidades

Amesterdão	**Амстердам**	[amsterdam]
Ancara	**Анкара**	[ankar]
Atenas	**Афинаш**	[afɪnaʃ]
Bagdade	**Багдад**	[bagdad]
Banguecoque	**Бангкок**	[bankɔk]
Barcelona	**Барселона**	[barselɔn]
Beirute	**Бейрут**	[bejrut]
Berlim	**Берлин**	[berlɪn]
Bombaim	**Бомбей**	[bɔmbej]
Bona	**Бонн**	[bɔn]
Bordéus	**Бордо**	[bɔrdɔ]
Bratislava	**Братислава**	[bratɪslav]
Bruxelas	**Брюссель**	[brʉsselj]
Bucareste	**Бухарест**	[buharest]
Budapeste	**Будапешт**	[budapeʃt]
Cairo	**Каир**	[kaɪr]
Calcutá	**Калькутта**	[kaljkutt]
Chicago	**Чикаго**	[ʧɪkagɔ]
Cidade do México	**Мехико**	[mehɪkɔ]
Copenhaga	**Копенгаген**	[kɔpengagen]
Dar es Salaam	**Дар-эс-Салам**	[dar ɛs salam]
Deli	**Дели**	[delɪ]
Dubai	**Дубай**	[dubaj]
Dublin, Dublim	**Дублин**	[dublɪn]
Düsseldorf	**Дюссельдорф**	[dʉsseljdɔrf]
Estocolmo	**Стокгольм**	[stɔkgɔljm]
Florença	**Флоренци**	[flɔrentsɪ]
Frankfurt	**Франкфурт**	[frankfurt]
Genebra	**Женева**	[ʒenev]
Haia	**Гаага**	[ga'ag]
Hamburgo	**Гамбург**	[gamburg]

Hanói	**Ханой**	[hanɔj]
Havana	**Гавана**	[gavan]
Helsínquia	**Хельсинки**	[heljsɪnkɪ]
Hiroshima	**Хиросима**	[hɪrɔsɪm]
Hong Kong	**Гонконг**	[gɔnkɔng]
Istambul	**Стамбул**	[stambul]
Jerusalém	**Иерусалим**	[ɪerusalɪm]
Kiev	**Киев**	[kɪev]
Kuala Lumpur	**Куала-Лумпур**	[kual lumpur]
Lisboa	**Лиссабон**	[lɪssabɔn]
Londres	**Лондон**	[lɔndɔn]
Los Angeles	**Лос-Анджелес**	[lɔs andʒeles]
Lyon	**Лион**	[lɪɔn]
Madrid	**Мадрид**	[madrɪd]
Marselha	**Марсель**	[marselj]
Miami	**Майями**	[majamɪ]
Montreal	**Монреаль**	[mɔnrealj]
Moscovo	**Москва**	[mɔskv]
Munique	**Мюнхен**	[mʉnhen]
Nairóbi	**Найроби**	[najrɔbɪ]
Nápoles	**Неаполь**	[neapɔlj]
Nisa	**Ницца**	[nɪʦ]
Nova York	**Нью-Йорк**	[njʉ jork]
Oslo	**Осло**	[ɔslɔ]
Ottawa	**Оттава**	[ɔttav]
Paris	**Париж**	[parɪʒ]
Pequim	**Пекин**	[pekɪn]
Praga	**Прага**	[prag]
Rio de Janeiro	**Рио-де-Жанейро**	[rɪɔ de ʒanejrɔ]
Roma	**Рим**	[rɪm]
São Petersburgo	**Санкт-Петербург**	[sankt peterburg]
Seul	**Сеул**	[seul]
Singapura	**Сингапур**	[sɪngapur]
Sydney	**Сидней**	[sɪdnej]
Taipé	**Тайпей**	[tajpej]
Tóquio	**Токио**	[tɔkɪɔ]
Toronto	**Торонто**	[tɔrɔntɔ]
Varsóvia	**Варшава**	[varʃav]
Veneza	**Венеция**	[weneʦɪ]
Viena	**Вена**	[wen]
Washington	**Вашингтон**	[vaʃɪngtɔn]
Xangai	**Шанхай**	[ʃanhaj]

243. Política. Governo. Parte 1

política (f)	**политика**	[pɔlɪtɪk]
político	**политически**	[pɔlɪtɪʧeskɪ]

político (m) **политик** [pɔlɪtɪk]
estado (m) **пачхьалкх** [patʃhalq]
cidadão (m) **гражданин** [graʒdanɪn]
cidadania (f) **гражданалла** [graʒdanall]

brasão (m) de armas **къаьмнийн герб** [qʔæmnɪ:n gerb]
hino (m) nacional **пачхьалкхан гимн** [patʃhalqan gɪmn]

governo (m) **правительство** [prawɪteljstvɔ]
Chefe (m) de Estado **мехкан куьйгалхо** [mehkan kʉjgalho]
parlamento (m) **парламент** [parlament]
partido (m) **парти** [partɪ]

capitalismo (m) **капитализм** [kapɪtalɪzm]
capitalista **капиталистийн** [kapɪtalɪstɪ:n]

socialismo (m) **социализм** [sɔtsɪalɪzm]
socialista **социалистийн** [sɔtsɪalɪstɪ:n]

comunismo (m) **коммунизм** [kɔmmunɪzm]
comunista **коммунистически** [kɔmmunɪstɪtʃeskɪ]
comunista (m) **коммунист** [kɔmmunɪst]

democracia (f) **демократи** [demɔkratɪ]
democrata (m) **демократ** [demɔkrat]
democrático **демократийн** [demɔkratɪ:n]
Partido (m) Democrático **демократийн парти** [demɔkratɪ:n partɪ]

liberal (m) **либерал** [lɪberal]
liberal **либералийн** [lɪberalɪ:n]

conservador (m) **консерватор** [kɔnservatɔr]
conservador **консервативни** [kɔnservatɪvnɪ]

república (f) **республика** [respublɪk]
republicano (m) **республикахо** [respublɪkaho]
Partido (m) Republicano **республикански парти** [respublɪkanskɪ partɪ]

eleições (f pl) **харжамаш** [harʒamaʃ]
eleger (vt) **харжа** [harʒ]
eleitor (m) **харжамхо** [harʒamho]
campanha (f) eleitoral **харжамийн компани** [harʒamɪ:n kɔmpanɪ]

votação (f) **кхаж тасар** [qaʒ tasar]
votar (vi) **кхаж таса** [qaʒ tas]
direito (m) de voto **бакъо** [baqʔɔ]

candidato (m) **кандидат** [kandɪdat]
candidatar-se (vi) **хоржуш хила** [horʒuʃ hɪl]
campanha (f) **компани** [kɔmpanɪ]

da oposição **оппозиционни** [ɔppɔzɪtsɪɔnɪ]
oposição (f) **оппозици** [ɔppɔzɪtsɪ]

visita (f) **визит** [wɪzɪt]
visita (f) oficial **леррина визит** [lerrɪn wɪzɪt]

internacional	**гlаланашна юккъера**	[ɣalanaʃn jukq?er]
negociações (f pl)	**дагадовлар**	[dagadɔvlar]
negociar (vi)	**дагабовла**	[dagabɔvl]

244. Política. Governo. Parte 2

sociedade (f)	**юкъаралла**	[juq?arall]
constituição (f)	**конституци**	[kɔnstɪtuʦɪ]
poder (ir para o ~)	**lедал**	['edal]
corrupção (f)	**коррупци**	[kɔrrupʦɪ]
lei (f)	**закон**	[zakɔn]
legal	**законехь**	[zakɔneh]
justiça (f)	**нийсо**	[nɪ:sɔ]
justo	**нийса**	[nɪ:s]
comité (m)	**комитет**	[kɔmɪtet]
projeto-lei (m)	**законопроект**	[zakɔnɔprɔekt]
orçamento (m)	**бюджет**	[bʉʤet]
política (f)	**политика**	[pɔlɪtɪk]
reforma (f)	**хийцар**	[hɪ:ʦar]
radical	**кlорггера**	[k'ɔrgger]
força (f)	**ницкъ**	[nɪʦq?]
poderoso	**чlогlа**	[ʧ'ɔɣ]
partidário (m)	**агlонча**	['aɣɔnʧ]
influência (f)	**lаткъар**	['atq?ar]
regime (m)	**дlахlоттам**	[d'ah'ɔttam]
conflito (m)	**конфликт**	[kɔnflɪkt]
conspiração (f)	**къайлаха барт**	[q?ajlaha bart]
provocação (f)	**питана**	[pɪtan]
derrubar (vt)	**дlадаккха**	[d'adakq]
derrube (m), queda (f)	**дlадаккхар**	[d'adakqar]
revolução (f)	**революци**	[revɔlʉʦɪ]
golpe (m) de Estado	**хийцам бар**	[hɪ:ʦam bar]
golpe (m) militar	**тlеман хийцам бар**	[t'eman hɪ:ʦam bar]
crise (f)	**кризис**	[krɪzɪs]
recessão (f) económica	**экономикин лахдалар**	[ɛkɔnɔmɪkɪn lahdalar]
manifestante (m)	**демонстрант**	[demɔnstrant]
manifestação (f)	**демонстраци**	[demɔnstraʦɪ]
lei (f) marcial	**тlеман хьал**	[t'eman hal]
base (f) militar	**база**	[baz]
estabilidade (f)	**чlоагlа хилар**	[ʧ'ɔ'aɣ hɪlar]
estável	**чlоагlделла**	[ʧ'ɔ'aɣdell]
exploração (f)	**эксплуатаци**	[ɛkspluataʦɪ]
explorar (vt)	**дацо**	[daʦɔ]
racismo (m)	**расизм**	[rasɪzm]

racista (m)	**расизмхо**	[rasɪzmho]
fascismo (m)	**фашизм**	[faʃɪzm]
fascista (m)	**фашизмхо**	[faʃɪzmho]

245. Países. Diversos

estrangeiro (m)	**арахьарниг**	[araharnɪg]
estrangeiro	**кхечу мехкан**	[qetʃu mehkan]
no estrangeiro	**дозанал дехьа**	[dɔzanal deh]
emigrante (m)	**эмигрант**	[ɛmɪgrant]
emigração (f)	**эмиграци**	[ɛmɪgratsɪ]
emigrar (vi)	**эмиграци ян**	[ɛmɪgratsɪ jan]
Ocidente (m)	**Малхбузе**	[malhbuze]
Oriente (m)	**Малхбале**	[malhbale]
Extremo Oriente (m)	**Гена-Малхбале**	[gen malhbale]
civilização (f)	**цивилизаци**	[tsɪwɪlɪzatsɪ]
humanidade (f)	**адамалла**	[adamall]
mundo (m)	**lалам**	['alam]
paz (f)	**машар**	[maʃar]
mundial	**дуьненан**	[dʉnenan]
pátria (f)	**даймохк**	[dajmɔhk]
povo (m)	**халкъ**	[halqʔ]
população (f)	**бахархой**	[baharhɔj]
gente (f)	**нах**	[nah]
nação (f)	**къам**	[qʔam]
geração (f)	**тlаьхье**	[t'æhe]
território (m)	**латта**	[latt]
região (f)	**регион**	[regɪɔn]
estado (m)	**штат**	[ʃtat]
tradição (f)	**ламаст**	[lamast]
costume (m)	**lадат**	['adat]
ecologia (f)	**экологи**	[ɛkɔlɔgɪ]
índio (m)	**индей**	[ɪndej]
cigano (m)	**цигон**	[tsɪgɔn]
cigana (f)	**цигон**	[tsɪgɔn]
cigano	**цигонийн**	[tsɪgɔnɪ:n]
império (m)	**импери**	[ɪmperɪ]
colónia (f)	**колони**	[kɔlɔnɪ]
escravidão (f)	**лолла**	[lɔll]
invasão (f)	**тlелатар**	[t'elatar]
fome (f)	**мацалла**	[matsall]

246. Grupos religiosos mais importantes. Confissões

religião (f)	**дин**	[dɪn]
religioso	**динан**	[dɪnan]

crença (f)	**динах тешар**	[dɪnah teʃar]
crer (vt)	**теша**	[teʃ]
crente (m)	**делах тешарг**	[delah teʃarg]
ateísmo (m)	**атеизм**	[ateɪzm]
ateu (m)	**атеист**	[ateɪst]
cristianismo (m)	**керсталла**	[kerstall]
cristão (m)	**керста**	[kerst]
cristão	**керстанан**	[kerstanan]
catolicismo (m)	**Католизм**	[katɔlɪzm]
católico (m)	**католик**	[katɔlɪk]
católico	**католикийн**	[katɔlɪkɪ:n]
protestantismo (m)	**Протестанство**	[prɔtestanstvɔ]
Igreja (f) Protestante	**Протестантийн килс**	[prɔtestantɪ:n kɪls]
protestante (m)	**протестант**	[prɔtestant]
ortodoxia (f)	**Керста дин**	[kerst dɪn]
Igreja (f) Ortodoxa	**Керста килс**	[kerst kɪls]
ortodoxo (m)	**керстанан**	[kerstanan]
presbiterianismo (m)	**Пресвитерианство**	[preswɪterɪanstvɔ]
Igreja (f) Presbiteriana	**Пресвитерианийн килс**	[preswɪterɪanɪ:n kɪls]
presbiteriano (m)	**пресвитерианин**	[preswɪterɪanɪn]
Igreja (f) Luterana	**Лютерианийн килс**	[lʉterɪanɪ:n kɪls]
luterano (m)	**лютерианин**	[lʉterɪanɪn]
Igreja (f) Batista	**Баптизм**	[baptɪzm]
batista (m)	**баптист**	[baptɪst]
Igreja (f) Anglicana	**Ингалсан килс**	[ɪngalsan kɪls]
anglicano (m)	**англиканин**	[anglɪkanɪn]
mormonismo (m)	**Мормонство**	[mɔrmɔnstvɔ]
mórmon (m)	**мормон**	[mɔrmɔn]
Judaísmo (m)	**Иудаизм**	[ɪudaɪzm]
judeu (m)	**жугти**	[ʒugtɪ]
budismo (m)	**Буддизм**	[buddɪzm]
budista (m)	**буддист**	[buddɪst]
hinduísmo (m)	**Индуизм**	[ɪnduɪzm]
hindu (m)	**индуист**	[ɪnduɪst]
Islão (m)	**Ислам**	[ɪslam]
muçulmano (m)	**бусалба**	[busalb]
muçulmano	**бусалбанийн**	[busalbanɪ:n]
Xiismo (m)	**Шиизм**	[ʃɪ:zm]
xiita (m)	**шиизмхо**	[ʃɪ:zmho]
sunismo (m)	**Суннаталла**	[sunnatall]
sunita (m)	**суннатхо**	[sunnatho]

247. Religiões. Padres

padre (m)	**мозгlар**	[mɔzɣar]
Papa (m)	**Римера папа**	[rɪmer pap]
monge (m)	**монах**	[mɔnah]
freira (f)	**монах**	[mɔnah]
pastor (m)	**пастор**	[pastɔr]
abade (m)	**аббат**	[abbat]
vigário (m)	**викари**	[wɪkarɪ]
bispo (m)	**епископ**	[epɪskɔp]
cardeal (m)	**кардинал**	[kardɪnal]
pregador (m)	**кхайкхорхо**	[qajqɔrhɔ]
sermão (m)	**кхайкхор**	[qajqɔr]
paroquianos (pl)	**килсе оьхурш**	[kɪlse øhurʃ]
crente (m)	**делах тешарг**	[delah teʃarg]
ateu (m)	**атеист**	[ateɪst]

248. Fé. Cristianismo. Islão

Adão	**Адам**	[adam]
Eva	**Хьава**	[hav]
Deus (m)	**Дела**	[del]
Senhor (m)	**Аллахl**	['allah']
Todo Poderoso (m)	**Дела**	[del]
pecado (m)	**къа**	[qʔa]
pecar (vi)	**къинош лето**	[qʔɪnɔʃ letɔ]
pecador (m)	**къинош дерг**	[qʔɪnɔʃ derg]
pecadora (f)	**къинош дерг**	[qʔɪnɔʃ derg]
inferno (m)	**жоьжахати**	[ʒøʒahatɪ]
paraíso (m)	**ялсамани**	[jalsamanɪ]
Jesus	**Иисус**	[ɪ:sus]
Jesus Cristo	**Иисус Христос**	[ɪ:sus hrɪstɔs]
Espírito (m) Santo	**Деза Са**	[dez sa]
Salvador (m)	**Кlелхьардаькхинарг**	[k'elhardækqɪnarg]
Virgem Maria (f)	**lийса-пайхамаран нана**	['ɪ:s pajhamaran nan]
Diabo (m)	**Шайтlа**	[ʃajt']
diabólico	**шайтlан**	[ʃajt'an]
Satanás (m)	**Йилбаз**	[jɪlbaz]
satânico	**йилбазан**	[jɪlbazan]
anjo (m)	**малик**	[malɪk]
anjo (m) da guarda	**малик-лардархо**	[malɪk lardarhɔ]
angélico	**маликан**	[malɪkan]

apóstolo (m)	**апостол**	[apɔstɔl]
arcanjo (m)	**архангел**	[arhangel]
anticristo (m)	**дажал**	[daʒal]
Igreja (f)	**Килс**	[kɪls]
Bíblia (f)	**Библи**	[bɪblɪ]
bíblico	**библин**	[bɪblɪn]
Velho Testamento (m)	**Къена Весет**	[qʔen weset]
Novo Testamento (m)	**Керла Весет**	[kerl weset]
Evangelho (m)	**Инжил**	[ɪnʒɪl]
Sagradas Escrituras (f pl)	**Жайна**	[ʒajn]
Céu (m)	**Стигал, Стигалан Паччахьалла**	[stɪgal], [stɪgalan patʃahall]
mandamento (m)	**весет**	[weset]
profeta (m)	**пайхмар**	[pajhmar]
profecia (f)	**пайхмаралла**	[pajhmarall]
Alá	**АллахI**	['allah']
Maomé	**Мухьаммад**	[muhammad]
Corão, Alcorão (m)	**КъорIан**	[qʔɔr'an]
mesquita (f)	**маьждиг**	[mæʒdɪg]
mulá (m)	**молла**	[mɔll]
oração (f)	**ламаз**	[lamaz]
rezar, orar (vi)	**ламаз дан**	[lamaz dan]
peregrinação (f)	**Хьаьжцlа вахар**	[hæʒʦ' vahar]
peregrino (m)	**хьаьжа**	[hæʒ]
Meca (f)	**Макка**	[makk]
igreja (f)	**килс**	[kɪls]
templo (m)	**зиярат**	[zɪjarat]
catedral (f)	**килс**	[kɪls]
gótico	**готически**	[gɔtɪtʃeskɪ]
sinagoga (f)	**синагога**	[sɪnagɔg]
mesquita (f)	**маьждиг**	[mæʒdɪg]
capela (f)	**килс**	[kɪls]
abadia (f)	**аббатство**	[abbaʦtvɔ]
convento (m)	**монастырь**	[mɔnastɪrʲ]
mosteiro (m)	**монастырь**	[mɔnastɪrʲ]
sino (m)	**горгал**	[gɔrgal]
campanário (m)	**мамсар**	[mamsar]
repicar (vi)	**детта**	[dett]
cruz (f)	**жlара**	[ʒ'ar]
cúpula (f)	**бохь**	[bɔh]
ícone (m)	**икона**	[ɪkɔn]
alma (f)	**са**	[s]
destino (m)	**кхел**	[qel]
mal (m)	**вон**	[vɔn]
bem (m)	**диканиг**	[dɪkanɪg]

vampiro (m)	**убар**	[ubɑr]
bruxa (f)	**гӀам**	[ɣɑm]
demónio (m)	**йилбаз**	[jɪlbɑz]
espírito (m)	**са**	[s]
redenção (f)	**къинойх цӀандалар**	[qʔɪnɔjh ʦ'ɑndɑlɑr]
redimir (vt)	**цӀандала**	[ʦ'ɑndɑl]
missa (f)	**гӀуллакх**	[ɣullɑq]
celebrar a missa	**гӀуллакх дан**	[ɣullɑq dɑn]
confissão (f)	**дохковалар**	[dɔhkɔvɑlɑr]
confessar-se (vr)	**дохкодала**	[dɔhkɔdɑl]
santo (m)	**эвлаяъ**	[ɛvlɑjɑʔ]
sagrado	**деза**	[dez]
água (f) benta	**деза хи**	[dez hɪ]
ritual (m)	**Ӏадат**	['ɑdɑt]
ritual	**Ӏадатан**	['ɑdɑtɑn]
sacrifício (m)	**сагӀа даккхар**	[sɑɣ dɑkqɑr]
superstição (f)	**доьгӀначух тешар**	[døɣnɑʧuh teʃɑr]
supersticioso	**доьгӀначух теша**	[døɣnɑʧuh teʃ]
vida (f) depois da morte	**эхартара дахар**	[ɛhɑrtɑr dɑhɑr]
vida (f) eterna	**даим дахар**	[dɑɪm dɑhɑr]

TEMAS DIVERSOS

249. Várias palavras úteis

ajuda (f)	**гIo**	[ɣɔ]
barreira (f)	**дуьхьало**	[dʉhalɔ]
base (f)	**лард**	[lard]
categoria (f)	**категори**	[kategɔrɪ]
causa (f)	**бахьана**	[bahan]
coincidência (f)	**нисдалар**	[nɪsdalar]
coisa (f)	**хIума**	[h'um]
começo (m)	**юьхь**	[juh]
cómodo (ex. poltrona ~a)	**бегIийла**	[beɣɪ:l]
comparação (f)	**дустар**	[dustar]
compensação (f)	**меттахIоттор**	[mettah'ɔttɔr]
crescimento (m)	**дегI даккхар**	[deɣ dakqar]
desenvolvimento (m)	**кхиам**	[qɪam]
diferença (f)	**башхалла**	[baʃhall]
efeito (m)	**эффект**	[ɛf:ekt]
elemento (m)	**элемент**	[ɛlement]
equilíbrio (m)	**баланс**	[balans]
erro (m)	**гIалат**	[ɣalat]
esforço (m)	**гIора**	[ɣɔr]
estilo (m)	**стиль**	[stɪlj]
exemplo (m)	**масал**	[masal]
facto (m)	**хилларг**	[hɪllarg]
fim (m)	**чаккхе**	[ʧakqe]
forma (f)	**форма**	[fɔrm]
frequente	**кест-кеста**	[kest kest]
fundo (ex. ~ verde)	**фон**	[fɔn]
género (tipo)	**тайпа**	[tajp]
grau (m)	**дарж**	[darʒ]
ideal (m)	**идеал**	[ɪdeal]
labirinto (m)	**лабиринт**	[labɪrɪnt]
modo (m)	**кеп**	[kep]
momento (m)	**юкъ**	[juqʔ]
objeto (m)	**хIума**	[h'um]
obstáculo (m)	**новкъарло**	[nɔvqʔarlɔ]
original (m)	**оригинал**	[ɔrɪgɪnal]
padrão	**стандартан**	[standartan]
padrão (m)	**стандарт**	[standart]
paragem (pausa)	**садаIар**	[sada'ar]
parte (f)	**дакъа**	[daqʔ]

partícula (f)	**дакъалг**	[daq?alg]
pausa (f)	**сацангІа**	[satsanɣ]
posição (f)	**хьал**	[hal]
princípio (m)	**принцип**	[prɪntsɪp]
problema (m)	**проблема**	[problem]
processo (m)	**процесс**	[protsess]
progresso (m)	**прогресс**	[progress]
propriedade (f)	**башхало**	[baʃhalɔ]
reação (f)	**реакци**	[reaktsɪ]
risco (m)	**кхерам**	[qeram]
ritmo (m)	**болар**	[bɔlar]
segredo (m)	**къайле**	[q?ajle]
série (f)	**сери**	[serɪ]
sistema (m)	**къепе**	[q?epe]
situação (f)	**хьал**	[hal]
solução (f)	**дар**	[dar]
tabela (f)	**таблица**	[tablɪts]
termo (ex. ~ técnico)	**термин**	[termɪn]
tipo (m)	**тайпа**	[tajp]
urgente	**сиха**	[sɪh]
urgentemente	**чехка**	[ʧehk]
utilidade (f)	**пайда**	[pajd]
variante (f)	**вариант**	[varɪant]
variedade (f)	**харжар**	[harʒar]
verdade (f)	**бакъдерг**	[baq?derg]
vez (f)	**рагІ**	[raɣ]
zona (f)	**зона**	[zɔn]

250. Modificadores. Adjetivos. Parte 1

aberto	**диллина**	[dɪllɪn]
afiado	**ира**	[ɪr]
agradável	**тамехьа**	[tameh]
agradecido	**баркалле**	[barkalle]
alegre	**самукъане**	[samuq?ane]
alto (ex. voz ~a)	**чІогІа**	[ʧ'ɔɣ]
amargo	**къаьхьа**	[q?æh]
amplo	**паргІат**	[parɣat]
antigo	**мацахлера**	[matsahler]
arriscado	**кхераме**	[qerame]
artificial	**искусственни**	[ɪskusstwenɪ]
azedo	**муьста**	[must]
baixo (voz ~a)	**меллаша**	[mellaʃ]
barato	**дораха**	[dɔrah]
belo	**тІеххаза**	[t'ehaz]
bom	**дика**	[dɪk]

bondoso	**дика**	[dɪk]
bonito	**хаза**	[haz]
bronzeado	**маьлхо дагийна**	[mælho dɑgɪ:n]
burro, estúpido	**Іовдал**	['ɔvdɑl]
calmo	**тийна**	[tɪ:n]
cansado	**гІелделла**	[ɣeldell]
cansativo	**кІаддеш долу**	[k'ɑddeʃ dɔlu]
carinhoso	**гІайгІа йолу**	[ɣɑjɣ jolu]
caro	**деза**	[dez]
cego	**бІаьрзе**	[b'ærze]
central	**юккъера**	[jukqʔer]
cerrado (ex. nevoeiro ~)	**дуькъа**	[dʉqʔ]
cheio (ex. copo ~)	**дуьззина**	[dʉzzɪn]
civil	**граждански**	[grɑʒdɑnskɪ]
clandestino	**къайлаха**	[qʔɑjlɑh]
claro	**сирла**	[sɪrl]
claro (explicação ~a)	**кхетаме**	[qetɑme]
compatível	**цхьаьна догІу**	[ʦhæn dɔɣu]
comum, normal	**гуттар а хьуьлу**	[guttɑr ɑ hʉlu]
congelado	**гІорийна**	[ɣɔrɪ:n]
conjunto	**цхьаьна ден**	[ʦhæn den]
considerável	**доккха**	[dɔkq]
contente	**реза долу**	[rez dɔlu]
contínuo	**дехха**	[deh]
contrário (ex. o efeito ~)	**дуьхьалдогІу**	[dʉhɑldɔɣu]
correto (resposta ~a)	**нийса**	[nɪ:s]
cru (não cozinhado)	**тІуьна**	[t'ʉn]
curto	**доца**	[dɔʦ]
de curta duração	**йоццача хенан**	[joʦɑʧ henɑn]
de sol, ensolarado	**маьлхан**	[mælhan]
de trás	**тІехьара**	[t'ehɑr]
denso (fumo, etc.)	**чорда**	[ʧɔrd]
desanuviado	**екхна**	[eqn]
descuidado	**ледара**	[ledɑr]
difícil	**хала**	[hal]
difícil, complexo	**хала**	[hal]
direito	**аьтту**	[ættu]
distante	**генаха**	[genɑh]
doce (açucarado)	**мерза**	[merz]
doce (água)	**теза**	[tez]
doente	**цомгуш**	[ʦɔmguʃ]
duro (material ~)	**чІогІа**	[ʧ'ɔɣ]
educado	**гІиллакхе**	[ɣɪllɑqe]
encantador	**хьоме**	[hɔme]
enigmático	**кхета хала**	[qet hal]
enorme	**тІехдоккха**	[t'ehdɔkq]
escuro (quarto ~)	**бодане**	[bɔdɑne]

especial	**леррина**	[lerrɪn]
esquerdo	**аьрру**	[ærru]
estrangeiro	**кхечу мехкан**	[qetʃu mehkɑn]
estreito	**готта**	[gɔtt]
exato	**нийса**	[nɪ:s]
excelente	**тlехдика**	[t'ehdɪk]
excessivo	**барамал тlех**	[bɑrɑmɑl t'eh]
externo	**арахьара**	[ɑrɑhɑr]
fácil	**атта**	[ɑtt]
faminto	**меца**	[mets]
fechado	**къевлина**	[qʔevlɪn]
feliz	**ирсе**	[ɪrse]
fértil (terreno ~)	**ялта хьекъа**	[jɑlt heqʔ]
forte (pessoa ~)	**нуьцкъала**	[nʉtsqʔɑl]
fraco (luz ~a)	**беда**	[bed]
frágil	**экам**	[ɛkɑm]
fresco	**шийла**	[ʃɪ:l]
fresco (pão ~)	**керла**	[kerl]
frio	**шийла**	[ʃɪ:l]
gordo	**дерстина**	[derstɪn]
gostoso	**чоме**	[tʃɔme]
grande	**доккха**	[dɔkq]
gratuito, grátis	**маьхза**	[mæhz]
grosso (camada ~a)	**стомма**	[stɔmm]
hostil	**мостагlаллин**	[mɔstɑɣɑllɪn]
húmido	**тlуьна**	[t'ʉn]

251. Modificadores. Adjetivos. Parte 2

igual	**цхьатерра**	[tshɑterr]
imóvel	**лелаш доцу**	[lelɑʃ dɔtsu]
importante	**ладаме**	[lɑdɑme]
impossível	**таро доцу**	[tɑrɔ dɔtsu]
incompreensível	**кхеташ доцу**	[qetɑʃ dɔtsu]
indigente	**къен**	[qʔen]
indispensável	**оьшу**	[øʃu]
inexperiente	**доьлла доцу**	[døll dɔtsu]
infantil	**берийн**	[berɪ:n]
ininterrupto	**хаддаза долу**	[hɑddɑz dɔlu]
insignificante	**пайда боцу**	[pɑjd bɔtsu]
inteiro (completo)	**дийна**	[dɪ:n]
inteligente	**хьекъале**	[heqʔɑle]
interno	**чоьхьара**	[tʃøhɑr]
jovem	**къона**	[qʔɔn]
largo (caminho ~)	**шуьйра**	[ʃʉjr]
legal	**законехь**	[zɑkɔneh]

leve	**дайн**	[dajn]
limitado	**кIезиг**	[k'ezɪg]
limpo	**цIена**	[ʦ'en]
líquido	**коча**	[kɔʧ]
liso	**шера**	[ʃər]
liso (superfície ~a)	**нийса**	[nɪːs]
livre	**паргIат**	[parɣat]
longo (ex. cabelos ~s)	**деха**	[deh]
maduro (ex. fruto ~)	**кхиъна**	[qɪʔn]
magro	**оза**	[ɔz]
magro (pessoa)	**оза**	[ɔz]
mais próximo	**герггара**	[gerggar]
mais recente	**дIадахна**	[d'adahn]
mate, baço	**кхоьлина**	[qølɪn]
mau	**вон**	[vɔn]
meticuloso	**дурсе**	[durse]
míope	**бIорзагал**	[b'ɔrzagal]
mole	**кIеда**	[k'ed]
molhado	**тIеда**	[t'ed]
moreno	**Iаьржачу аматехь**	['ærʒaʧu amateh]
morto	**делла**	[dell]
não difícil	**хала доцу**	[hal dɔʦu]
não é clara	**къаьсташ доцу**	[qʔæstaʃ dɔʦu]
não muito grande	**доккха доцу**	[dɔkq dɔʦu]
natal (país ~)	**дина**	[dɪn]
necessário	**хьашт долу**	[haʃt dɔlu]
negativo	**дацаре**	[daʦare]
nervoso	**нервийн**	[nervɪːn]
normal	**лартIахь долу**	[lart'ah dɔlu]
novo	**цIина**	[ʦ'ɪn]
o mais importante	**уггар лараме**	[uggar larame]
obrigatório	**декхарийлахь долу**	[deqarɪːlah dɔlu]
original	**оригинал йолу**	[ɔrɪgɪnal jolu]
passado	**дIадахнар**	[d'adahnar]
pequeno	**жима, кегий**	[ʒɪm], [kegɪː]
perigoso	**кхераме**	[qerame]
permanente	**хаддаза**	[haddaz]
perto	**гергара**	[gergar]
pesado	**деза**	[dez]
pessoal	**леррина**	[lerrɪn]
plano (ex. ecrã ~ a)	**тIапа**	[t'ap]
pobre	**къен**	[qʔen]
pontual	**дурсе**	[durse]
possível	**тарлун**	[tarlun]
pouco fundo	**гомха**	[gɔmh]
presente (ex. momento ~)	**хIинцалера**	[h'ɪnʦaler]
prévio	**хьалхара**	[halhar]

primeiro (principal)	**коьрта**	[kørt]
principal	**коьрта**	[kørt]
privado	**долара**	[dɔlɑr]
provável	**хила тарлу**	[hɪl tɑrlu]
próximo	**гергара**	[gergɑr]
quente (cálido)	**довха**	[dɔvh]
quente (morno)	**мела**	[mel]
rápido	**маса**	[mɑs]
raro	**нилха**	[nɪlh]
remoto, longínquo	**генара**	[genɑr]
reto	**нийса**	[nɪ:s]
salgado	**дуьра**	[dʉr]
satisfeito	**кхачаме**	[qɑʧɑme]
seco	**декъа**	[deqʔ]
seguinte	**рогIера**	[rɔɣer]
seguro	**кхерамза**	[qerɑmz]
similar	**тера**	[ter]
simples	**цхьалха**	[ʦhɑlh]
soberbo	**тIехдика**	[t'ehdɪk]
social	**юкъараллин**	[juqʔɑrɑllɪn]
sólido	**чIогIа**	[ʧ'ɔɣ]
sombrio	**бодане**	[bɔdɑne]
sujo	**боьха**	[bøh]
superior	**лакхара**	[lɑqɑr]
suplementar	**кхин тIе**	[qɪn t'e]
terno, afetuoso	**кIеда-мерза**	[k'ed merz]
tranquilo	**тийна**	[tɪ:n]
transparente	**чекх са гун**	[ʧeq sɑ gun]
triste (pessoa)	**гIайгIане**	[ɣɑjɣɑne]
triste (um ar ~)	**гIайгIане**	[ɣɑjɣɑne]
último	**тIаьххьара**	[t'æhɑr]
único	**башха**	[bɑʃh]
usado	**пайда оьцуш хилла**	[pɑjd øʦuʃ hɪll]
útil	**мегаш долу**	[megɑʃ dɔlu]
vazio (meio ~)	**даьсса**	[dæss]
velho	**къена**	[qʔen]
vizinho	**лулара**	[lulɑr]

500 VERBOS PRINCIPAIS

252. Verbos A-B

aborrecer-se (vr)	**сагатдала**	[sagatdal]
abraçar algm.	**марадолла**	[maradɔll]
abrir (~ a janela)	**схьаделла**	[shadell]
acalmar (vt)	**дlатедан**	[d'atedan]
acariciar (vt)	**хьеста**	[hest]
acenar (vt)	**лесто**	[lestɔ]
acender (~ uma fogueira)	**лато**	[latɔ]
achar (vt)	**лара**	[lar]
acompanhar (vt)	**цхьаьнадаьлла даха**	[ʦhænadæll dah]
aconselhar (vt)	**хьехам бан**	[heham ban]
acordar (despertar)	**самадаккха**	[samadakq]
acrescentar (vt)	**тlетоха**	[t'etɔh]
acusar (vt)	**бехкедан**	[behkedan]
adestrar (vt)	**караlамо**	[kara'amɔ]
adivinhar (vt)	**хаа**	[ha'a]
admirar (vt)	**гlаддаха**	[ɣaddah]
advertir (vt)	**дlахьедан**	[d'ahedan]
afirmar (vt)	**тlечlагlдан**	[t'eʧ'aɣdan]
afogar-se (pessoa)	**бухадаха**	[buhadah]
afugentar (vt)	**эккхо**	[ɛkqɔ]
agir (vi)	**дан**	[dan]
agitar, sacudir (objeto)	**дегадан**	[degadan]
agradecer (vt)	**баркалла баха**	[barkall bah]
ajudar (vt)	**гlо дан**	[ɣɔ dan]
alcançar (objetivos)	**даккха**	[dakq]
alimentar (dar comida)	**хlума яла**	[h'um jal]
almoçar (vi)	**делкъана хlума яа**	[delqʔan h'um ja'a]
alugar (~ o barco, etc.)	**лаца**	[laʦ]
alugar (~ um apartamento)	**лаца**	[laʦ]
amar (pessoa)	**деза**	[dez]
amarrar (vt)	**дlадехка**	[d'adehk]
ameaçar (vt)	**кхерам тийса**	[qeram tɪ:s]
amputar (vt)	**дlадаккха**	[d'adakq]
anotar (escrever)	**билгалдан**	[bɪlgaldan]
tomar nota	**дlаяздан**	[d'ajazdan]
anular, cancelar (vt)	**дlадаккха**	[d'adakq]
apagar (com apagador, etc.)	**дlадайа**	[d'adaj]
apagar (um incêndio)	**дlаяйа**	[d'ajaj]

apaixonar-se de ...	**дезадала**	[dezadal]
aparecer (vi)	**гучудала**	[gutʃudal]
aplaudir (vi)	**тlараш детта**	[t'araʃ dett]
apoiar (vt)	**тlетан**	[t'etan]
apontar para ...	**хьежо**	[heʒɔ]
apresentar (alguém a alguém)	**довзо**	[dɔvzɔ]
apresentar (Gostaria de ~)	**довзийта**	[dɔvzɪ:t]
apressar (vt)	**сихдан**	[sɪhdan]
apressar-se (vr)	**сихдала**	[sɪhdal]
aproximar-se (vr)	**тlедан**	[t'edan]
aquecer (vt)	**дохдала**	[dɔhdal]
arrancar (vt)	**схьадаккха**	[shadakq]
arranhar (gato, etc.)	**сизаш дан**	[sɪzaʃ dan]
arrepender-se (vr)	**дагахьбаллам хила**	[dagahballam hɪl]
arriscar (vt)	**кхерам баккха**	[qeram bakq]
arrumar, guardar (vt)	**дlадаккха**	[d'adakq]
arrumar, limpar (vt)	**дlадаха**	[d'adah]
aspirar a ...	**гlерта**	[ɣert]
assinar (vt)	**куьг таlо**	[kʉg ta'ɔ]
assistir (vt)	**ассистент хила**	[assɪstent hɪl]
atacar (vt)	**атак ян**	[atak jan]
atar (vt)	**дlадехка**	[d'adehk]
atirar (vi)	**кхийса**	[qɪ:s]
atracar (vi)	**йистедало**	[jɪstedalɔ]
aumentar (vi)	**доккха хилар**	[dɔkq hɪlar]
aumentar (vt)	**доккха дан**	[dɔkq dan]
avançar (sb. trabalhos, etc.)	**хьаладала**	[haladal]
avistar (vt)	**ган**	[gan]
baixar (guindaste)	**охьадахийта**	[ɔhadahɪ:t]
barbear-se (vr)	**даша**	[daʃ]
basear-se em ...	**ларда тlе догlадала**	[lard t'e dɔɣadal]
bastar (vi)	**тоа**	[tɔ]
bater (espancar)	**етта**	[ett]
bater (vi)	**детта**	[dett]
bater-se (vr)	**лета**	[let]
beber, tomar (vt)	**мала**	[mal]
brilhar (vi)	**къега**	[qʔeg]
brincar, jogar (crianças)	**ловза**	[lɔvz]
buscar (vt)	**леха**	[leh]

253. Verbos C-D

caçar (vi)	**талла эха**	[tall ɛh]
calar-se (parar de falar)	**вист ца хила**	[wɪst ʦa hɪl]
calcular (vt)	**лара**	[lar]

carregar (o caminhão)	**тӀедотта**	[t'edɔtt]
carregar (uma arma)	**дуза**	[duz]
casar-se (vr)	**зуда яло**	[zud jalɔ]
causar (vt)	**бахьана хила**	[bahan hɪl]
cavar (vt)	**ахка**	[ahk]
ceder (não resistir)	**дита**	[dɪt]
cegar, ofuscar (vt)	**бӀаьрса дайа**	[b'ærs daj]
censurar (vt)	**бехкаш даха**	[behkaʃ dah]
cessar (vt)	**дӀасацо**	[d'asatsɔ]
chamar (~ por socorro)	**кхайкха**	[qajq]
chamar (dizer em voz alta o nome)	**кхайкха**	[qajq]
chegar (a algum lugar)	**дӀакхача**	[d'aqatʃ]
chegar (sb. comboio, etc.)	**схьакхача**	[shaqatʃ]
cheirar (tem o cheiro)	**хьожаэха**	[hɔʒaɛh']
cheirar (uma flor)	**хьожа яха**	[hɔʒ jah]
chorar (vi)	**делха**	[delh]
citar (vt)	**дешнаш дало**	[deʃnaʃ dalɔ]
colher (flores)	**даккха**	[dakq]
combater (vi)	**лета**	[let]
começar (vt)	**доло**	[dɔlɔ]
comer (vt)	**даа, яаа**	[da'a], [ja'a]
comparar (vt)	**дуста**	[dust]
compensar (vt)	**меттахӀотто**	[mettah'ɔttɔ]
competir (vi)	**къийса**	[qʔɪ:s]
complicar (vt)	**чолхе дан**	[tʃɔlhe dan]
compor (vt)	**даккха**	[dakq]
comportar-se (vr)	**лела**	[lel]
comprar (vt)	**эца**	[ɛts]
compreender (vt)	**кхета**	[qet]
comprometer (vt)	**сий дайа**	[sɪ: daj]
concentrar-se (vr)	**тӀегулдала**	[t'eguldal]
concordar (dizer "sim")	**реза хила**	[rez hɪl]
condecorar (dar medalha)	**совгӀат дала**	[sɔvɣat dal]
conduzir (~ o carro)	**машина лело**	[maʃɪn lelɔ]
confessar-se (criminoso)	**къардала**	[qʔardal]
confiar (vt)	**теша**	[teʃ]
confundir (equivocar-se)	**тило**	[tɪlɔ]
conhecer (vt)	**довза**	[dɔvz]
conhecer-se (vr)	**довза**	[dɔvz]
consertar (vt)	**къепе дало**	[qʔepe dalɔ]
consultar ...	**консультаци эца**	[kɔnsuljtatsɪ ɛts]
contagiar-se com ...	**кхета**	[qet]
contar (vt)	**дийца**	[dɪ:ts]
contar com ...	**дагахь хила**	[dagah hɪl]
continuar (vt)	**дахдан**	[dahdan]
contratar (vt)	**лаца**	[lats]

controlar (vt)	**тlехьажа**	[t'ehaʒ]
convencer (vt)	**дlадада**	[d'adad]
convidar (vt)	**схьакхайкха**	[shaqajq]
cooperar (vi)	**дакъа лаца**	[daqʔ laʦ]
coordenar (vt)	**уьйр ян**	[ʉjr jan]
corar (vi)	**эхь хетта цlийвала**	[ɛh hett ʦ'ɪ:val]
correr (vi)	**дада**	[dad]
cortar (com um machado)	**дlахадо**	[d'ahadɔ]
cortar (vt)	**дlахадо**	[d'ahadɔ]
cozinhar (vt)	**кечдан**	[keʧdan]
crer (pensar)	**теша**	[teʃ]
criar (vt)	**кхолла**	[qɔll]
cultivar (vt)	**кхио**	[qɪɔ]
cuspir (vi)	**туйнаш кхийса**	[tujnaʃ qɪ:s]
custar (vt)	**деха**	[deh]
dar banho, lavar (vt)	**лийчо**	[lɪ:ʧɔ]
datar (vi)	**терахь яздан**	[terah jazdan]
decidir (vt)	**сацо**	[saʦɔ]
decorar (enfeitar)	**хаздан**	[hazdan]
dedicar (vt)	**хьажо**	[haʒɔ]
defender (vt)	**лардан**	[lardan]
defender-se (vr)	**лардала**	[lardal]
deixar (~ a mulher)	**дита**	[dɪt]
deixar (esquecer)	**дита**	[dɪt]
deixar cair (vt)	**охьаэго**	[ɔhaegɔ]
denominar (vt)	**цlерш яха**	[ʦ'erʃ jah]
denunciar (vt)	**мотт бетта**	[mɔtt bett]
depender de … (vi)	**даза**	[daz]
derramar (vt)	**lано**	['anɔ]
desaparecer (vi)	**къайладала**	[qʔajladal]
desatar (vt)	**схьадаста**	[shadast]
desatracar (vi)	**дlадаха**	[d'adah]
descansar (um pouco)	**садаlа**	[sada']
descer (para baixo)	**охьадан**	[ɔhadan]
descobrir (novas terras)	**гучудаккха**	[guʧudakq]
descolar (avião)	**хьалагlатта**	[halaɣatt]
desculpar (vt)	**бехк ца билла**	[behk ʦa bɪll]
desculpar-se (vr)	**бехк цабиллар деха**	[behk ʦabɪllar deh]
desejar (vt)	**лаа**	[la'a]
desempenhar (vt)	**ловза**	[lɔvz]
desligar (vt)	**дlадайа**	[d'adaj]
desprezar (vt)	**ца даша**	[ʦa daʃ]
destruir (documentos, etc.)	**хlаллакдан**	[h'allakdan]
dever (vi)	**хьакъ долуш хила**	[haqʔ dɔluʃ hɪl]
devolver (vt)	**юхадахьийта**	[juhadahɪ:t]

direcionar (vt)	**тIедахийта**	[t'edahɪ:t]
dirigir (~ uma empresa)	**куьйгаллз дан**	[kʉjgallz dan]
dirigir-se (a um auditório, etc.)	**ала**	[al]
discutir (notícias, etc.)	**дийцаре дилла**	[dɪ:ʦare dɪll]
distribuir (folhetos, etc.)	**даржо**	[darʒɔ]
distribuir (vt)	**дIасадекъа**	[d'asadeqʔ]
divertir (vt)	**самукъдаккха**	[samuqʔdakq]
divertir-se (vr)	**сакъера**	[saqʔer]
dividir (mat.)	**декъа**	[deqʔ]
dizer (vt)	**ала**	[al]
dobrar (vt)	**шозза алсамдаккха**	[ʃɔzz alsamdakq]
duvidar (vt)	**шекьхила**	[ʃəkʲhɪl]

254. Verbos E-J

elaborar (uma lista)	**хIотто**	[h'ɔttɔ]
elevar-se acima de ...	**ирахдахна хила**	[ɪrahdahn hɪl]
eliminar (um obstáculo)	**дIадаккха**	[d'adakq]
embrulhar (com papel)	**юкъахьарчо**	[juqʔaharʧɔ]
emergir (submarino)	**тIедала**	[t'edal]
emitir (vt)	**даржо**	[darʒɔ]
empreender (vt)	**юьхьарлаца**	[juharlaʦ]
empurrar (vt)	**дIататта**	[d'atatt]
encabeçar (vt)	**куьйгалла дан**	[kʉjgall dan]
encher (~ a garrafa, etc.)	**дуза**	[duz]
encontrar (achar)	**каро**	[karɔ]
enganar (vt)	**Iехо**	['ehɔ]
ensinar (vt)	**Iамо**	['amɔ]
entrar (na sala, etc.)	**чудаха**	[ʧudah]
enviar (uma carta)	**дIадахьийта**	[d'adahɪ:t]
equipar (vt)	**гIирс хIотто**	[ɣɪrs hɔttɔ]
errar (vi)	**гIалатдала**	[ɣalatdal]
escolher (vt)	**харжар**	[harʒar]
esconder (vt)	**дIадилла**	[d'adɪll]
escrever (vt)	**яздан**	[jazdan]
escutar (vt)	**ладогIа**	[ladɔɣ]
escutar atrás da porta	**ладогIа**	[ladɔɣ]
esmagar (um inseto, etc.)	**вичIадаккха**	[wɪʧ'adakq]
esperar (contar com)	**дагахь хила**	[dagah hɪl]
esperar (o autocarro, etc.)	**хьежа**	[heʒ]
esperar (ter esperança)	**догдаха**	[dɔgdah]
espreitar (vi)	**хьежа**	[heʒ]
esquecer (vt)	**диццдала**	[dɪʦdal]
estar	**Iилла**	['ɪll]
estar convencido	**тешна хила**	[teʃn hɪl]

estar deitado	**вижина Iилла**	[wɪʒɪn 'ɪll]
estar perplexo	**цецдала**	[ʦeʦdal]
estar sentado	**Iан**	['an]
estremecer (vi)	**тохадала**	[tɔhadal]
estudar (vt)	**Iамо**	['amɔ]
evitar (vt)	**уьдуш лела**	[ʉduʃ lel]
examinar (vt)	**къасто**	[qʔastɔ]
exigir (vt)	**тIедожо**	[t'edɔʒɔ]
existir (vi)	**хила**	[hɪl]
explicar (vt)	**кхето**	[qetɔ]
expressar (vt)	**схьаала**	[sha'al]
expulsar (vt)	**дIадаккха**	[d'adakq]
facilitar (vt)	**дайдан**	[dajdan]
falar com ...	**къамел дан**	[qʔamel dan]
faltar a ...	**дита**	[dɪt]
fascinar (vt)	**дагадоха**	[dagadɔh]
fatigar (vt)	**кIаддан**	[k'addan]
fazer (vt)	**дан**	[dan]
fazer lembrar	**дагадаийта**	[dagadaɪ:t]
fazer piadas	**забарш ян**	[zabarʃ jan]
fechar (vt)	**дIакъовла**	[d'aqʔɔvl]
felicitar (dar os parabéns)	**декъалдан**	[deqʔaldan]
ficar cansado	**гIелдала**	[ɣeldal]
ficar em silêncio	**диет ца хила**	[dɪet ʦa hɪl]
ficar pensativo	**ойлане дожа**	[ɔjlane dɔʒ]
forçar (vt)	**дайта**	[dajt]
formar (vt)	**кхолла**	[qɔll]
fotografar (vt)	**сурт даккха**	[surt dakq]
gabar-se (vr)	**куралла ян**	[kurall jan]
garantir (vt)	**юкъара хила**	[juqʔar hɪl]
gostar (apreciar)	**хазахета**	[hazahet]
gostar (vt)	**тIера хила**	[t'er hɪl]
gritar (vi)	**мохь бетта**	[mɔh bett]
guardar (cartas, etc.)	**Iалашдан**	['alaʃdan]
guerrear (vt)	**тIом бан**	[t'ɔm ban]
herdar (vt)	**верасалла кхача**	[werasall qaʧ]
iluminar (vt)	**серладаккха**	[serladakq]
imaginar (vt)	**сурт хIотто**	[surt h'ɔttɔ]
imitar (vt)	**тардан**	[tardan]
implorar (vt)	**деха**	[deh]
importar (vt)	**импорт ян**	[ɪmpɔrt jan]
indicar (orientar)	**гайта**	[gajt]
indignar-se (vr)	**эргIаддала**	[ɛrɣaddal]
infetar, contagiar (vt)	**далийта**	[dalɪ:t]
influenciar (vt)	**Iаткъам бан**	['atqʔam ban]
informar (fazer saber)	**хаам бан**	[ha'am ban]

informar (vt)	**информаци ян, хаам бан**	[ɪnfɔrmatsɪ jan], [ha'am ban]
informar-se (~ sobre)	**хаа**	[ha'a]
inscrever (na lista)	**юкъаяздан**	[juqʔajazdan]
inserir (vt)	**тийса**	[tɪ:s]
insinuar (vt)	**къедо**	[qʔedɔ]
insistir (vi)	**тlера ца вала**	[t'er tsa val]
inspirar (vt)	**иракарахlоттор**	[ɪrakarah'ɔttɔr]
instruir (vt)	**инструкцеш яла**	[ɪnstruktseʃ jal]
insultar (vt)	**сий дайа**	[sɪ: daj]
interessar (vt)	**безам хила**	[bezam hɪl]
interessar-se (vr)	**безам хила**	[bezam hɪl]
intervir (vi)	**юкъаэккха**	[juqʔaəkq]
invejar (vt)	**хьега**	[heg]
inventar (vt)	**кхолла**	[qɔll]
ir (a pé)	**даха**	[dah]
ir (de carro, etc.)	**даха**	[dah]
ir nadar	**лийча**	[lɪ:ʧ]
ir para a cama	**охьадижа**	[ɔhadɪʒ]
irritar (vt)	**карзахдаккха**	[karzahdakq]
irritar-se (vr)	**карзахдала**	[karzahdal]
isolar (vt)	**дlакъасто**	[d'aqʔastɔ]
jantar (vi)	**пхьор дан**	[phɔr dan]
jogar, atirar (vt)	**кхийса**	[qɪ:s]
juntar, unir (vt)	**цхаьнатоха**	[tshænatɔh]
juntar-se a ...	**дlакхета**	[d'aqet]

255. Verbos L-P

lançar (novo projeto)	**кхосса**	[qɔss]
lavar (vt)	**дила**	[dɪl]
lavar a roupa	**дитта**	[dɪtt]
lavar-se (vr)	**дила**	[dɪl]
lembrar (vt)	**дагадан**	[dagadan]
ler (vt)	**еша**	[eʃ]
levantar-se (vr)	**хьалагlатта**	[halaɣatt]
levar (ex. leva isso daqui)	**дlадахьа**	[d'adah]
libertar (cidade, etc.)	**мукъадаккха**	[muqʔadakq]
ligar (o radio, etc.)	**йолаялийта**	[jolajalɪ:t]
limitar (vt)	**доза тоха**	[dɔz tɔh]
limpar (eliminar sujeira)	**цlандан**	[ts'andan]
limpar (vt)	**цlандан**	[ts'andan]
lisonjear (vt)	**хесто**	[hestɔ]
livrar-se de ...	**хьалхадала**	[halhadal]
lutar (combater)	**къийсам атто**	[qʔɪ:sam attɔ]
lutar (desp.)	**лата**	[lat]
marcar (com lápis, etc.)	**билгало ян**	[bɪlgalɔ jan]

matar (vt)	**ден**	[den]
memorizar (vt)	**дагахь латто**	[dagah lattɔ]
mencionar (vt)	**хьахо**	[haho]
mentir (vi)	**аьшпаш ботта**	[æʃpaʃ bɔtt]
merecer (vt)	**даккха**	[dakq]
mergulhar (vi)	**чулелха**	[ʧulelh]
misturar (combinar)	**вовшахъэдан**	[vɔvʃahʔɛdan]
morar (vt)	**даха**	[dah]
mostrar (vt)	**гайта**	[gajt]
mover (arredar)	**дlататта**	[d'atatt]
mudar (modificar)	**хийца**	[hɪ:ʦ]
multiplicar (vt)	**эца**	[ɛʦ]
nadar (vi)	**нека дан**	[nek dan]
negar (vt)	**керстдан**	[kerstdan]
negociar (vi)	**дагабовла**	[dagabɔvl]
nomear (função)	**хlотто**	[h'ɔttɔ]
obedecer (vt)	**муьтlахь хила**	[mʉt'ah hɪl]
objetar (vt)	**дуьхьал хила**	[dʉhal hɪl]
observar (vt)	**тергам бан**	[tergam ban]
ofender (vt)	**халахетар дан**	[halahetar dan]
olhar (vt)	**хьежа**	[heʒ]
omitir (vt)	**юкъахдита**	[juqʔahdɪt]
ordenar (mil.)	**омра дан**	[ɔmr dan]
organizar (evento, etc.)	**дlахlотто**	[d'ah'ɔttɔ]
ousar (vt)	**хlотта**	[h'ɔtt]
ouvir (vt)	**хаза**	[haz]
pagar (vt)	**ахча дала**	[ahʧ dal]
parar (para descansar)	**саца**	[saʦ]
parecer-se (vr)	**тера хила**	[ter hɪl]
participar (vi)	**дакъа лаца**	[daqʔ laʦ]
partir (~ para o estrangeiro)	**дlадаха**	[d'adah]
passar (vt)	**тlехдала**	[t'ehdal]
passar a ferro	**тоха**	[tɔh]
pecar (vi)	**къинош лето**	[qʔɪnɔʃ letɔ]
pedir (comida)	**заказ ян**	[zakaz jan]
pedir (um favor, etc.)	**деха**	[deh]
pegar (tomar com a mão)	**леца**	[leʦ]
pegar (tomar)	**схьаэца**	[shaəʦ]
pendurar (cortinas, etc.)	**хьалаолла**	[halaɔll]
penetrar (vt)	**чудала**	[ʧudal]
pensar (vt)	**ойла ян**	[ɔjl jan]
pentear-se (vr)	**ехк хьакха**	[ehk haq]
perceber (ver)	**ган**	[gan]
perder (o guarda-chuva, etc.)	**дайа**	[daj]
perdoar (vt)	**геч дан**	[geʧ dan]
deixar (permitir)	**маго**	[magɔ]

permitir (vt)	**магийта**	[magɪ:t]
pertencer (vt)	**хила**	[hɪl]
perturbar (vt)	**новкъарло ян**	[nɔvqʔarlɔ jan]
pesar (ter o peso)	**оза**	[ɔz]
pescar (vt)	**чlерий леца**	[ʧ'erɪ: lets]
planear (vt)	**план хlотто**	[plan h'ɔttɔ]
poder (vi)	**мага**	[mag]
pôr (posicionar)	**хила**	[hɪl]
colocar (vt)	**дилла, охьадилла**	[dɪll], [ɔhadɪll]
possuir (vt)	**хила**	[hɪl]
predominar (vi, vt)	**тоьлушха хила**	[tøluʃha hɪl]
preferir (vt)	**гlоли хета**	[ɣɔlɪ het]
preocupar (vt)	**сагатдан**	[sagatdan]
preocupar-se (vr)	**сагатдан**	[sagatdan]
preocupar-se (vr)	**сахьийзо**	[sahɪ:zɔ]
preparar (vt)	**кечдан**	[keʧdan]
preservar (ex. ~ a paz)	**лардан**	[lardan]
prever (vt)	**синхаам хила**	[sɪnha'am hɪl]
privar (vt)	**даккха**	[dakq]
proibir (vt)	**дехка**	[dehk]
projetar, criar (vt)	**проект хlотто**	[prɔekt h'ɔttɔ]
prometer (vt)	**вalда дан**	[va'd dan]
pronunciar (vt)	**ала**	[al]
propor (vt)	**хьахо**	[haho]
proteger (a natureza)	**лардан**	[lardan]
protestar (vi)	**дуьхьал хила**	[dʉhal hɪl]
provar (~ a teoria, etc.)	**тешо**	[teʃɔ]
provocar (vt)	**питана таса**	[pɪtan tas]
publicitar (vt)	**реклама ян**	[reklam jan]
punir, castigar (vt)	**таlзар дан**	[ta'zar dan]
puxar (vt)	**озо**	[ɔzɔ]
quebrar (vt)	**кегдан**	[kegdan]
queimar (vt)	**даго**	[dagɔ]
queixar-se (vr)	**латкъа**	[latqʔ]
querer (desejar)	**лаа**	[la'a]

256. Verbos Q-Z

rachar-se (vr)	**этlа**	[ɛt']
realizar (vt)	**кхочушдан**	[qɔʧuʃdan]
recomendar (vt)	**мага дан**	[mag dan]
reconhecer (identificar)	**вовза**	[vɔvz]
reconhecer (o erro)	**кхета**	[qet]
recordar, lembrar (vt)	**дагадаийта**	[dagadaɪ:t]
recuperar-se (vr)	**тодала**	[tɔdal]

recusar (vt)	**ца дала**	[tsa dal]
reduzir (vt)	**жимдан**	[ʒɪmdan]
refazer (vt)	**юхадан**	[juhadan]
reforçar (vt)	**чlагlдан**	[ʧ'aɣdan]
refrear (vt)	**сацо**	[satsɔ]
regar (plantas)	**хи тоха**	[hɪ tɔh]
remover (~ uma mancha)	**дlадаккха**	[d'adakq]
reparar (vt)	**тодан**	[tɔdan]
repetir (dizer outra vez)	**юхаала**	[juha'al]
reportar (vt)	**доклад ян**	[dɔklad jan]
repreender (vt)	**дов дан**	[dɔv dan]
reservar (~ um quarto)	**бронь ян**	[brɔnj jan]
resolver (o conflito)	**дlадерзо**	[d'aderzɔ]
resolver (um problema)	**дан**	[dan]
respirar (vi)	**садеlа**	[sade']
responder (vt)	**жоп дала**	[ʒɔp dal]
rezar, orar (vi)	**ламаз дан**	[lamaz dan]
rir (vi)	**дела**	[del]
romper-se (corda, etc.)	**хада**	[had]
roubar (vt)	**лечкъо**	[leʧq?ɔ]
saber (vt)	**хаа**	[ha'a]
sair (~ de casa)	**арадала**	[aradal]
sair (livro)	**арадала**	[aradal]
salvar (vt)	**кlелхьардаккха**	[k'elhardakq]
satisfazer (vt)	**реза дан**	[rez dan]
saudar (vt)	**маршалла хатта**	[marʃall hatt]
secar (vt)	**дакъо**	[daq?ɔ]
seguir ...	**тlаьхьадаха**	[t'æhadah]
selecionar (vt)	**схьахаржа**	[shaharʒ]
semear (vt)	**ден**	[den]
sentar-se (vr)	**охьахаа**	[ɔhaha'a]
sentenciar (vt)	**кхел ян**	[qel jan]
sentir (~ perigo)	**хаадала**	[ha'adal]
ser diferente	**къаьсташ хила**	[q?æstaʃ hɪl]
ser indispensável	**оьшуш хила**	[øʃuʃ hɪl]
ser necessário	**оьшуш хила**	[øʃuʃ hɪl]
ser preservado	**диса**	[dɪs]
ser, estar	**хила**	[hɪl]
servir (restaurant, etc.)	**хьашт кхочушдан**	[haʃt qɔʧuʃdan]
servir (roupa)	**гlехьа хила**	[ɣeh hɪl]
significar (palavra, etc.)	**хила**	[hɪl]
significar (vt)	**маьlна хила**	[mæ'n hɪl]
simplificar (vt)	**чолхаза дан**	[ʧɔlhaz dan]
sobrestimar (vt)	**мах юхахlотто**	[mah juhah'ɔttɔ]
sofrer (vt)	**бала хьега**	[bal heg]
sonhar (vi)	**гlенаш ган**	[ɣenaʃ gan]

sonhar (vt)	**дагалеца**	[dagaleʦ]
soprar (vi)	**хьекха**	[heq]
sorrir (vi)	**дела къежа**	[del qʔeʒ]
subestimar (vt)	**кхоччуш ца лара**	[qɔʧuʃ ʦa lar]
sublinhar (vt)	**билгалдаккха**	[bɪlgaldakq]
sujar-se (vr)	**бехдала**	[behdal]
supor (vt)	**мотта**	[mɔtt]
suportar (as dores)	**сатоха**	[satɔh]
surpreender (vt)	**цецдаккха**	[ʦeʦdakq]
surpreender-se (vr)	**цецдала**	[ʦeʦdal]
suspeitar (vt)	**шекьхила**	[ʃəkʲhɪl]
suspirar (vi)	**са даккха**	[sa dakq]
fazer uma tentativa	**гlорта**	[ɣɔrt]
tentar (vt)	**гlорта**	[ɣɔrt]
ter (vt)	**хила**	[hɪl]
ter medo	**кхера**	[qer]
terminar (vt)	**чекхдаккха**	[ʧeqdakq]
tirar (vt)	**схьадаккха**	[shadakq]
tirar cópias	**даржо**	[darʒɔ]
tirar uma conclusão	**сацам бан**	[saʦam ban]
tocar (com as mãos)	**хьекхадала**	[heqadal]
tomar emprestado	**юхалург эца**	[juhalurg ɛʦ]
tomar o pequeno-almoço	**марта даа**	[mart da'a]
tornar-se (ex. ~ conhecido)	**хила**	[hɪl]
trabalhar (vi)	**болх бан**	[bɔlh ban]
traduzir (vt)	**талмажалла дан**	[talmaʒall dan]
transformar (vt)	**хийца**	[hɪ:ʦ]
tratar (a doença)	**дарба лело**	[darb lelɔ]
trazer (vt)	**схьадало**	[shadalɔ]
treinar (pessoa)	**lамо**	['amɔ]
treinar-se (vr)	**lама**	['am]
tremer (de frio)	**дего**	[degɔ]
trocar (vt)	**хийцадала**	[hɪ:ʦadal]
trocar, mudar (vt)	**хийца**	[hɪ:ʦ]
usar (uma palavra, etc.)	**пайда эца**	[pajd ɛʦ]
utilizar (vt)	**пайда эца**	[pajd ɛʦ]
vacinar (vt)	**маха тоха**	[maha tɔh]
vender (vt)	**дохка**	[dɔhk]
verter (encher)	**дотта**	[dɔtt]
vingar (vt)	**чlир леха**	[ʧ'ɪr leh]
virar (ex. ~ â direita)	**дlадерза**	[d'aderz]
virar (pedra, etc.)	**ха харца**	[ha harʦ]
virar as costas	**агlордерза**	['aɣɔrderz]
viver (vi)	**хила**	[hɪl]
voar (vi)	**лела**	[lel]
voltar (vi)	**юхада**	[juhad]

votar (vi)	**кхаж таса**	[qɑʒ tɑs]
zangar (vt)	**оьгӀаздахийта**	[øɣɑzdɑhɪ:t]
zangar-se com ...	**оьгӀазъэха**	[øɣɑzʔɛh]
zombar (vt)	**дела**	[del]

www.ingramcontent.com/pod-product-compliance
Lightning Source LLC
Chambersburg PA
CBHW071332090426
42738CB00012B/2873